고산중국학총서 2

초연결시대 문명공동체 지역시스템 구상

트랜스동아시아 인문실크로드와 공감형 지식네트워크

순천향대학교 공자아카데미 중국학연구소

보고사
BOGOSA

간행사

21세기 초연결-지구화 시대는 자유롭고 횡단적으로 이동해가는 이질적인 다양한 문화와 지식들이 서로 접속하고 혼종하면서 새로운 유형의 문화·지식을 생산하며 서구식 단일근대성(단일보편성)이 영토화한 문화와 지식 구조를 뒤흔들고 있습니다. 동시에 서구의 정치·경제·문화·지식적 헤게모니가 약화되고 불확실해지면서 근대세계시스템 역시 크게 변동하고 있습니다. 이렇듯 오늘날 글로벌 디지털-스마트 시대는 전 세계의 문물이 광속·실시간으로 교류하면서 횡단과 탈경계, 교통과 교류, 혼종과 교융, 교차와 초월, 전파와 전환 등을 포괄하는 트랜스(trans)적 문화현상이 두드러진 것이 특징입니다.

이런 점에서 동아시아 문명공동체 지역시스템의 구상은 민족국가와 국민문화의 한계를 넘어 상호문화성(interculturality), 교차문화(cross-culture), 트랜스문화적 상호작용(trans-cultural interaction, 상호연동), 문화융합(cultural fusion), 다원문화성(multi-culturality) 등 인류보편적 문명기제에 토대합니다. 또한 그 지반조성은 호혜원리에 바탕을 둔 트랜스문화 상호연동의 공감형 지식네트워크의 설계와 구축으로부터 출발합니다. 이것이 환지구적 문명교류통로인 실크로드의 인류교류사를 되돌아보며 문명 간의 대화, 포용, 공존, 연결, 그리고 상호 존중과 귀감 등의 다양한 역사사례와 의미를 조명하는 이유입니다. 이른바 인문실크로드 문명학은 전통적 실크로드에 국한되지 않고 과학기술 시대의 근현대적 신실크로드와 포스트모던 디지털실크로드를 모두

포괄합니다.

　금번에 출간하는 〈고산중국학총서 2〉는 국내외 저명한 학자들을 초청해 고견을 청취하고 실크로드 문명에 대한 종합적이고 포괄적인 연구를 통해 트랜스동아시아 문화창신의 간-문명적 요인들을 규명하고 탐구한 결실입니다. 문명공동체 지역시스템과 그 지식기반인 인문실크로드 문명학 구상은 궁극적으로는 지방성(locality)·지역성(regionality)·지구성(globality)을 조율하고 포용하는 지구지역성(glocality)의 공감형 지식네트워크 구축을 목표로 합니다. 아무쪼록 본 총서의 출간을 계기로 21세기 새로운 공감문명시대의 상호작용, 풍요, 자유를 수렴하는 장기지속적인 공동번영과 평화협력의 대안적 동아시아 신문명시스템이 공론화되기를 희망합니다.

2026년 2월

순천향대학교 공자아카데미 중국학연구소장 홍승직

차례

제1부

·

문명공동체 지역시스템 구상과
트랜스동아시아 인문실크로드

동아시아 신문명체제 구상에서 본 한국한학의 지식구조와 의미
: 중화세계체제, 조선성리학, 그리고 진경문화를 중심으로

东亚新文明体系构想中韩国汉学的知识结构与启示
: 中华世界体系、朝鲜性理学和真景文化

전홍석 · 홍승직

1. 导言

21世纪第二个机器革命时代(The Second Machine Age, 第三、四次工业革命时期)的人类社会，以可再生能源(绿色能源)和线上(Online, 互联网)世界为基础的相辅相成、互补互惠等原理占据了主导地位。且它超越了19、20世纪以非再生能源(化石能源：煤炭、石油)和线下(Offline, 现实)排他性为基础的适者生存、弱肉强食法则支配的第一个机器革命时代(The First Machine Age, 第一、二次工业革命时期)西方帝国主义、殖民主义型的"现代世界体系"(Modern World System)，正预备进入人类新文明世界。在20世纪末第二个机器革命的超链接时代(Hyperlink Age)初期(第三次工业革命)出现的数字化革命(Digital Revolution)创造了解构西方式富强"国家主义"(nationalism, 民族主义)的跨国线上虚拟世界，正式具备了向"区域(region, 文明)共同体"转换的可能与条件。源自韩国的"东亚话语"(East Asian Discourse, 区域视角)是以第二个机器革命时代的超链接全球化(globalization)世界为时代背景和价值，构思并设计区域共同体、区域认同、区域联合、区域秩序、区域新篇章等而方兴未艾。[1]

　　但在中国，由于国土辽阔，是多民族、多文化的社会，比起东亚更注重亚洲一词。因此，这个跟亚洲分离的中国"东亚话语"与其说是自生自长，不如说是通过中韩两国批判性知识分子的交流而发展起来的。进入21世纪后，中国面临了持续实施的改革开放政策和1990年代新自由主义(neoliberalism)方式的发展带来的不少社会问题。中国"东亚话语"是在中国批判性知识分子致力于寻求这些社会问题对策的过程中，发现了与韩国东亚话语意见一致的部分而不谋而合。中韩两国话语的共同点是探索超越现代和西方的替代方案，同时也提议东亚地区的联合和统合。[2]　值得一提的是，为了克服现代世界体系形成的根据及其文化逻辑——西方式单一普遍"现代性"(modernity, 近代性)并探索其对策，两国学术界不约而同地进行了"文明论"上的探讨和展望，以便从东亚和东亚性中寻求新世界体系和多元普遍(pluriversal)现代性。对此，韩国知识界的基本认识是，将东亚区分为文明(civilization)、区域联合以及知识上的实验，为了超越被追求富国强兵的国民国家主义所吸入的20世纪型文明，应该在文明论层面努力实现创新性变化——21世纪型"新文明体系"(New Civilization System)。[3]

　　就中国知识界而言，立足于1990年代早期以来持续取得的辉煌经济增长，讨论超越"富强国家之崛起"、走向"文明大国之崛起"成为了重

1　近来"东亚"这一概念不仅指东北亚地区，还包括东南亚，这种广义上的概念是目前的主流观点。但在本文中，东亚仅限定于儒家文明圈的国家，主要成员国有中国(中国台湾、中国香港)、韩国、日本、越南，还包括新加坡、蒙古和现属于日本的琉球地区。

2　参阅(韩)高成彬：《韩国与中国的东亚话语：相互关联性和争议焦点的比较及评价》，载《国际区域研究》，2007年第16卷第3号。

3　(韩)白永瑞：《中国有"亚洲"吗？：韩国人的视角》，见《从发现看东亚》，(韩)崔元植等编，首尔：文学与知性社，2000年，第72页；另外，参阅(韩)全洪奭：《东亚与文明、以及区域体系：构想21世纪型新文明体系》，首尔：昭明出版，2020年。

要话题。将这种来自中国的文明议题与"文明的崛起则是一种普世价值与制度体系，是人类历史演化中新的生存方式和意义系统的诞生"[4]的观点联系起来，那么它为构想新文明体系——"文明共同体区域体系"提供了很多启示。而且这里所说的文明是指，"是对人之所以为人的制度性守护，是对人性尊严所必须的自由平等的捍卫"[5]。在这种世界体系变革与创新的当前课题下，近来与"东亚话语"相配合的新"区域公共性(publicness)模式"的研究引人瞩目，这些研究是通过重新审视处于现代化(modernization, 近代化)对立面的、即强调和注重文明共同体价值及其意义的后现代型"(新)中世纪化"([neo-]medievalization)进行的。[6] 鉴于近年来中、韩、日等东亚国家均以典型性的现代国家自居，在政治、经济、历史、领土等问题上不断相互对立且相互冲突的现实情况，其论点主要基于以下问题认识，即不得不思考新的中世纪形态之东亚和平共同体。尤其值得关注的是代表着欧洲梦(European Dream)的欧盟(EU)，正是建立在"新中世纪体系"(neo-mediaeval system)的基础之上。

　　所谓"新中世纪化论"原本是在相互依存度不断加深、全球化达到一定阶段时，为了说明这种情况下的国际关系而产生的用语。其宗旨与文明共同体区域体系范畴一致，即新中世纪体系是连接和和解普遍性和特殊性的宏观格局，也是向往肯定和形成生态学关系网的多样性中

4　许纪霖：《启蒙如何起死回生：现代中国知识分子的思想困境》，北京：北京大学出版社，2011年，第391页。

5　许纪霖：《启蒙如何起死回生：现代中国知识分子的思想困境》，第402页。

6　众所周知，现代化是作为"modernization"的翻译词出现的。西方是现代化真正的起源地，现代化这个用语与在欧洲文明圈率先形成的理论一起被引进到了东亚。但是，在以英语为首的西方语言当中，代表中世纪化含义的"medievalization"这个词汇并不存在。因此，使得有些人认为不仅东亚用语"中世纪化"应当翻译成medievalization，而且东亚学术界还应当带头开创和确立中世纪化理论。(韩)赵东一：《东亚文明论》，李丽秋译，北京：社会科学文献出版社，2013年，第8~9页。

的和谐的结合组织。当今世界，全球化的离心力和国民国家的向心力之间的平衡显得尤为重要，新中世纪化论的核心是重新对普遍的全球性(globality)与特殊的区域性(regionality)、地方性(locality)相结合的中世纪化过程进行探究。与此相关，对于探究东亚的国际公共性、区域认同(regional identity)和新区域体系——文明共同体，新中世纪化理论在一个方针和模式层面提供了许多的知识灵感。[7] 这也与在现代文明论——正面的"东亚研究"(East Asian Studies, 东亚学)层面，重新审视和创新传统时代东亚公共性领域之"中华世界体系"的努力基本一致。这里设想了策划"去传统"的西方式现代化这一庞大话语的解体。从这种意义出发，"东亚中世纪化"的探索包含了如下的观点，"如果说之前传统文化被现代话语先验地设定的标准剥夺了自身的意义，那么后现代的问题框架通过消除那些现代的先验标准，提出了结合甚至横跨传统与现代的方法和道路。"[8]

本研究旨在从新中世纪化范畴内的东亚中华世界体系与中华公共性研究这一宏观视野出发，基于传统时代"韩国汉学"的知识结构和其启示，构想顺应本世纪超链接全球化时代的后现代型东亚新文明体系——文明共同体区域体系。本文的整体框架是首先对近现代时期以民族(国民)国家(nation-state)为单位的"东亚现代化"、以及在此过程中西方和日本之帝国主义主导的东亚区域研究("Area Studies", 区域学)及其负面认识(知识)结构进行批判性的考察。然后与此进行对比，深入探讨传统时代文明共同体范畴的"东亚中世纪化"进程。具体来说，将表明东亚

7　(新)中世纪化理论在1960、70年代由阿诺德·沃尔弗斯(Arnold Wolfers, 1892~1968)和赫德利·布尔(Hedley Bull, 1932~1985)等人提出。最近的代表性倡导者有未来学者杰里米·里夫金(Jeremy Rifkin)、日本著名国际政治学者田中明彦、韩国代表性的东亚文明理论家赵东一等。

8　(韩)金基凤：《通过历史打造东亚共同体》，首尔：青史，2007年，第54页。

文明的普遍规范——中华("华")向各种特殊小单位体的民族文化("夷")转移的轨迹，把这两者在文明论上的响应(和而不同)以及由此产生的区域内个体文化圈的文化创新型"去周边化"这样中世纪化过程，在朝鲜后期"韩国汉学"——朝鲜中华主义、朝鲜性理学和真景文化等中进行重现。希望由此摆脱现代国家主义世界体系狭隘视阈，在更加宏观的"文明共同体"视野中为重新发现受普遍性和特殊性调节的全球本土化(glocalization)型东亚中世纪化的现实意义做出贡献。

2. 现代世界体系中的东亚与其负面认识结构

1) 东亚区域体系

西方式"现代世界体系"及其价值体系经过第一个机器革命(第一、二次工业革命)时代而成熟，与之相关的资本主义和现代国家组织体系席卷全球后上升成为了人类的文明标准。随着西方这个区域的文明被确定为世界"普遍文明"(universal civilization, 普世文明)，这一特殊文明又被强加于地球上所有其他区域。回顾近现代史，"历史上的革命发生在新技术和新世界观彻底改变经济体系和社会结构的时候"[9]。第一个机器革命时代实现了在线下(现实)世界大规模生产的物质社会。在第一次工业革命时期，蒸汽机建造了大工厂、大生产、铁路和大规模运输，开启了现代人类生活。通过第一次工业革命，人类生活进入了以"技术(科技)创新"为文明发展主要原动力的第一个机器革命时代，在这个时代，人类世界发生了史无前例的变化。在第二次工业革命时期，三项

9　Klaus Schwab, *The fourth industrial revolution*, New York: Crown Business, 2016, p.11.

技术创新——电力、内燃机、室内给排水系统起到了中枢作用。这些都是在1870年到1900年之间出现的。在100年的时间里，第二次工业革命的伟大创造和发明产生了深远的影响，直到它发挥自己的效能。[10] 对此可以理解为，第一个机器革命时代是资本主义世界体系和国民(民族)国家主义矛盾极大化的时期，没有国家就无法积累资本。费尔南·布罗代尔(Fernand Braudel, 1902~1985)指出："资本主义只有同国家权力结为一体，并成为国家本身时，才能赢得胜利。"[11]

　　近现代历史上的第一个机器革命时代是"现代世界体系"起源于西方资本主义世界经济及政治上层构造的现代列国体系(Inter-State System, 国家间体系)在全球范围内扩张的帝国主义(殖民主义)时代。通常可以理解为，现代世界体系的出现是经过工业革命，资本主义世界秩序启动的18世纪后期。到了19世纪，欧洲国家实现了经济飞跃，升级为近现代形态的"民族(国民)国家"后，由他们支配的国际体系开始了。其展开的过程就是西方国家及民族以工业化和经济飞跃为动力，在非西方地区肆意军事征服、经济掠夺而扩张的历史。而且"现代性"(近代性)被观察为是构图世界体系的中心和周边、将非西方世界编入西方资本主义体系、构筑世界等级权力关系或西方霸权的一种理念和规范。该现代性的命题以启蒙、合理性(rationality)、理性(reason, 理智)、发展(进步)为口号，包含了只有欧洲这一地缘政治地位才能获得历史的普遍性和真理，而且只有欧洲成熟的文化和精神才能实现这一点的理论。"现代性"通过这种单线性的(uni-linear)进步(发展)史观，履行了西方普遍体系

10　(美)埃里克·布莱恩约弗森(Erik Brynjolfsson)、(美)安德鲁·麦卡菲(Andrew McAfee)：《第二次机器革命：数字化技术将如何改变我们的经济与社会》，蒋永军译，北京：中信出版社，2014年，第9页、第85页。

11　转引自(美)麦克尔·哈特(Michael Hardt)、(意)安东尼奥·奈格里(Antonio Negri)：《帝国：全球化的政治秩序》，杨建国、范一亭译，南京：江苏人民出版社，2008年，第3页。

模式的前卫作用，并一直强调只有西方规定非西方地区的发展方向或必须模仿西方体系模式才是唯一的出路。

这样看来，西方式"现代化"(近代化)是具有殖民性(coloniality)的现代，"现代性"不是非西方圈应该达到的未完成的策划，而是从起源开始就天生的"殖民性"。西方现代性是以西方(欧洲)为主体在与非西方世界(他者)的对立格局中构成的概念，与在欧洲以外展开的殖民性扩张没有什么不同。因此，拉丁美洲现代性/殖民性研究小组将现代性视为欧洲(西方)剥削和殖民他者(非西方)的结果。沃尔特·米格诺罗(Walter D. Mignolo)所说的"殖民性构成现代性，没有殖民性就无法存在现代性"[12]的话充分说明了这一点。在这种认识下，该现代性/殖民性研究小组重新将现代世界体系定义为"现代/殖民世界体系"(the modern/colonial world system)。与此相同的脉络里，近现代"东亚"区域认同的形成也与西方的殖民理论血肉相连，可以说东亚这个概念是西方列强和日本军国主义主导下的现代世界体系中的帝国主义(殖民主义)产物。而现代世界系统中的"东方"则被认为是检验和实践西方文明优越性的有意话语构成物。因为公认现代世界体系和"民族国家"之间一脉相承的关系，所以作为概念学上认知概念(perceptual concept)的区域，"东亚"当然是由其认知主体和强大空间——西方国家的利害和关注所定义。

从东亚人的角度来看，"东方"的概念始于近代日本对传统时代"中华体系"的颠覆性模仿。东方的最初说法大体上来源于中国的商人们把印度沿岸的西边海域称为西方，与之相反，就用这个概念指称爪哇(Java)地区的周边海域。[13] 从19世纪开始，东方这个汉字词语不再是一个单

12　Walter D. Mignolo, *The Idea of Latin America*, Malden, MA; Oxford, UK: Blackwell Publishing, 2005, p.xiii.

13　(美)斯特凡·田中(Stefan Tanaka)：《近代日本和"东方"的创造》，见《东亚，问题与视

纯的地理概念，而是当做地理文化上领土权域的概念被广泛使用，它被用来指西方以外汉字文化圈的文化价值。[14]　但是，引入资本主义并取得现代化(近代化)成功的日本以"中日甲午战争"(清日战争，1894~1895)的胜利为契机，瓦解了以中国为中心的传统体系，成为了东亚地区新霸权国家。军国日本通过重新定义东方的概念，把中国当做这个区域的一员、一个被蔑称为"支那"(Shina)的国民(民族)国家予以相对化，将东亚地区重组为了日本军国主义主导的势力圈。[15]　日本人用与现代亚洲国家日本对比以后，产生的身陷过去泥潭无法自拔的用语将中国降格为"支那"，试图通过这种方式解体传统的中华体系。而且，这种东方史确立了这样的视角，即亚洲最先进的现代日本是与欧洲同等的国家，日本不仅与中国不同，而且在文化、知识和结构方面更加优越。[16]

　　近现代文明的机制和概念史在以"民族国家"为前提的"西方中心主义"的文明化(civilization)、现代化和新自由主义全球化(neoliberal globalization)范畴内进行阐述，其背景当然是强制推行的唯一文明中心主义。而且，现代"民族国家"与脱胎于它的世界体系也是通过资本主义近现代史具体表现出来。在这些方面，民族和民族主义(国家主义)是"现代国家"的特有属性，不仅在它产生的空间里，在其他区域，民族和民族主义之间的关系也同样蕴含了超出偶然联系的意义。现代形式的民族若没有形成，就绝不可能会有民族主义。[17]　不管怎么说，19世纪

角》，(韩)郑文吉、(韩)崔元植、(韩)白永瑞、(韩)全亨俊编，首尔：文学与知性史，1995年，第174~175页。

14　(韩)全亨俊：《同异：作为方法的东亚》，见《东亚人的'东方'认识》，(韩)崔元植、(韩)白永瑞编，坡州：创批，2010年，第293页。

15　金基凤：《通过历史打造东亚共同体》，第8页。

16　斯特凡·田中：《近代日本和"东方"的创造》，第174页、第188页。

17　(英)安东尼·吉登斯(Anthony　Giddens)：《民族-国家与暴力》，胡宗泽、赵力涛译，北京：生活·读书·新知三联书店，1998年，第141页。

末传到东亚的现代民族主义在具备了"区域性"(东亚性)的同时，通过历史的、文化的相互作用调节后做到了全球流通，在认知和制度的层面构成了民族的概念。这个时期在东亚民族主义基础上，现代国家的形成就是对西方文明的接受、排斥和变形的过程。东亚现代世界体系的成型，意味着原有中华世界观的崩溃、产生的空缺由个别国家间的相互关系即基于现代国际关系的世界认知所代替。随着日本将民族主义和帝国主义融合并创造的"国家模式"持续地发挥效力，东亚古老的帝国和王国产生了一种固定的认知，即在社会进化论的弱肉强食的竞争世界中，只有变身为帝国主义"民族国家"才是生存下去的唯一手段。[18]

众所周知，"近现代社会是立存于民族国家体系中的民族国家(nation-states)"[19]。"民族"(国民，nation)是指共同享有同一特殊生活经验的人类群体，国家(state)指的是拥有领土并进行统治、通过暴力手段维持秩序的政治体系。虽然在近代以前，民族和国家的说法就存在，而从近现代社会存在于民族国家的特定体系内可以看出，进入近代以后这两个概念合为了一体。民族的意义构成体相当于主权在民的"公民"(citizen，市民、国民)，这个公民是以1789年的法国大革命为契机登上历史舞台。在民族国家的领域，民族(国民)与《人权与公民权宣言》(简称《人权宣言》，*Déclaration des droits de l'homme et du citoyen*)产生了联系，它作为权力的授予者始终在鼓吹自决意识。初期的公民带有一定的限制性质，只把政治权利授予拥有财产和受过教育的男性，但国民和国家则是历史上最初的单一统治实体。[20] 但是在西方的"文明机制"

18　(美)杜赞奇(Prasenjit Duara)：《构建全球性、区域性的民族：从东亚出发的观点》，见《和而不同的东亚学：民族史与古代中国研究资料的省察》，(韩)沈载勋编，首尔：青史，2012年，第21页、第28～29页。

19　安东尼·吉登斯：《民族-国家与暴力》，第2页。

20　(美)杰里米·里夫金(Jeremy Rifkin)：《欧洲梦：21世纪人类发展的新梦想》，杨治宜

——现代国家体系确立以后，民族概念进入了人类历史，并在理论上逐
渐定型。而由此引发的矛盾给人类带来了民族间、文化间、文明间的
无数冲突、误解和伤痛。如大家所知，在资本主义世界经济(世界体系)
及其上层结构的"国家间体系"中爆发的第一、二次世界大战就是为了
争夺殖民地市场而展开的资本主义"民族国家"之间的、尤其是帝国主
义国家之间的对决。

近现代东亚"区域体系"(regional system)是这个区域以帝国日本为首
在顺应西方文明化秩序的过程中导入的。在近现代西方资本主义"文明
机制"中，以资产阶级(公民)为主体的"民族国家"发挥了排头兵作用。在
欧洲，民族主权国家具有这样的含义，即如果没有国家则无法进行资
本积累。在西方列强的海外扩张不断强化的时代，现代民族国家以"文
明化"的名义得到了发展。因此，其在导入东亚的时候，欧洲的现代国
家体系已和帝国主义狼狈为奸，而帝国主义则与社会进化论紧密相
关。18到19世纪为了开展资本主义式的竞争和积敛财富，欧洲国家不
仅在欧洲而且包括海外，干预创造了各种条件。在"进步和野蛮"这样
的文明二分法的基础上，他们认为被殖民化的社会不具备文明化民族
国家的法律和制度，因此不具有编入其体系的权利，通过这种逻辑将
西方帝国主义的支配予以正当化。[21]　在19世纪的东亚地区，以现代国
家主权制为支柱的西方文明和没有这种观念的东亚世界原有逻辑引发
了文明的冲突，这样的事实值得我们反复回味。最终东亚还是接受了
西方的这种逻辑，大体上来看，区域内国际领土纷争、中国台湾归
属、韩半岛分裂等问题均源于这个时期的现代世界体系与东亚世界之
间产生的文明冲突。[22]

译，重庆：重庆出版社，2006年，第153页、第156～157页。
21　杜赞奇：《构建全球性、区域性的民族：从东亚出发的观点》，第26～27页。

2) 东亚区域研究

近年来，尽管东亚的世界地位在不断提高，但有关该地区的学术研究和其主体渊源，以及对大众普及却基于外部世界。在研究东亚的起源时，可以发现它不是由在这个区域生活的人们、而是被影响这个区域的外部利害关系优先定义的。[23]　这个用词的对象是"我们"，但却不是我们自身提出的。遗憾的是，"东亚学"(东亚研究)却是近现代第一个机器革命时代西方人从"区域研究"(区域学)范畴的角度形成并命名的学问。西方资本主义在进入东方的同时，产生了掌握东亚各民族、国家实际状况的需要。东亚学正是欧美帝国主义的殖民地支配逻辑介入进行实态调查研究的学问。它以(负面)东方主义(东方学, Orientalism)的形式服务于西方资本主义势力对东亚地区的支配，并着手在不断衰退的民族、国家和没落的文明圈开展研究。[24]　从东亚内部近现代史的文脉来看，屈服于西方资本主义的暴力与压力，东亚对西方"现代性"(近代性)虽有抵制但更多的是采纳，并试图按照其调整和改变自身。东亚将这个抵制、采纳和变形适用的过程视为了自身"现代化"的过程。[25]

"东亚学"(东方学)的产生和发展不能与以现代国家世界体系为运作原理的区域学的历史变迁分开讨论。"东亚"这个概念是从一开始就带着殖民帝国以侵占弱小空间为目的而研究和设计的"东方主义"这一帝国主义原罪而诞生的心像地理。如果说亚洲的区域认同是由西方这一外

22　(日)田中明彦：《新的中世纪：21世纪的世界体系》，(韩)李雄贤译，首尔：知情，2000年，第236～246页。

23　(韩)金炅一：《东亚与世界体系理论》，见《区域研究的历史与理论》，金炅一编著，首尔：文化科学社，1998年，第132页。

24　(韩)李佑成：《东亚和韩国》，见《东亚学的探索与志向》，(韩)金时业、(韩)马仁燮编，首尔：成均馆大学出版部，2005年，第13～14页。

25　(日)沟口雄三：《探索东亚研究视角：以中国研究为中心》，见《东亚学的探索与志向》，(韩)金时业、(韩)马仁燮编，首尔：成均馆大学出版部，2005年，第29页。

在他者的视野所规定，那么东亚的概念则是由日本这一内在他者的权力意志所形成的。从东方主义逻辑来看，"东亚作为钻研、研究、判决、训练、统治的对象，被安排在教室、法庭、监狱、图录中，同时被超越性主体——西方任意表象和创造"[26]。另外，日本对邻近亚洲国家的统治和权力关系在克服西方的地理暴力这一精神创伤的同时，还标榜在东方建立西方式新帝国，并形成了超越欧美帝国主义的全方位放射型殖民帝国的结构。[27]　由此看来，"东亚学"所具有的逆向功能(毒性)与以第一个机器革命时代资本主义体系或国家主义为运作原理的区域研究偶然或刻意地重叠在一起。

与此同时，东亚区域认同的形成也是与欧洲眼中的殖民东方理论无法分开。"东亚"这个词汇是近现代帝国主义时代，被日本人吸收了欧洲人塑造的东方形象以后，又据为己有(appropriation，占用)的概念。在帝国主义式的现代化过程中，日本接受了西方的东方主义之后，把在东亚走在文明(进步)前列的本国与未开化守旧的邻近国家划清了存在论、认识论上的界限，并将它用在了对周边国家和民族的侵略和支配上。以明治维新为契机，自诩在学习西方式现代化方面取得成功的日本秉持着与西方的东方主义相同观点，甚至用更为残酷的方式打造了将东亚其他国家和民族他者化的"日本型东方主义"。例如，被誉为日本文明开化的精神引导者而受到吹捧的福泽谕吉(1835~1901)在其著作《脱亚论》中，主张日本应当脱离亚洲的行列，与西方文明国家共进退，"对待支那、朝鲜的方式也没有必要因为是近邻就给予特别的照顾，应当采用西方人方式来对待他们。"[28]　而且，他在各种时事性的评

26　(日)姜尚中：《超越东方主义》，(韩)李庆德、(韩)林成模译，首尔：移山，2000年，第187页。

27　姜尚中：《超越东方主义》，第81页。

论中，对于中国(支那)和朝鲜的形象使用了大量侮辱性、非真实、非历史性的描述，包括"顽冥固陋、固陋不明、狐疑、顽陋、旧套、怯懦、残刻不廉耻、傲然、卑躬屈膝、残酷、残忍"[29]等。

这种东方学上的污流在以侵略东亚为目的而捏造的支那学、朝鲜学中，鲜明地体现了出来，进而成为了日本政府对待东亚其他国家的对外政策。负面东方主义式"东亚研究"的形成不是仅由西方和东方的二项对立所致，而是通过西方—日本—东方这样的多层构造发展了出来。日本采用脱亚入欧的路线，在西方(+日本)=先进、非西方=落后的格局下，使全体"大东亚"区域沦落为了以日本为核心的边缘地带。这种意识被恶意地作为理论工具，应用到对包含了东南亚的亚洲侵略当中，这一点已经毋庸赘述。西方通过自身的历史呈现出了野蛮和暴力的思考方式和行为样式——本民族中心主义、排他和侵略性的民族主义、极端的国粹主义、法西斯主义，最终，日本侵略性质的亚洲主义——大东亚主义也不过是一种对西方毫无批判的模仿和追随而已。[30]
东亚和大东亚是随着1937年中日战争开始和向中国内陆扩大、以及1941年太平洋战争爆发和战线向南方地区延伸而形成的政治性区域概念。所以说，在日本近现代史上形成的各种亚洲主义的主张引发了政治上的东亚概念，这种想法并不正确。正相反，日本是在中国、亚洲进行的战争中将已有的众多意识形态汇集起来，才形成了它的东亚和大东亚概念。而所谓新东亚是从东亚新秩序的理念和东亚协同体论层

28　转引自李文：《东亚合作的文化成因》，北京：世界知识出版社，2005年，第206页。

29　(韩)李奎洙：《近代日本的东亚认识体系："文明"和"野蛮"的逆转》，见《西方学问的流入与东亚知性的变化》，成均馆大学东亚历史研究所编，首尔：善人，2012年，第188页；姜尚中：《超越东方主义》，第89页。

30　(韩)朴胜优：《东亚话语的现况和问题》，见《东亚共同体与韩国的未来：跨越东北亚走向东亚》，东亚共同体研究会编，首尔：想象，2008年，第324页。

面展开的概念。[31]

通常"区域学"(区域研究)被定义为，"基于对特定场所或文化的总体(holistic)接近，增进理解的一种战略"[32]。更具体来说，这是以他者为研究对象，为了解释其"他者性"(otherness)，将语言学、人文学、社会学等引入并结合起来的知识性认识方法。但是，这种区域学的认识方法与西方强国对东方(东亚)的殖民主义扩张，以及从西方国家层面应对被殖民地区的民族、语言、宗教、文化等帝国主义话语密不可分。这里的"区域"植入了殖民帝国的发明主义，为开拓殖民地提供了系统的知识积累和脉络。事实上，第一个机器革命时代的区域研究是基于以西方为中心的一元性、单线性的历史观，其表现为西方和东方、启蒙和未开化、先进和落后、中心和周边等二元对立的认识体系。这种近代主义(现代主义)"区域学"的历史轨迹分为两个阶段。第一阶段是欧洲中世纪以后帝国主义时代(殖民地时代)为制定殖民母国殖民政策和从殖民统治手段出发的"世界区域研究"。在19世纪和20世纪初叶，它被具体化为英国等欧洲各国的区域研究及其教育机构。第二阶段是经历两次世界大战后萌发的、以美国为中心的脱离欧洲型"海外区域研究"的发展。这源于当时的现实性要求——出于第二次世界大战(1939~1945)这一大规模战争与国际理解的必要。从而，"区域学"在战后(postwar)世界体系下，以维护美国霸权和国家利益的战略性冷战力学为基础，在美国学术界扎根生长。

随着20世纪初日本军国的区域帝国主义扩张，复制于欧美、旨在为

---

31 (日)子安宣邦：《日本昭和时期"东亚"的理念》，见《东亚学的探索与志向》，(韩)金时业、(韩)马仁燮编，首尔：成均馆大学出版部，2005年，第110页。

32 (韩)金炅一：《区域研究的定义和争议焦点》，见《区域研究的历史与理论》，金炅一编著，首尔：文化科学社，1998年，第24页。

统治占领区服务的日本型区域研究也作为"殖民政策学"的一部分逐渐发展开来。这个殖民政策学在1909年被追加为法学院的科目，在学院学科设置中构筑了基础，迈出了制度化的第一步。日本吞并韩国的1910年殖民学会诞生了，在各大学设立了殖民政策讲座、出版著作、培养专业殖民政策学者等"日本型区域研究"——殖民政策学才成为一门学问。[33] 日本型区域学(日本型东方主义)是日本在认识到与西方异同的过程中发明的东方(东亚)和其中朝鲜、满洲、中国的心像地理、历史，以及相互之间的关系中确定的身份认同等融合交织在一起进行的。具体来说，日本的区域研究是在复制欧美型区域学——殖民帝国的知识、文化支配形态，将亚洲和日本文化差异极大化的殖民主义和民族歧视的权力关系中展开。这一巨大的知识和权力体系早在"科学殖民"口号下由1907年创立的南满洲铁道株式会社(简称"满铁"，1906～1945)调查部时形成。随着日俄战争(1904～1905)后殖民地体系版图不断扩大，日本帝国以满铁调查部为根据地，在台湾取得科学殖民地的活体实验成果后，又推广应用至满洲、朝鲜、中国大陆。此后，调查部将研究对象扩大到满洲、蒙古、俄罗斯、西伯利亚、欧洲等地区，至1939年其人力规模超过了两千人。

经过第一机器时代而诞生的近代(现代)主义区域学无疑是服务于殖民帝国的地理暴力、霸权国家利益和文化统治的"殖民政策科学"。因此，以下指责具有很大的启示意义："一方面，存在对现有区域概念没有任何怀疑的麻木不仁，另一方面，存在将主权国家的界限无条件地作为区域研究基础单位的无价值态度。大部分区域研究专家在不知不觉中陷入了这两个陷阱，这是目前学术界令人伤心的现实。"[34] 这种

---

[33]　姜尚中：《超越东方主义》，第86页。

[34]　(日)矢野畅：《什么是区域研究？》，见《区域研究的历史与理论》，金炅一编著，首

批判性论断与消除东亚学中以往欧美、日本帝国主义以支配性意识形态刻印的东方主义毒性的现课题直接相关。这一时期的负面东亚认识结构及区域认同的形成与强大空间(欧美、日本帝国主义)的世界分割论中东方殖民地论不无关系。解决这一问题的头绪应该从解除与区域学相关的西方(含日本)式国际关系上的从属体系(subordinate system)中他者认识空间和消除它所助长的自我再生产上寻找。对此，应该拒绝将东亚学视为区域学的观点，反而应当支持从人文学角度接近的论断。转述论旨如下："区域学与主体为了弥补信息不足而坚持着功利目的、接近特定区域的探索活动有关。……其结果，区域学所指的人类不是具有与探索主体相同资格的思维体系和生命价值的活生生的人，而是根据探索主体的利害(关心)体现自己效用性的发明品。如果我们想与活生生的人进行对话并理解，东亚学就只能是人文学。"[35]

3. 东亚中世纪化: 文明共同体区域体系

在第二个机器革命(第三、四次工业革命)的超链接全球化时代，朝鲜半岛"韩国汉学"在源自韩国的东亚话语之区域视角和思维框架下重新构成并重获新生。毫无疑问的是应该消除"东亚研究"(东亚学)中天生固有的过去帝国主义(殖民主义)东亚区域研究的逆向功能。正如前一章已经重点分析和审视的，近现代西方列强和军国日本之帝国主义策划和实施的东亚区域研究，蕴含着对东亚各国(包括中国)的知识的殖民性、暴力性，以及负面认识结构。这就是之所以要提出同时包容和活用现代

尔：文化科学社，1998年，第64页。

[35] (韩)辛正根：《人文(人权)儒学视角下21世纪东亚学建立的探索：以儒术，圣学、道学、中华学、国学的轨迹为中心》，载《大同文化研究》2013年第81号，第462~463页。

性和传统性(traditionality)、全球性和区域性(地方性)的全球本土化型"新中世纪化论"的原因。"新中世纪秩序"(neo-mediaeval order)是将来可能出现的一种国际体系模式，倡导者们认为，新中世纪是可取代主权国家之间关系优越的现代国际体系的典范。[36] 本章立足于东西方文明一般论的(新)中世纪化论，以东亚中世纪化的实体和产物——"中华世界体系"、"中华公共性"等内容为议题进行研究分析，并在此基础上试探本世纪文明共同体区域体系的建立可能性。这种东亚学意义上的正向功能与下述主张是一脉相承的，为了否定中世纪，现代继承了古代，与之相同为了否定现代，下一个时代应当成为继承中世纪的时代。[37] 同时这也体现了这种思想，即东亚新中世纪道路的成功与否是未来世界体系走向的关键。[38]

1) 传统文明和中华公共性

在文明共同体的二名式表述中，共同体一词与包括小单位"文化认同"(cultural identity)在内的最大认同范围——"文明"这一区域认同有关。对东亚新范式的"新中世纪体系——文明共同体"探讨，需要在克服现代世界体系的霸权国家主义影响，并认可东亚认同(East Asian identity)基础上进行。东亚认同话语认为，东亚有着不同于西方文明的独特文化成分，区域内所有国家具有通过共享相同性质的价值体系和文化，发展成为单一文明共同体的土壤。[39] 但在词源上，"文明"原本

36　参阅Hedley Bull, *The Anarchical Society: A Study of Order in World Politics*, 3rd edition, New York: Columbia University Press, 2002.

37　赵东一：《东亚文明论》，第9页。

38　田中明彦：《新的中世纪：21世纪的世界体系》，第258页。

39　分析这个东亚认同话语，可以分为以下三个主题：第一，东亚区域内国家、民族和所有组成单位都共有共通的文化特性。(文化同质性主题：作为自我同一性、一体感的

是具有双重交叉层位的概念，它蕴含着以"中华"为普世价值的传统性和以"西华"(西欧)为普世价值的现代性(近代性)。东西方各自的"文明"概念中都内含着一种差别机制，它们在倡导面向理想的进步或改造的同时，认为存在夷狄和野蛮这样的绝对"他者"。而且，两者都通过具有强大价值观念的宗教(儒教、基督教)，对物质和利益相关的领域进行强有力的管控，同时在规定其概念内容的主要要素即文化、地区、种族和人种等这些范畴也非常相似。[40]

现今被广泛使用的"文明"概念并不是东亚的固有词汇，它是区域内的国家在现代化(近代化)过程中，采用的具有西方现(近)代性本身属性的"civilization"翻译语。这个词汇产生于近代的西方，东亚于1870年代由日本将它翻译为文明，1880年代以后在朝鲜它经常与开化一词共同使用。这种文明的概念史与朝鲜半岛韩民族艰难的历史过程和经验——对近代西势东渐时期"普遍文明"(普世文明)的信念体系的变动密切相关。也就是说，固守传统文明概念的卫正斥邪、处于中间位置的东道西器、以及转向西方文明概念的文明开化等思潮变化就很好地说明了这一点。19世纪后半叶，朝鲜引进了文明这个翻译词汇，文明成为了同时指称普遍文明和西方文明的用语，从而拥有了大众化的地位。1890年代以后，卫正斥邪的领导者开始将文明作为普遍术语，用特殊文明来表现中华和西方。随着文明成为了东西方共同的一个标准，在种族、地理和文化多重特性混合的"中华"概念中，逐渐失去了原本普遍

认同)；第二，东亚独有的文化特性是不同于西方文化的独立特性(东亚特殊性主题：作为主体性、独立性、个性的认同)；第三，东亚独有的文化特性形成东亚和其居民的认同(东亚认同主题：作为认同本身的认同)。这些东亚认同话语表明在东亚形成单一文化共同体的工作也是有可能的。朴胜优：《东亚话语的现况和问题》，第316~317页。

40   (韩)李坰丘：《中华和"文明"概念的内在化及自我同一视》，见《概念的翻译与创造：通过概念史看东亚的近代》，坡州：石枕头，2012年，第16页。

文明的含义，于是中华用来指代国家概念的中国的情况多了起来。[41] 与
之相对应，开化论者认为中国尚处于未开化或半开化的状态而西方文
明具有其普遍性，随之文明的标准也发生了变化。"西方文明"本身就
是普遍文明的这种观念得到不断的发展和强化，一直沿用至今。

　　但是，关于东亚的"新中世纪体系"转换的探索，只有与重视大单位
共同体价值的文明的传统概念史联系起来讨论，才能发挥其最大的实
效性。从传统时代韩民族对中国的认识和知识——"韩国汉学"上来看，
中华和中国蕴含着朝鲜半岛人内在化的文明价值。因此这与东亚中华
世界体系——"中华公共性"的萌芽相关联，首先需要探究清楚在中国
古典文化繁荣时期出现的中夏、中华和中国等名称所包含的意义。
"中"代表地理、文化上的中央，"夏"是指诞生了中国最早王朝文明的
夏地区并具有"大"的含义，"华"则意味着灿烂的文化。可以据此认
为，中华、中夏和中国的概念大体上是指"拥有灿烂文化的中央大
国"。[42] 以经过夏、殷、周三代形成的灿烂文化和强大国力为背景，
古代的中国人认为自己是世界的中心和唯一的先进文明。这种认识与
表现和创造了灿烂先进文化的中国古代圣人"文德昭昭的状态"的文明
早期用例有关。

　　在儒家的文献中，发现的最初使用"文明"的例子都是作为形容词式
的叙述语，用来称颂古代圣王的伟大德行。因此，文明的东亚词源是
与开创中原文明的儒教思想，即内圣外王的圣人存在关联。[43] 也就是
说，导出古典"文明"概念的从尧、舜到孔子的这些圣人谱系，事实上

41　李坰丘：《中华和"文明"概念的内在化及自我同一视》，第25页。

42　(韩)李春植：《中华思想的理解》，首尔：新书苑，2003年，第121～122页。

43　《书经·尧典》："钦明文思"；《书经·舜典》："濬哲文明"；《周易·乾卦·文言》："见龙
　　在田，天下文明"；《周易·大有卦·象传》："其德刚健而文明，应乎天而时行。"

是在以汉文文明圈为中心的同文世界里，中国古代历史不断发展的过程。作为中国历史的实体，文明代表了中国的价值，从而可以得出中国=世界中心=文明这一等式的文明论概念。[44]　最终可以得出结论，传统文明的核心就是与圣人之道相关联的中国式世界观即"中华"。回顾东亚文明史，"东亚世界随着中国历史的演变而形成和变化。从其起点来看，在汉代整顿的政治思想——华夷思想、王华思想等与郡国制这一统治形态的出现成为了很大的契机"[45]。这样开始并发展起来的东亚文明——"中华"概念，在汉代将儒学定为国学之后，历代的王朝都将其作为自身的治国理念。特别是董仲舒(B.C.179~B.C.104)认为，文德是中华主义的另一种名称，王化、德化、圣化等词语都指的是文德的延伸与发展。[46]

如果说民族国家单位的"现代化论"浓缩在近现代西方的文明概念中，那么作为后现代型文明共同体的"新中世纪化论"则应当在传统时代东亚的文明概念基础上去加以审视并理解。首先要提到的是，在近现代"民族"概念抬头之前，传统时代的东亚也存在着对抗外部威胁或侵略的统一政治共同体观念。根据杜赞奇(Prasenjit Duara)的研究：在传统时代，中国绅士频频遭遇野蛮侵略而企图集结对蒙古族和满族的抗争力量。南宋时期和明末清初的绅士思想家，创造了后来"近代民族主义运动"继承的抗拒传统。在日本，原始"民族主义思想"在多个时期得到了发展。特别是13世纪应对蒙古威胁的日莲宗以及德川后期的水戸

44　(韩)林荧泽：《文明意识与实学：阅读韩国知性史》，坡州：石枕头，2009年，第21~22页。

45　(日)李成市：《被制造的古代：现代国民国家的东亚故事》，(韩)朴庆嬉译，首尔：三仁，2001年，第147页。

46　(韩)辛正根：《董仲舒：中华主义的开幕》，首尔：太学社，2004年，第79~80页；《中文大辞典》中"华"下的解释有"帝舜曰重华"(《书经·舜典》)，解释为古代帝王的"文德"。

学派主导了这一潮流，水戸学派拒绝了外国人，而是以创造神圣的大和王朝下的世界帝国来恢复皇室制度为目标。在韩国，国家传统、通用书面语和文化上统一的上流阶层至少从12世纪左右的高丽中期开始存在。这些统治阶层为对抗日本和满族都感到自豪。[47]

这样，作为近现代民族主义形成基础的原型民族在传统时代也实际存在，与此相同，助推本世纪"文明共同体"建立的原型东亚，在文明的传统范畴"中华"观念中一直持续到了今天。尤其是基于传统文明概念——新中世纪化的"中华公共性"来重新审视一遍，就可以发现具有人类普遍性的东亚轴心文明知识资源——文德、德化、圣化等内容，是当今构建全球本土化型文明共同体区域体系——"共情知识网络"(Empathic Knowledge Network)所不可或缺的宝贵学术公共财产(public property)。再从后现代型"文明共同体"的视角观察，中世纪社会的典型特征包括权威与权力的分离、主体的多样性、意识形态的普遍性以及地方分权与中央集权的并存等。如果用这些特征来衡量东亚文明，那么就可以得出结论，早在西方的"现代世界体系"渗透进东亚之前它们已存在于东亚中世纪化——"中华世界体系"之中。

东亚儒教文明圈形成了以"中华公共性"为基础的和平共同体，并且维持了求同存异的"中华世界体系"这种文化秩序千年之久。中华公共性提供的价值范本，保持了天和人、群和己之间的和谐关系，而且指导人生旨在成德成仁，统治者应当施行仁政和德治而维护礼治秩序，最终"实现天下归仁的大同理想。儒家文明通过中华帝国的册封朝贡体系，在东亚地区曾经建立过长达千年的统治，那的确是一种以天下主义为核心的文明霸权"[48]。另观中世纪的欧洲世界是由具有普遍教会概

---

47   杜赞奇：《构建全球性、区域性的民族：从东亚出发的观点》，第24～25页。
48   许纪霖：《启蒙如何起死回生：现代中国知识分子的思想困境》，第391页。

念的天主教("Catholic"这个词汇原本来源于希腊语"katholikos", 意思为普世一统)统一了起来, 与之相同东亚世界则是由与儒教密不可分的"中华普遍主义"的信念体系统合为一体。这其中"中华普遍主义"起到了绝对且普遍性的规范作用, 它调整和指导了传统时代东亚人所根据的生活价值和信念指向。之所以将中华价值——"圣王文德"命名为东亚地区的国际公共性(国际公共价值)的理由也正缘于此。"中华"这一文化理念与中国先验结合, 因此在历史上它主要通过"中国"体现了出来。在汉代出现并在唐代确立的中华主义, 是东亚唯一的超级大国和先进国家的中国在以中华自居的同时, 通过册封和朝贡的方式, 对周边国家施加影响力。

但是需要注意的是, 这里所说的"中国"并非今天的国家概念, 而是统指统治和支配东亚大陆的中心地区——中原(黄河中下游地区)的王朝即具备册封权力的天子所在的帝国。甚而历史上支配这个王朝的民族并非只有汉族, 还有鲜卑、契丹、女真、蒙古等许多其他民族, 这一点毋庸赘述。中国——"中华后来与近现代的翻译词及新造词结合而由国家主义(民族主义)概念所重新诠释并重新定义, 获得了新的生命力, 中华人民共和国、中华民族等单词就是例子"[49]。传统时代的东亚国家是以特定家族独占国家权力的王朝形态而存在。例如, "汉"不仅是王朝的名称, 也是国家的称号。但中国并不是单纯一个国家的概念, 而指的是在中原这个特定的活动空间, 创造和享有中华文化, 并与其他民族共有历史经验的特定历史共同体的名称。尽管中国这一历史共同体与在中国地区出现并统治中国的国家之间有着紧密的联系, 但却不是相互一致的历史实体。自从春秋战国时期开始意味着历史共同体的"中

---

49 (韩)裵祐晟：《中华, 消失的文明标准》, 首尔：青史, 2024年, 第52页。

国"概念出现以后，一直到传统时代结束，在中国地区，国家和历史共同体不一致的情况一直存在。[50]

在这种意义上，韩国历史学界著名汉学家金翰奎指出，因为东亚各国都没有区分清楚"国家"和"历史共同体"的概念，最近发生在东亚国际社会的历史纠纷即有关西藏、高句丽等归属问题的争论，陷入无谓的混乱之中。在这些争论中，将国家之间的关系和历史共同体之间的关系相混淆的认知，是阻碍正确理解东亚世界历史真相的最根本原因。换言之，历史上的东亚世界通常不是一个国家支配一个历史共同体或是一个历史共同体形成一个国家，而是以多个国家共同形成一个历史共同体或是一个国家统合支配多个历史共同体的形式而动态发展。据此，金翰奎洞鉴到中国人称之为边疆地区的历史实体是多个独立的历史共同体，并强调，如果看穿现在的"中国"是建立在历史上的多个历史共同体之上的历史真相，不将一个"中国"分解为多个历史共同体加以分析，就无法正确理解传统时代东亚世界的结构本质。[51]

近年来，东亚地区发生的一系列历史纠纷和争论都可以从过分固守近现代时期移植到东亚的西方式现代列国体系(国家间体系)及其国际规范(观念)中找到原因。如果东亚各国继续坚持这样的国家主义观点，那将是准确理解东亚中世纪化和"中华公共性"的历史真相、并构建未来型"文明共同体区域体系"的巨大障碍。如前所述，"中华"根植于汉民族将自己的发祥地——黄河流域视为地理和文化中心的观念，通过儒学的"王道政治思想"将它正当化了。"中华思想"也是传统意义上的中华一词加上思想这一近现代翻译词而形成的用语。从韩国汉学的观点来看，中华概念中包含的中国和"属国"(vassal state)的语义场(semantic

---

50 (韩)金翰奎：《天下国家：传统时代东亚世界秩序》，首尔：松树，2005年，第10页。

51 金翰奎：《天下国家：传统时代东亚世界秩序》，第5~15页。

field)也应重新解释。两者的关系适用了共情(同理心，empathy)和互惠领域的"事大字小之礼"，[52]　这与近现代意义上的帝国主义殖民性性质完全不同。对此，有必要倾听韩国汉学家裴祐晟的如下话语："属国是很好地体现随着前近代用语成为近现代翻译辞而产生的错觉和混乱的单词。尽管如此，我们并不注意传统时代朝鲜半岛汉学家所说的属国不是近现代意义上的属国或保护国(protectorate)的可能性。"[53]

2) 东亚文明和中华世界体系

从"新中世纪化论"的视野来看，"中华"的意义构成体与传统文化激活及国际公共性有关，从它可以发现脱离近现代国家主义框架的丰富后现代型中华世界体系——"文明共同体"的价值和内涵。众所周知，构成传统文明概念核心的中国式世界秩序——"中华主义"是通过孔子的春秋精神，投影于东亚的现实历史而发挥作用的。也就是所谓孔子的春秋大义，即尊崇保有中华文物的文化国家——周王室，并贬斥野蛮的夷狄。这种以华夷论为中心的春秋思想中同时包含着仁道精神和义理精神。因此能够一方面发扬"仁道精神"，向着宽容与开放的方向发展，另一方面弘扬"义理精神"，批判和对抗不义不正的思想行为，从而确立强烈的自主意识。[54]　在历史上，前者体现为包容文化处于劣等地位的国家和民族，共同实现大同世界的大一统开放型"世界主义"；后者则体现为面对不义不当外来势力的侵略，维护民族独立的自主型

52　《春秋左氏传·昭公三十年》："礼也者，小事大大字小之谓，事大在共其时命，字小在恤其所无。"；《孟子·梁惠王下》："惟仁者，为能以大事小……惟智者，为能以小事大……以大事小者，乐天者也，以小事大者，畏天者也。乐天者，保天下，畏天者，保其国。"

53　裴祐晟：《中华，消失的文明标准》，第13页。

54　(韩)吴锡源：《韩国道学派的义理思想》，首尔：成均馆大学出版部，2006年，第47页。

"民族主义"。

中华观念虽然初始体现为民族中心主义，但同时也包含了所谓的开放式"世界主义"倾向——凭借认为本国文化最为优秀的文化优越性，将周边未开化夷狄世界并入"礼"的秩序当中，从而施以文化上的恩惠，帮助他们识礼重义。因为这种观念中在理念上只存在超越国家、民族和国境的"天下"，所以表现为华夷内外或是尊内卑外的区别和范围并不是固定的，具有通过天子的德化和教化而不断扩大的特点。[55] 从这种世界观的角度来看，"中国"是指先进中华文化产生、持续发展并达到世界最高水平的地区；"夷狄"是指荒服——文化的不毛之地，是应当接受中华文化的洗礼而实现汉化(中国化)的地带。[56] 无法否认的是，这种观念形态下的中华主义具有帝国主义的特性。同时，在这"中华帝国主义"背后，存在着以文明(中华)和野蛮(夷狄)区分而将其他民族他者化、视其为野蛮民族的差别机制。所谓"华夷二分法"折射出了现代大国主义观念，在中国人的思想观念中依然很强烈。

由此，为了使传统时代"中华世界体系"的东亚国际公共性具备现代价值与活用，应当对中华文明的逆向功能同时展开批判性的研讨。从这一层面来看，韩国资深汉学家李成珪的看法具有一定道理。他指出，针对区分中华和夷狄的文明两分法，"夷"并非威胁"华"的存在，反而在强化"华"的正当性和其存立依据方面是不可或缺的存在。而且，李成珪批判认为中华思想是并不高明的"将状况正当化的体系"，这非常值得回味。也就是说中华思想向强者提供了宽容的美德和文明普及的义务这些名分下的支配理论；向认识到权威及力量局限的人提供了节制的理论；向弱者提供了参与和守护普遍文明价值名义下的服从理

55　(韩)朴忠锡：《韩国政治思想史》，首尔：三英社，1982年，第61~62页。

56　金翰奎：《天下国家：传统时代东亚世界秩序》，第11页。

论；向鼓吹断交、分断和孤立的人提供了以夷狄＝禽兽来理解外、他、异，并加以排斥和对抗的理论；向追求征服和扩张的人提供了无限的统合理论。[57]

在坚持这种批判性视角的同时，在这里应该探讨，基于中华普遍主义价值观念，由与中世纪东亚政治结构——"册封(朝贡)体系"一起，通用书面语——"汉文"以及普遍宗教——"儒教思想"所体现的世界正是东亚文明。[58]　从东西文明一般论来看，世界的文明是通过实现一元普遍主义价值观念的——以册封体系、通用书面语和普遍宗教为本质的中世纪化过程所形成。现存的人类所有文明圈都可以说是中世纪的产物。以自我中心主义为特征的古代文明无论如何标榜自身的伟大，若不被中世纪人接受，也无法得以留存。因为古代文明是狭小地区内特定集团的独占物，而中世纪文明则是以古代文明为源泉，更广阔区域内整体领域的多个集团或是民族共同参与下创造出的合作产物。因此以下的论断才可能成立，"中国留下的遗产已经超越了中国的范围，在其他多民族的共同参与下，得以具有普遍意义，并发展成为东亚文明。在指称古代文明时可以使用中国文明的说法，但中世纪文明却应被称为东亚文明，因为冠以一国之名的方式是与中世纪文明的本质相悖的。"[59]

在象征西方式现代世界体系(现代性)的全球规模的世界出现以前，人类世界划分为各大陆(区域)，以具备各自共通性和完整性的独自文明圈单位形式存在着。当然，中国、韩国、越南和日本等所在的东亚区域

---

[57] (韩)李成珪：《中华思想与民族主义》，见《东亚，问题与视角》，首尔：文学与知性社，1995年，第115页、第152页。

[58] 与此相同，欧洲中世纪化(欧洲文明)是在册封体系——罗马的教皇、普遍宗教——基督教、通用书面语——拉丁语基础上实现。

[59] 赵东一：《东亚文明论》，第6页。

也形成了自身的文明圈，使其成为可能的便是"中世纪化"。在中世纪，通常册封和通用书面语是以普遍宗教圈域下的文明圈为单位进行和使用的。东亚的中世纪文明——"中华世界体系"是在中国式的册封(朝贡)政治体系下，以汉文为通用书面语，儒教为普遍宗教而形成的共同区域和领域。在这个区域文化圈和政治圈成为一体，实现自身完整性的世界被称为"东亚文明圈"。进一步说明的话，东亚的中世纪是中国的天子秉持着天命思想和以此为基础的中国天下观，册封韩国、日本、越南和琉球等国家国王的时期。"册封"这一用语，是由权位高的人颁发文书(诏书)的"册"和权位高的人授予职位的"封"合起来构成的。因此册封即是指位高权重者向地位低的人颁发文书授予职位的行为。

事实上，"册封体系"就是中国皇帝(天子)通过授予周边民族首长(国王)以官职和爵位而建立的一种具有多种结构和作用的国际社会体系。册封是指交换国书，天子向国王赐予以金印玉玺，同时国王奉上朝贡礼物且接受天子答礼的一种两国之间物物交换的贸易方式。因此可以将册封和朝贡相互对应，称为"册封朝贡体系"。国书是以文字形式来表现两国精神上的一体化，金印是为了保证权力的正当性，朝贡贸易是将两国的物质生活相互连接。"册封朝贡体系"就是这样从多重层面巩固了文明圈内的同质性。但是，在中华世界体系——册封朝贡体系下形成"文明共同体"的东亚区域，随着进入近现代西方式列国体系时代，册封朝贡体系崩溃东亚各国分裂。韩国代表性的东亚文明理论家赵东一说道，"一直被包括在册封体系内的各个国家形成了一种共同的文明，东亚成为一个整体。然而近代以后，册封体系崩溃了，东亚也分崩离析了。……现代人认为册封体系是一种不平等的国际关系，并非东亚文明的共同领域。各国从各自的观点出发，对册封体系做出了不同的评价，以分优劣。"[60]

　　这一"册封体系"始于汉代、确立于唐代并到了明代变得日益完备。特别是到了隋唐时代，东亚世界在政治和文化上显著成为一体。这个时期东亚世界独立发挥了自我完善的历史性作用。回顾中国历史，汉朝继承了春秋时期赐予皇帝一族或功臣以王、侯等爵位并授予"国"这一封地的"封建制"，以及战国时期由中央向郡县派遣官吏而直接统治的"郡县制"。这就是"郡国制"，通过封建制的部分复活和运用，将其适用于异民族国家而赋予周边国家首长以王、侯等爵位，由此诞生了中国皇帝和各族首长建立君臣关系的形式。并且把国内的大臣称为内臣，而把周边民族的首长称为外臣，区别于中国王朝内部的君臣关系。东亚世界的构造在性质上发生巨大变化是在10世纪初唐的灭亡以后。907年唐朝灭亡后，东亚世界的整体性(整一性)在政治和文化方面引起了很大的动摇。这一时期处于唐朝影响圈下的渤海(926年)和新罗(935年)灭亡，而一直受中国王朝直接统治的越南也独立了。日本在935年经历了平将门之乱与藤原纯友之乱后，律令制度被破坏，社会状况发生改变。在文化方面，辽朝使用契丹文字；日本使用片假名；西夏使用西夏文字等等，东亚世界迎来了"国风文化"时代。[61]

　　由于唐朝的灭亡，东亚世界在国际政治秩序方面崩溃，但取而代之的是在经济圈方面东亚世界得以诞生并持续发展。也就是说，随着15世纪明朝将册封体系与勘合贸易体系相结合，带动了东亚世界的复兴，到了清朝，这个范围又得到了进一步的扩大。[62] 所谓的"册封朝贡体系使中世纪人具有双重所属关系，既是东亚人，也是本国人。而到了近现代，东亚人这一共同领域消失了，只剩下各国人的概念"[63]。

60　赵东一：《东亚文明论》，第101页。
61　李成市：《被制造的古代：现代国民国家的东亚故事》，第142页、第147～148页。
62　李成市：《被制造的古代：现代国民国家的东亚故事》，第149页。

另一方面，"册封"是文明圈之内整体国家和民族在使用"通用书面语"的情况下形成的的国际关系，这是不应忘记的事实。一个文明圈共享通用书面语也是从中世纪开始的。即，通用书面语和本民族语言具有双层语言(diglossia)关系的时代正是中世纪。[64]　在此脉络中，韩国东亚学家崔元植主张如下："近代以前，东亚文人、知识分子都是双语使用者。虽然各自用自己的母语生活，但是在以通用书面语——汉文为媒介的相互沟通中，共享了文化史上的记忆。起源于中国的儒教和从印度传播的佛教这一东亚普遍宗教的存在使通用书面语的生命更加扎根于整个东亚地区。"[65]

实际上，"通用书面语成为普遍宗教教义经典的撰写语言，使普遍宗教思想得以保存下来"，并确定了规范化的思考方式。而且它"担负起各国之间交流之媒介，从而保障了文明圈的同质性"。[66]　包括中国大陆在内、朝鲜半岛、日本列岛、印度支那半岛的越南地区都将汉文作为通用书面语来使用，同时以此为媒介，共享了发源于中国的儒教、律令及汉译佛教经典等文化。但是"中华(世界)体系崩溃后，通用书面语的传统逐渐衰退，东亚陷入了将西方想象自我化的激烈竞争"[67]。在东亚"文明"概念上被西方现代性(近代性)叠加之前，其原本(传统)含义构成体是与东亚"中世纪世界体系"相对应。该观点可以归结于在理念上

63　赵东一：《东亚文明论》，第101页。

64　就东亚中世纪化而言，统治中国大陆"中原"的异民族必须掌握和精通东亚的通用书面语——汉文。也就是说"汉族以外的其他民族统治者为了起到册封主体的角色，必须要承受使用和自己民族的语言迥异的汉文的不便和痛苦，为了统治中原，不但要学习汉文，甚至还要使用汉语口语。也正因为如此，这些民族的本民族语言逐渐萎缩，最终导致民族灭亡。"赵东一：《东亚文明论》，第105页。

65　(韩)崔元植：《帝国以后的东亚》，坡州：创批，2009年，第62页。

66　赵东一：《东亚文明论》，第31页。

67　崔元植：《帝国以后的东亚》，第62页。

追求普遍大同社会的东亚中世纪化——"中华世界体系"的范畴。如前所述，传统"文明"概念与"圣王文德"向周边地区同心圆辐射和扩散的、以中国为中心的天下观念紧密相连。换句话说，传统"文明"包括了中华和夷狄这一概念框架，而且在儒家经典和东亚历史上，其用语本身被通用为实现了文德灿烂统治和世道(治理世界的真理)的理想(大同)世界、中华等。

在中华世界体系中，"天下"是以中华的王化文明与夷狄的华外野蛮为内涵及外延的，这个天下的历史舞台上，中国天子被想象为以王道政治君临于世界万邦、并以德化照耀于世界各处的政治存在。孔子言"大道之行也，天下为公"(《礼记·礼运》)，表现出了理念上强烈大同世界的公共意识。毋庸置疑，这里所谓的"天下"是东亚文明形成的基础。站在东亚文明史的角度，孔子的上述命题起到了构建"公"即文明共同体公共性的、理念上和文化上的强大推动作用。中国不仅礼乐完备，也生活着很多贤明之士，是一个传播圣贤教诲与实行仁义的文明世界。[68] 同时"中华公共性"原本就不是以区分民族和地区为目的，而是以文化的优秀性和真理的本源性来判断其价值。总之，这种中华的开放式世界主义是以天子的德化即王道政治为基础，将未开化的夷狄融合进中国的文化秩序，以实现天下统一。[69] 象征理想的天子德化的"中华普遍主义"，通过历史上"东亚中世纪化"过程得到了高度的体现。

---

68 《正字通》："中夏曰华，言礼乐明备也"；《史记·赵世家》卷四十三："中国者，盖聪明徇智之所居也，万物财用之所聚也，圣贤之所教也，仁义之所施也，诗书礼乐之所用也。"

69 从负面方面来看，中华观念在历史演进过程中，是在历代统一中国君主的帝王思想和统治理念上最为意识形态化和典型化的。而且它深深影响中国的传统与伦理道德，对士大夫阶级独善的、排外的思考方式与以中国为中心的限制且狭隘的世界观形成中起到了决定性的作用。李春植：《中华思想的理解》，第151页。

4. 朝鲜中华主义: 真景时代与韩国汉学

真景时代的朝鲜人对中华普遍主义进行了主体化，在脱离文明的周边意识的同时，提升了本民族文化的水平。作为中华民族主义的一个形态，朝鲜中华主义——"真景文化"象征着民族文化的特性"夷"成功吸收了中世纪东亚文明"华"这一普遍规律而实现韩民族共同体的"去周边化"。可以说朝鲜半岛的真景文化是中华普遍主义(理一)移植到区域内诸多民族文化之后，实现了文化多元主义(分殊)的东亚中世纪化(理一分殊)结晶之一。从这样"文明普遍性"与"文化特殊性"相结合的全球本土化型东亚中世纪化原理来说，东亚文明的本质和认同——中华并不能从起源上还原为现代国家主义，而且"中华"这一普遍东亚性是以各个民族文化的形态(形式)呈现和实现的。尽管如此，部分韩国汉学家忽视了普遍东亚性的归结点就是民族上的朝鲜风——"朝鲜性理学"这样的文明原理，而只着眼于一面性，犯下了类似将真景山水画规定为"出自普遍朱子学理念"[70]的管中窥豹错误。另一方面，韩国在现代化(近代化)的浪潮中忘记了"华"和"夷"响应的中世纪化法则(理通气局)，专注于与东亚性(理通)分离的民族特殊性(气局)，把文明的共有财富都当作中国风而加以废弃，从而导致了文化上的贫乏。这就是从当今构建东亚文明共同体的角度出发，应该回顾并重新解释真景时代韩民族成就的"和而不同"之文明意识——韩国汉学的原因。

1) 朱子性理学和朝鲜中华意识

直到19世纪末期，以中日甲午战争中清朝战败为契机，日本帝国主义提出了东方这一概念，中国作为这个区域的一员，沦为了被称作"支

70　(韩)赵南浩：《金昌协学派与真景山水画》，载《哲学研究》，2005年第71集，第120页。

那"的一个国民国家，以中国为中心的传统中华世界体系最终解体。这代表着中世纪体系下的"东亚文明"由于受到起源于西方的民族国家体系的冲击而最终消亡。回顾以中国为世界中心的漫长历史，世界的主人并非一成不变。是由于中心(中华)与边疆(四夷)的力学关系而交替过程不断反复出现。即使元清时期边疆的民族成为了世界的主人，但以中国为中心的"中华世界体系"本身也没有改变。中日甲午战争中日本的胜利，尽管可以看作是这一过程的延续，但却带来了截然不同的后果。因为这是在西方帝国主义国家主导的近代情况下发生的事态，所以恢复以中国为中心的"中华世界体系"，现在已变得令人难以想象。[71]并且，中华世界体系的崩溃是与近代以来整个东亚人面临的，即西方资本主义理性体系所助长的利益(力)追求这样价值判断(人性)大变动相互联动的问题。许纪霖说，"儒家文明的传统中国是一个礼的世界，整个社会以温良恭俭让的礼教为纽带，博雅的精神趣味胜于穷兵黩武的蛮力，君子的德性之美压抑了人性中物欲的贪婪。曾几何时，礼的世界让位于赤裸裸的力的世界，一切东西的价值都被换算为力，换算为可计算、可交易、可操控的物质实力。力的崇拜背后，是人的物欲无限膨胀。"[72]

但是，传统时代在朝鲜半岛形成的传统文化——韩国汉学是与"中华"这一东亚文明普遍礼治体系的不断交流中蓬勃发展起来的。特别是朝鲜时代的韩国汉学及其知识结构是在以中国为中心的传统世界观下，以军事政治倾向的"事大观念"和文化理念倾向的"中华世界秩序观念"这样两大轴心为基础所形成。两者通过与"礼"规范的结合，构成了等级性的东亚世界——东亚礼治体系。"事大"源于儒教的核心思想——

---

71 林荧泽：《文明意识与实学：阅读韩国知性史》，第50～51页。

72 许纪霖：《启蒙如何起死回生：现代中国知识分子的思想困境》，第393页。

孝和忠，与事亲、事君一脉相承。丙子胡乱(1636~1637)之前，都是基于这种"事大"形式维系对中国的认识和关系。中华世界秩序观念在16世纪后半叶至17世纪上半叶形成。如果要找出其背景和原因，那就是经历了壬辰、丙子两大战乱后，朝鲜传统社会内在成熟的"朱子性理学"——中华世界秩序观念在对外观(对明观、对清观)上明显表现了出来。[73] 这种中华世界体系——朱子性理学构成了朝鲜后期朝鲜性理学和朝鲜中华主义的思想根源，同时由朝鲜末期的"亲中卫正斥邪派"所传承，对应了西势东渐。此外，向往三纲五伦、忠孝思想、王道政治、德治等话语体系是生产"韩国汉学"的重要机制，也是构成和规定当今韩国人价值观和认同的核心因素。

时至今日，基于中华世界体系——朱子性理学意识形态，韩国人仍然表现出他们对中华文明的尊重、理解和强烈的同质意识。这样当在"东亚中世纪化"的范畴框架内来审视朝鲜思想史的话，就会深切感受到需要以一种全新的历史视角来均衡、综合地把握世界历史的发展。由此看来，借用"长中世纪"(un long Moyen Âge)这一理论体系中存在的"中世纪向近代的过渡期"这一观点很有实用价值。最早中世纪这一用语是15世纪中叶意大利人文主义学者为了区分中世纪"先人"(anciens)与当代的早期"近代人"(modernes)即文艺复兴人类而造的词语。在时间上指的是从476年罗马帝国灭亡开始一直到14到15世纪文艺复兴运动之前。但是强调"长期持续"时间概念的年鉴学派(Annales)中世纪史学家则主张从4世纪开始持续到18世纪的"长中世纪"概念。在此期间，中世纪

---

[73]　朴忠锡：《韩国政治思想史》，第48~66页。本来"事大"是从西周时期谋求诸侯之间的和睦、承诺互不侵犯的事大和字小之交邻的"礼"开始的。而且该事大、字小是春秋战国时期诸侯国之间的"力量"关系基础上建立的关系概念，具有很强的现实情境性质。朝鲜将事奉大国的"事大"，以及与邻国(倭、女真等)交往的"交邻"作为正式对外政策。

经历了4到9世纪停滞不前的古代与封建制度的产生时期(初期)、10到14世纪的繁荣与飞跃时期(中期：普遍意义上的中世纪)以及14到16世纪的危机时期(末期)，一直延续到了资产阶级革命时期。[74]

这种长中世纪蓝图下设计的"中世纪向近代的过渡期"观点，意味着从近代开始到中世纪结束时为止。它是为了克服包括现有的前近代和近代、中世纪和近代的统一划分在内的前期近代或近世等用语所具有的局限性而批判性地提出。该观点阐明，东亚文明圈和欧洲文明圈以相似时期进入了中世纪向近代的过渡期而进行了必要和相应的努力。这个时期，早的地方大概是14世纪开始，大概是19世纪或20世纪结束，晚的地方还没有结束。只有理解这一系列的普遍性世界史，才能知道东亚自己准备好近代的历史事实。[75] 如果将这种时代区分方法代入东亚文明圈，其核心就是中世纪后期的新儒学(Neo-Confucianism, 理学)——"性理学"，这可以理解为东亚中世纪经院哲学乃至亚近代的文化表现。这里所说的性理学是指南宋朱熹(1130～1200)对北宋五子之学说和学统的集大成，这种全新的儒教学风批判性地吸收和融合了中世纪前期的魏晋玄学和隋唐佛学，具有完成了东亚"中世纪普遍主义"的理性主义特征。朱子性理学是在实践"存心养性"的同时，"穷理"即深入探究包含规范法则和自然法则的"理(性)"，完全实现"义理"意义的儒学之一种。[76]

这一"朱子性理学"思想体系不仅在中国的宋朝和明朝，而且在东亚各国思想界都占据了核心地位，可以说是东亚地区贤明之士共同创造并享有的主流精神文明。正如陈来所论述的，"10世纪以后，性理学(理

---

[74]   参阅Jacques Le Goff, *La Civilisation de l'Occident médiéval*, Paris: Arthaud, 1984.

[75]   赵东一：《东亚文明论》，第268～275页。

[76]   (韩)尹丝淳：《韩国的性理学与实学》，首尔：三仁，1998年，第13页。

学)是东亚知识分子理论思维的根源和根据，也是他们共同发展的共通概念体系和观念世界。那是当时东亚人的理论思维和精神活动的主要形式。"[77]　朱子性理学为古代"中华"观念在东亚全域扩散和传播奠定了思想基础。中华思想通过宋代性理学内的朱子性理学与《春秋》中"尊王攘夷"的道德律相结合，以中世纪的普遍价值观重新出现在了世人面前。但相对植根于仁道精神中包容式、离心式的"世界主义"倾向，这个时期的"中华公共性"呈现出的立足于义理精神中自主式、向心式的"民族主义"倾向更为突出。这种特征与当时汉族王朝饱受外族侵略的时代背景有一定的联系。也就是说，由于宋朝受到北方女真族的侵略被迫南迁，在如此危机状况下，朱子将汉族定义为文化民族，表现出了强烈的文化和种族教条主义色彩。南宋的朱子将中华升格为社会普遍价值，在设定对未来的期待的同时，也将其转化为抵抗外敌的一种意识形态，从而成为了后世的典范。

　　"中华"被称为中夏、华夏、诸夏，也是汉族区别于四周的夷、蛮、戎、狄而称呼本国的用语。因此在这个概念中，文化上优越的汉族设定了文化上低劣的边疆异族。那就是"尊中华、攘夷狄"的华夷思想。这种二分法的"华夷思想"被中国人意识化到了以下三个方面。一是"文化上的华夷论"，他们认为中国在文化上是最优越，周围的异族是蛮荒。根据该观点，在儒教成为国教的汉代以后，将中国文化的核心视为儒教，中国天子作为儒教文化的首脑以儒家思想来等级统治周边异族。二是"种族上的华夷论"，他们认为只有拥有优越文化的汉族才是世界上最优秀、与之相反周围异族总是落后于中华民族。三是"地理上的华夷论"，他们认为中国地理方位上位于世界中心统治周边异族。[78]

77　陈来：《宋明性理学·韩文版序言》，(韩)安载晧译，首尔：艺文书院，2006年，第9页。
78　(韩)赵诚乙：《洪大容的历史认识：以华夷论为中心》，见《湛轩书》，首尔：一潮阁，

综观以上华夷思想的逻辑，可以得出"天下＝王化文明的世界{华＝中(国)＝内＝人}+化外野蛮的世界{夷＝外(四方)＝裔(边)＝尸(死人)、禽兽}"的公式。

因此，中华思想是汉族向周边诸民族传播自我主张的精神原理，也可以看作是一种"汉族民族主义"。特别是宋代的儒学家立足于当时自己所处的历史状况，将性理学的宇宙论——理气论与华夷论相结合起来，重新构成了中国的中世纪"中华民族主义"。就其思维体系而言，"未开化的北方野蛮族依靠武力南侵，但这种现象只是暂时、可变性的气作用，拥有中华文化的汉族属于宇宙万物的生成原因——理，因此生命力是永恒的"[79]。在实际的历史上，中华思想不仅唤起了汉族的自尊、自豪感，也激发了对威胁自己的其他集团的强烈憎恶和抵抗意识。但是有趣的是，华夷理念既提供了抵抗异族支配的逻辑，又起到了保证和维护其支配正当性的理论作用。由此可见，它并不局限于单纯的汉族自我主张的逻辑，还蕴含着普遍世界秩序原理。[80] 在朝鲜，这种儒教上的"中华思想"成为了在国家建设和国际秩序构建方面的绝对和主导理念。以中华为普遍或中心的文明概念化，随着宋代朱子学这种道学思想传入朝鲜而全面展开了。朝鲜的新兴士大夫(又称新进士大夫)把朱子性理学作为国家治理和社会改革的基本原理，他们还把"中华"确定为儒教文明的理想，并以明为中华、以朝鲜为"小中华"作为了建设新国家的方向和典范。

朝鲜的中华世界秩序观念在朱子学世界观——华夷名分论的影响下就这样形成了。正如前文所述，宋代朱子对"金朝"采取的排他立场，

2001年，第56页。

79　(韩)郑玉子：《朝鲜后期朝鲜中华思想研究》，首尔：一志社，2010年，第17页。

80　李成珪：《中华思想与民族主义》，第109～110页。

无异是对抗无道的夷狄侵略势力而实现正道的"民族精神"，这里继承了《春秋》义理精神。伴随着朝鲜士大夫对道学思想的兼容并蓄，朱子的春秋义理精神对朝鲜半岛产生了绝对的影响。朝鲜与中国在国家规模、传统底蕴和社会环境等方面均有不同，中国向往以《春秋》"仁道精神"为基础的大一统世界，但朝鲜一直强调以《春秋》"义理精神"为基础的自主性民族意识。从哲学上来说，相对中国的宇宙论式的理气论，朝鲜通过关注主体人类内心所包含的太极和理气，比中国更深入地探究了人性。而且从历史的角度来说，比起厚德的君子，更看重对抗社会不义和外部势力侵略的儒生，比中国蕴藏了更强的民族正气。[81]　与此同时，由于"中华"观念原本面向体现普遍真理——"道"的开放世界主义，朝鲜思想界从中华普遍主义理念中逐渐淡化了汉族中心主义的思维模式。

如果说朝鲜前期是接受并理解朱子性理学及其思想载体——中国文化的过程，那么朝鲜后期则是将朱子性理学本土化为"朝鲜性理学"的阶段，发展朝鲜的固有文化，并以自豪朝鲜享有当时世界上最优越文化的"朝鲜中华主义"作为时代精神确立。[82]　17世纪经历了明朝到清朝的过渡期，朝鲜人开始将自己强烈地投射到中华本身。华族(汉族)王朝"明"和蛮夷王朝"清"之间的朝代更迭，使以明为中心的东亚国际秩序——册封朝贡体系产生了巨大变动。朝鲜仁祖14年(1636年)面对后金女真侵略朝鲜时的情况，与因为金朝的侵略而处于绝境的南宋相差无几。由于这种相似性，生逢乱世而阐述"春秋大义"的孔子和严格区分"华夷"的朱子成为了朝鲜民族两大效仿的典范。当时，朝鲜人依据"尊王攘夷"的对外名分论，认为北方胡夷破坏了明朝曾经主导的东亚国际

81　吴锡源：《韩国道学派的义理思想》，第48页、第53页、第228页。

82　郑玉子：《朝鲜后期朝鲜中华思想研究》，第12页。

中华文化秩序的情况，是天下大乱。面对这种形势，朝鲜虽然表面上对清朝采取了具有政治和军事意义的朝贡、册封关系——"事大之礼"，但在文化理念层面，却秉持以反清北伐大义论、对明义理论、设立大报坛等为象征的中华世界秩序观念。

这些春秋大义的道脉原封不动地传承在近代卫正斥邪论中，成为了惩戒反道德性日本(西方)帝国主义侵略行为的义兵抗争之思想渊源。奠定那一系列理论基础的代表性人物就是朝鲜后期士林宗长、被称为海东圣人的尤庵宋时烈(1607～1689)。宋时烈继承了栗谷学派的嫡统，将朱熹和朱子学绝对化，引出了反清北伐大义论。那是秉承宣祖"再造藩邦"和孝宗"复仇雪耻"的精神，同时又以春秋大义的尊华攘夷思想为依据。他主张，"孔子之作春秋也，大义数十而尊周最大。朱子初见孝宗，罄陈所学，而讨复为先。"[83]　宋时烈曾公开表示复仇雪耻意向的是《己丑封事》(1649年)。他强调说，"孔子作春秋，以明大一统之义于天下后世，凡有血气之类，莫不知中国之当尊，夷狄之可丑矣。朱子又推人伦极天理，以明雪耻之义。"[84]　与此同时，宋时烈通过《丁酉封事》(1657年)提出了尊周论，1659年与孝宗单独会面时确定了北伐论。所谓《己丑封事》和《丁酉封事》，与朱熹呈献给南宋孝宗的《壬午封事》(1162年)及《庚子封事》(1180年)极为相像。比如说，宋时烈的《己丑封事》中"修政事以攘夷狄者"条款等，与朱熹的《壬午封事》中的那个条款不仅在题目上，在基本精神上也几乎一致。

在这种中华世界秩序观念下，朝鲜人对继承了中华文化理念的明朝代入并适用君臣、父子等普遍、等级性的规范观念，从理念上指引和维系对外关系的倾向非常明显。领导朝鲜后期朝鲜性理学的宋时烈说

83　《宋子大全·上安隐峰》卷27。

84　《宋子大全·己丑封事〈修政事以攘夷狄者〉》卷5。

道：“天朝(=明)之于我国，乃父母也，奴贼(=清)至于我国，即父母之仇雠也”……“我国服事大明，今已三百年矣，一国臣民知有大明而已。”[85]

甚至丙子胡乱以后朝鲜人还认为，既然汉族的正统国家“明朝”已经灭亡，那么只有继承了正统中华文化和朱子性理学的“朝鲜”才具备资格传承中华文化，所以也只有当今朝鲜才能成为“中华”。由此之前朝鲜人的小中华意识转变成了“朝鲜中华意识”，这种意识中包含了只有珍藏了中华文物原型的朝鲜才是世界上唯一的中华嫡统和中华国家的意味。尽管中华概念中蕴涵着文化、地理和种族的意义，但朝鲜主要以文化层面为中心价值，已经形成尊周论里的周室由以往“明朝”变成了如今“朝鲜”的思想框架，使朝鲜成为东亚文化中心国。[86] 就这样将构建“朝鲜中华主义”作为时代精神，从而使朝鲜人占据了观念上的东亚文化之国和东亚道德之国的地位。

2) 朝鲜性理学和真景文化

中华文明(东亚文明)是东亚人顺应各自民族共同体的历史现实而创造出的成果。具体来说，东亚通过中世纪化，区域共同体规范的“华”(一体)与多数民族价值的“夷”(多元)进行互动和互鉴，形成了既一体又多元的现今“文明共同体”。因此赵东一强调，“东亚文明是参与其创造的众多国家和民族的共有财产。在后代，遇到各自具有不同特征的丰富多彩的民族文化之后，东亚文明变得更加生动，这一变化也是非常可贵的。东亚既成一体又各自独立，多种文化聚到一起形成了一个大的文

85　《宋子大全·三学士传》卷213。

86　(韩)崔完秀：《朝鲜王朝的文化鼎盛时期，真景时代》，见《我国文化的黄金期真景时代1》，首尔：石枕头，1998年，第22页；郑玉子：《朝鲜后期朝鲜中华思想研究》，第17页。

明。"[87] 与此相关，原本东亚文明的普遍国际准则——"中华"概念越强调普遍性，像朝鲜这样的周边就越可能中心化，随之它亦是定义新中心的逻辑可能成立的结构。实际上，作为18世纪构成东亚主体的清朝、朝鲜、日本、琉球、越南等根据自身的情况分别把中华自我内化，进行了各种文明的多主体、多中心的努力。东亚各国把中世纪"中华普遍主义"的意义构成体拿来，将其升华为中华的多元化(复数化)即多样的"中华民族主义"，以此宣扬了文化自主意识和民族意识。

朝鲜半岛的传统文化——韩国汉学是在与"中国"(中华)的不断交流对话中形成和发展起来的。自古以来"韩国与中国相邻，文化交流十分频繁，在东亚文明的形成过程中也积极地参与其中，韩国将东亚的共同财产与自己的民族文化这一私有财产结合起来，取得了丰硕的成果，使之获得了更大的发展"[88]。从这一脉络来看，"朝鲜中华主义"是朝鲜后期重建社会的强大意识形态，为恢复因夷狄国家侵略而受到伤害的朝鲜人自尊心做出了贡献。进而由此朝鲜名副其实地摆脱了边疆意识，振奋了文化自豪感和民族意识，发展了与中断的东亚"中华普遍主义"相响应的朝鲜固有思想和民族文化。这就是在"朝鲜性理学"及其思想基础之上创造的"真景文化"。真景文化体现了传统时代的东亚文明哲学——"和而不同"(孔子)、"理一分殊"(程朱)和"理通气局"(栗谷)等。这是象征东亚中世纪化的朝鲜风文化遗产，其宗旨向往"彼此不同却又相互和合的生活方式"以及"丰富多样而又和谐并存"。由此可见东亚整个"中华文明"是在与传统时代东亚多个夷族地域的小单位民族文化的交涉和交融下创造并发展起来而相向而行，应为东亚所有共同体成员共同享有。

---

87 (韩)赵东一：《东亚文明的再认识》，李丽秋译，载《国际汉学》，2012年第1期，第163页。

88 赵东一：《东亚文明的再认识》，第163页。

众所周知，在20世纪初日本帝国主义为了将他们侵略朝鲜半岛的行为正当化，谋划并实施了对朝鲜持负面认识的殖民史观，从而使朝鲜亡国成为了既定事实。并且把亡国的原因归咎于朝鲜统治思想——儒教和朱子学，宣扬"儒教(朱子学)亡国论"。现有的"实学论"也是基于儒教(朱子学)亡国论而建立起来的。不少实学研究者批判认为，朝鲜后期的性理学是墨守朱子性理学的腐朽落后思想，在阻碍历史发展并造成社会倒退的同时，固守华夷论而助长事大主义。可以说，这种思维理论是直接复制了"日本型东方主义"——日帝殖民史学的他律性论和停滞性论并将其内化而形成。到了1980年代末韩国学术界全面提出了实学思想研究中存在的问题，并对这一系列错误认识正式进行了批评和纠正。依据传统学科分类方式，儒学原本包括义理之学(义理性命之学)、词章之学、经济之学(经世济民之学)和名物之学(名物度数之学)。从这点来看，朝鲜后期的"实学"并非与传统儒学和朱子学相对立，而是儒学中经济之学的一个分支。[89]

尤其是到了1990年代上半叶，韩国学术(汉学)界在文化史、知性史、美术史等研究成果的基础上，证实了朝鲜性理学是英祖、正祖时代"真景文化"的思想基础这一事实。[90] 通过仁祖反正(1623年)成功，正统士林派学者完全掌握了政界与学界后，他们把退溪李滉(1501～1570)、栗谷李珥(1536～1584)以来的朝鲜性理学及其名分论作为了统治朝鲜的主导思想。因此可以说朝鲜性理学和朝鲜中华主义是形成肃宗、英

89　(韩)刘奉学：《实学与真景文化》，城南：新旧文化社，2013年，第13～29页；(韩)池斗焕：《经筵课目的变迁与真景时代的性理学》，见《我国文化的黄金期真景时代1》，首尔：石枕头，1998年，第112页。

90　(韩)崔英辰：《我们文化的黄金期真景时代及其根基朝鲜性理学》，载《东亚文化与思想》，1998年第一号，第286页；池斗焕：《经筵课目的变迁与真景时代的性理学》，第112页。

祖、正祖时代朝鲜固有"真景文化"的思想基础和基调。一般来说，朝鲜后期是指从1623年仁祖反正到1894年甲午更张体系出台之前。仁祖反正是由继承栗谷学问的西人主导、同时也是退溪系的南人共同参与发起的政变，是朝鲜后期社会开始的转折点。该政变是纯粹性理学儒生掌握权力，以性理学为国教的朝鲜社会之思想深化过程。这些士林政权"为了重建因壬辰、丙子两乱而瓦解的朝鲜社会，将国家的基本方向设定为道德国家和文化国家，并推进了这一方向"[91]。

肃宗20年(1694年)以甲戌换局为结尾，南人被彻底清除出政界后，被称为正统朝鲜性理学派的西人主导了政界和学界，并开启了韩国文化的黄金期——"真景时代"。所谓真景时代指从肃宗时代(1675～1720)到正祖时代(1777～1800)的125年时间，在朝鲜王朝后期充分体现了朝鲜固有的文化特色，是文化史上的鼎盛期。这里所说的"真景"本意指用画或诗描绘真实存在的朝鲜景象，也指赋予真实景致以情感色彩(精神内涵)，并用写真技法——肖像技法将其表现出来。[92] 在这样的真景时代，朝鲜在经济方面保持世界最高的生活水准，文化方面也达到了最顶峰。韩国的政治学家、汉学家黄泰渊通过对国内外研究和统计资料的整理，阐释了18世纪朝鲜可与当时世界上最富裕的中国和欧洲最富裕的英国相媲美，是生活水平国际一流的国家。例如，1780到1809年30年间朝鲜熟练劳动者的实际工资(8.2公斤大米)超过了当时英国生活水平最高的伦敦(1750～1759)的熟练劳动者的实际工资水平(8.13公斤面包)。而且朝鲜整体的总需要产量(134)比英国最富裕的英格兰(100)高出很多。[93]

91　郑玉子：《朝鲜后期朝鲜中华思想研究》，第11页。

92　崔完秀：《朝鲜王朝的文化鼎盛时期，真景时代》，第13页、第19页。

93　(韩)黄泰渊：《朝鲜时代国家公共性的结构变动及近代化：朝鲜国到朝鲜民国，再到

　　真景文化主要形成于"朝鲜性理学"主流——栗谷学派的洛论系，其外还有京南系(居住在首尔的南人)、委巷之士等首尔周边京华士族的多种阶层。[94]　朝鲜的知识分子在朝鲜性理学的土壤基础上，使韩民族特有的文化与艺术结出了丰硕的果实，完成了今天我们所看到的韩国典型的传统文化。他们凭借坚定的文化自尊意识，积极挖掘作为唯一中华的朝鲜文化个性，重新认识朝鲜历史，开展了如实描写朝鲜固有的文物、自然、人物的艺术活动。[95]　具体来说，包括谦斋郑敾(1676~1759)的真景山水画和檀园金弘道(1745~1806？)的风俗画，以及春香歌、沈清歌、兴甫歌等的板索里(韩国传统民俗音乐)，凤山假面舞、杨州别山台等的假面舞，西浦金万重(1637~1692)的韩文小说，三渊金昌翕(1653~1722)和槎川李秉渊(1671~1751)的真景诗，玉洞李漵(1662~1723)与白下尹淳(1680~1741)的东国真体书法，另外在饮食、服装、历史、地理、医学等所有领域都体现了朝鲜的固有特色。

　　在英祖、正祖时代，"真景文化"之所以能够蓬勃发展的原因在于其根基——"朝鲜性理学"发展到这个时期，完全占据了主体性的固有理念的地位。如果说朝鲜性理学是根基的话，那么它开花结出的果实就是真景文化。在16世纪，朝鲜性理学经历退溪、栗谷而正式形成。他们主导着朝鲜儒学的学派和发展，在把性理学本土化的过程中，比起自然和宇宙的问题，他们更加重视人类内在的性情、道德价值和社会伦理问题。宋代的性理学以"天人关系"为核心，呈现出了客观的宇宙

　　大韩帝国》，见《朝鲜时代公共性的结构变动：国家、公论、民的公共性，其拮抗和接合的历史》，韩国学中央研究院(朝鲜时代公共性的结构变动研究团)国际学术论坛，2012年11月，第237~241页。

94　(韩)刘奉学：《京华士族的思想及真景文化》，见《我国文化的黄金期真景时代1》，首尔：石枕头，1998年，第81~110页。

95　刘奉学：《实学与真景文化》，第291页。

论倾向。与此相反，朝鲜退溪、栗谷性理学的特征是通过人类内在的诚实，强调人类的主体性。具有代表性的例子是退溪和高峰奇大升（1527～1572）之间、以及栗谷和牛溪成浑（1535～1598）之间展开的"四七理气争论"，这一争论形成了朝鲜性理学的高潮，使朝鲜学术思想由伦理阶段上升到了逻辑哲学阶段，同时也在心性论和理气论层面上极大地促进了朱子学的补充和发展。

在这种"理气心性"的辩论过程中，分化为了退溪的主理派和栗谷的主气派，分别形成了岭南学派和畿湖学派，他们主导了朝鲜儒学的学派和发展。而且17世纪随着"礼学"的确立，朝鲜性理学进入了一个新的阶段。在之后的18世纪初叶，栗谷学派发生的"人物性同异争论"展现了可以与中国媲美的朝鲜性理学的发展面貌。例如从朱子之"理同"继承为栗谷之"理通"、洛学之"性同"、北学派之"人物均"等一系列朝鲜理气心性论的发展局面，展现了不同于中国的韩国儒学的独特性。另外，朱子性理学到朝鲜性理学的发展过程，在"经筵科目"的变化中也可以明确确认。根据韩国汉学家池斗焕的考证：栗谷总结出四端七情论和人心道心说等心性论争，在对朝鲜性理学集大成的基础上，在讲学过程中主要讲《圣学辑要》而不是《大学衍义》。在讲《心经》时，也主要讲宋时烈注解的《心经释义》而不是明代编纂的《心经附注》。在英祖时期，讲学主要是以《圣学辑要》、宋时烈从《朱子大全》中选出重要的部分而编纂的《节酌通编》以及农岩金昌协（1651～1708）编纂的《朱子大全劄疑》等朝鲜性理学书籍为主进行。[96]

特别是，真景时代北学派的普遍同一视角的"华夷一思想"，淋漓尽致地体现了韩国汉学史上充满活力的创造性，即修正和补充"中华"意

---

[96] 参阅池斗焕：《经筵课目的变迁与真景时代的性理学》，第111～154页。

识形态的缺欠，将其重构为人类普遍思想，它已脱离了朱子性理学所蕴含的华夷差别主义的文明二分法。奠定北学派思想基础的湛轩洪大容(1731～1783)基于地圆说、地转说、宇宙无限说等西学——科学实证自然宇宙观，获得了"天视"(自天视之)这一普遍客观的视角，并主张了人物无分之"人物均论"、华夷无分之"华夷一论"以及"域外春秋论"等。从而，在打破了以人类(华人)或中国为中心的世界观的同时，摆脱了种族、地理和文化上的中华观念。洪大容主张说，"天之所生，地之所养，凡有血气，均是人也。出类拔萃，制治一方，均是君王也。重门深濠，谨守封疆，均是邦国也，章甫委貌，文身雕题，均是习俗也。自天视之，岂有内外之分哉？是以各亲其人，各尊其君，各守其国，各安其俗，华夷一也。"[97] 归根结底，由于这北学思想的出现，基于中华民族主义的崇明排清式北伐大义论、朝鲜中华式文化自尊意识以及真景文化等开始衰落。

　　在中世纪向近代的过渡期，作为东亚共通话语(discourse)的"朱子性理学"在朝鲜500年的悠久历史中，发出了绚丽多彩的光芒，并培养了众多"汉学"方面的儒学学者，从而它引领了朝鲜社会的发展，是朝鲜文化不断成长和进步的源泉。朝鲜后期的"朝鲜性理学"倾向于强调朱子学上的"华夷名分论"，同时也使朝鲜人确信由此产生的朝鲜文化是中华文化的精髓。"朝鲜中华主义"的出现确定了自16世纪以来兼容并蓄"中华"的方向，并开辟了新的篇章，这是因为朝鲜在接受的基础上，已将此进行了内在化和自我同一化(self-identification，自我认同)。在英祖、正祖时代的文化黄金期生成的"真景文化"，可以说是朝鲜性理学弘扬的文化自尊意识，即表现朝鲜享有世界上最优秀文化的朝鲜

---

97 《湛轩书·毉山问答》内集，卷4。

中华主义之一种彰显形态。事实上，真景文化论和真景时代论等均源于与真景山水画之形成背景有关的韩国美术史上的探讨。在这些概念的深层，旨在通过学术上的客观考证重新建立朝鲜文化史，以便克服基于日本殖民史观的现有"朝鲜停滞性论"。在该学术领域，韩国人文学界的自尊意识起到了很大作用，那就是强调并阐明朝鲜后期的历史发展论和朝鲜性理学的主体性及创新性。

这种"真景时代"(真景文化)理论，最近从美术史学界发展到人文学领域，又到大众关心的话题。与此相关，对该领域专门研究者的批判也不少。韩国著名美术史学家崔完秀是该学术领域的开山祖师，对相关学者产生了广泛的影响。然而对于他的立论也存在一定程度上的批评观点。比如说，他的研究主要集中在郑敾及其周边洛论系人士身上，而且在将朝鲜后期规定为肃宗到正祖这段历史时期的同时，将其称之为朝鲜文化的黄金时期，但是因为其衰退期来的过快，反而使论旨变得模糊等等。[98]　尽管如此，所有倡导者和批判者都有的共同缺陷，那就是双方的评判标准都是基于现代(近代)价值观，导致争论缺乏创造性和客观性。正确的解读或理解应该是，所谓朝鲜中华主义——"真景文化"不能用中国风或是朝鲜风这样现代国家主义二分法式的分析框架来解释。它应理解为普遍性(理通)与特殊性(气局)同时肯定并相互融合的，即全一、统一性的全球本土化型"朝鲜中世纪化过程"(理通气局)的产物。只有这样才能赋予真景文化恰当合理的历史价值和评价。

---

[98]　(韩)朴银顺：《对真景山水画研究的批判性探讨：以真景文化、真景时代论为中心》，载《韩国思想史学》，2007年第28集，第73～99页。

5. 结语

　　21世纪超链接全球化时代东亚新文明体系——"文明共同体区域体系"提议是抱着如下强烈的问题意识而提出，面对现代人类文明史的转折点、危机以及由国家主义世界体系的逆向功能引起的区域内国家间的纷争和对立，现代社会应当顺应共情、相生、连接、交流、互惠、共有、生态等本世纪文明的多层次发展的大趋势，将东亚区域打造成为具有全球和平协作以及区域共同体特性的桃源之地。[99]　当今东亚人应该从国际公共性的角度出发，为制定超越国界实现人类普遍人权的区域共同体范式而竭尽全力。应当摆脱绝对重视民族国家的独善式沙文主义(chauvinism)，更加冷静、客观地发扬"东亚共同体"这一文明意义，从而探索解决现今东亚分裂和矛盾局面的方法以及实现东亚区域内国家之间和平友好和密切交往合作关系的方案。这与把在传统时代属于东亚公共性领域的"中华价值"在现代文明论层面上重建的研究努力是相通的。作为新的东亚范式，后现代型"新中世纪化"引起关注的原因就在于此。由中华式世界体系的"中世纪化模式"构想的东亚世界，就包含后现代型人类未来前景的替代共同体方案，同时具有复原去帝国主义脉络下地缘政治文化上的东亚认同和文明共同体本来面目的意义。

　　在东亚历史上，"中华"这一意义构成体与东亚中世纪化及传统文化的活化有关，是保持并推动区域认同和其纽带感的东亚人共通的文明、文化沟通代码。因此不能将属于"东亚性"范畴的中华局限于排他性现代国家主义，被特定国家或民族将其占为私有。当然，"中华公共

99　(韩)全洪奭：《海上丝路东西方文明交流互鉴(1500～1800)：来华欧洲知识分子的东亚形象与知识体系》，新北：花木兰文化事业有限公司，2025年，第46页。

性"表现为现实历史上离心式的中华普遍主义和向心式的中华民族主义。华夷思想正处于两者的核心轴。本质上讲，这一传统"文明观"对天子国而言，不仅尊重各国的自主权，同时还追求与世界的共存，对各个朝贡国来说，既维护本国的主体性，又形成与世界的共同体意识。尤其是，"东亚(中华)文明"的中心并不总是只存在于华族(汉族)的中国大陆。例如在中世纪向近代的过渡期，中华核心思想"朱子学和阳明学都发源于中国，但朱子学的中心在朝鲜时代转移到了韩国，而阳明学的中心在德川时代转移到了日本"[100]。由此可见，东亚文明并非由单一(singular，单数)文化的同化形成，而是由复数(plural，多元)文化的交融构成。朝鲜半岛韩民族位于东亚地区的中间位置，通过和中心部"中国"(中华)的频繁交流对话，积极推动了本文明圈的中华普遍性与民族文化特殊性的相互融合及创新，从而为形成东亚文明做出了贡献。最具代表性的事例就是朝鲜后期朝鲜半岛"汉学"——朝鲜中华意识、朝鲜性理学以及在其思想基础上盛开的真景文化。

"韩国汉学"具有双重层位的知识体系和结构，随着历史上东亚公共性——普遍文明(普世文明)的变动，向往中华的中世纪化——文明共同体区域体系以及向往西华(西方)的现代化——民族国家区域体系。因此在21世纪超链接全球化时代，韩国汉学应该在这两者的交叉点上谋划和设计未来发展和前景。立足于这个意义，朝鲜后期真景时代的"韩国汉学"是实现当今东亚文明共同体所需的宝贵东亚文化资产和源泉之一，具有现代适应性。它蕴含着将普遍文明和特殊文化进行全一性和统合性思考的全球本土化型"东亚中世纪化"文明原理。与此相关，从探明新的东亚文明标准(区域体系)的角度来看，"积极展开与普世文明的对

---

100 陈来：《宋明性理学·韩文版序言》，第8页。

话，在融合主流价值的基础上发展自身文明的独特性，从而扩展普世文明的内涵，这是赢得文明主导权的不二法门"[101]。东亚人应当积极探讨后现代、去帝国主义的东亚新中世纪体系——文明共同体。为此，应当重新创造满足现今需求的中华普遍主义，最终打造出东亚文明圈内各地域文化能够平等交流和共存的具有创新性的文明公共性。总之，应该运用真景时代韩国汉学的文明原理，消除过去帝国主义时代形成的民族国家区域体系和东亚区域研究的逆向功能，生活在东亚的人们更应该突破国籍造成的心理界限对自己是东亚人而倍感自豪，进而将在同一文明摇篮中感受到和平和联合所带来的稳定与富饶的东亚文明共同体成为现实。

---

[101]　许纪霖：《启蒙如何起死回生：现代中国知识分子的思想困境》，第402页。

인문실크로드의 생명가치에 관한 논고

논人文丝绸之路的生命价值

샹쥬위项久雨

在全球文明转型加速推进、工具理性日益遮蔽生命价值的现代性困境中，人类亟需构建以共生互惠为核心的新型文明交往范式。中华文明哲学传统所凝练的生命价值理念，将生命的持存、延续与繁荣视为终极评判尺度，为反思并超越资本与权力主导的现代性逻辑，提供了深厚的东方思想资源。作为这一理念的历史实践载体，人文丝绸之路远不止是物质交换的通道，更是通过跨区域的物质流动、知识共享与文化互动，构建起一个滋养个体物质生命、激活文明精神生命、拓展社会共同体生命的文明生命网络。"这是古丝绸之路留给我们的宝贵启示"[1]，其"多元共生、差异互补"的交往特质，已成为人类文明互鉴的经典范式。

习近平指出："古丝绸之路打开了各国友好交往的新窗口，书写了人类发展进步的新篇章。"[2]当前，全球发展范式失衡加剧、数字技术伦理异化凸显、文明冲突论残余持续干扰共生秩序，人文丝绸之路所蕴含的生命价值更显其现实意义与回应能力。从系统阐释生命价值的本体根基、价值维度与伦理内核，并以丝路实践为镜鉴，到深入剖析

---

1   习近平，论坚持推动构建人类命运共同体[M]，北京:中央文献出版社，2018:43, 119.
2   习近平谈治国理政:第2卷[M]，北京:外文出版社，2017:506, 39.

其对当代发展范式重构、技术伦理回归与文明共生网络构建的启示，再到探索其在现代性语境下的创造性转化路径，这一系列思考的深层指向，在于为构建更具韧性、更富温情的全球文明生态，注入源自东方智慧的持久动能。

1. 生命价值的哲学内涵与丝路镜鉴

生命价值理念以"生生之谓易"为本体基础，构建了区别于西方现代性工具理性的价值体系，强调生命内在价值与共生伦理。人文丝绸之路在历史实践中，通过滋养物质生命、激活文化生命与拓展社会生命，将这一哲学理念转化为文明互鉴的生动范例，彰显了以生命繁荣为核心的交往逻辑，为当代反思文明互动模式、构建人类命运共同体提供了深具启示的历史范式。

1) 何为"生命价值"—一种文明观的元理论

"生命价值"的思想体系植根于中华文明数千年的哲学积淀，其并非对"生命"概念的浅层阐释，而是涵盖本体认知、价值评判与伦理准则的完整理论架构，为反思现代性文明逻辑提供了源自东方的思想资源。

从本体论层面审视，"生命价值"的思想源头可追溯至《周易》中"生生之谓易"。《系辞传》载，《周易》为圣人"仰则观象于天，俯则观法于地，观鸟兽之文与地之宜，近取诸身，远取诸物"[3]而成的思想智慧结晶。阴阳的生成与变化，所揭示的正是自然界与人类社会运行的根本原理。《系辞传》进一步将阴阳变化的核心阐释为"生生"，是以有"生生

3　陆九渊, 陆九渊集[M], 北京:中华书局, 1980:201.

之谓易"的论断。这一论断将世界理解为一个不断生成、有机联系且充满内在活力的生命过程。此处的"生生"不仅指代生物意义上的繁衍，更指向万物在相互关联中持续突破自身、生成新质的动态过程。即是说，天地万物并非孤立存在的实体，而是在"阴阳交感""五行相生"的互动关系中构成的生命共同体，每个个体的存在依赖整体平衡，每一次创生都推动整体演化。这种有机论宇宙观与西方现代性的机械论宇宙观形成鲜明分野。具言之，西方现代性将宇宙拆解为可计算、可操控的部件，将生命视为宇宙运行中的偶然现象；而中华文明的有机论宇宙观则将"生命"视作宇宙的本质属性，宇宙的存在本身即是生命过程的展开，价值便深深根植于这一过程之中。由此观之，生命的存在是价值的前提，生命的延续是价值的基础，生命的繁荣是价值的终极体现。正是基于对"生命价值"本体认知，中华文明始终将"存续万物""滋养生命"视为文明存续的根本使命，而非对自然或他者的征服与支配。

从价值论层面分析，"生命价值"构建了区别于西方现代性的价值评判体系。西方现代性在资本与权力的双重驱动下，逐渐形成以"交换价值"和"权力价值"为核心的价值逻辑。一方面，"交换价值"将一切存在转化为可量化、可交易的商品，人的价值被简化为劳动力商品的价值，自然的价值被简化为资源的经济价值，最终引发人与自身、人与自然的异化；另一方面，"权力价值"则以对他人或他者的支配能力作为评判尺度，在民族国家崛起与全球扩张进程中，演变为霸权竞争与文明等级论，将部分文明贴上"落后"或"待改造"的标签，忽视文明自身的存在价值。与之相较，"生命价值"则主张超越这种工具性价值评判，将所有生命的持存与蓬勃绽放确立为最高的善，将生命的"内在价值"置于首位。所谓"内在价值"，即生命本身具备不可替代、不可还原的价值，无需依附于资本增值或权力扩张的工具性目标。"一切物只有以人为根据和尺度，才有所谓的价值，即在人之外是没有价值可言的。"[4] 质言之，无论是人类个体的生命、不同族群的文明生命，还是自然万物的生态生命，其价值均不依赖外部评判标准，而源于自身的存在与发展需求。因此，"生命价值"要求文明交往中摒弃"工具理性"的主导地位，转而以是否有利于生命的健康发展为根本尺度，确保每一种生命形态都能在互动中获得滋养。

从伦理观层面考察，"生命价值"倡导以"尽己之性、尽人之性、尽物之性"为核心的共生伦理。与西方现代性伦理中常见的"人类中心主义"或"个体主义"不同，共生伦理既不将人类置于凌驾自然之上的主宰地位，也不割裂个体与群体的关联，而是强调所有生命在相互依存中共同实现自身价值。进言之，"尽己之性"要求个体充分发掘自身生命潜能，实现自我完善与超越。唯有自身生命获得充分发展，方能具备滋养他者生命的能力；"尽人之性"要求尊重并促进他人的生命实现，摒弃将他人视为工具或威胁的认知，在交往中寻求互利共生；"尽物之性"则要求尊重自然万物的生存规律，在利用自然的同时维护其自然生命活力，避免对生态系统的破坏。由此可见，"生命价值"超越了狭隘的自我中心主义与人类中心主义，将伦理关怀的边界拓展至整个生命共同体，其核心命题在于，任何行动的正当性，最终取决于它是否在整体上有利于生命之网的韧性与繁盛。

2) 人文丝绸之路的生命价值体现

人文丝绸之路并非单纯的商贸通道，而是"生命价值"理念在历史实践中的生动载体。古"丝绸之路"的辉煌难以三言两语表述清楚，作为

4　项久雨, 思想政治教育价值论[M], 北京:中国社会科学出版社, 2010:25.

当时世界上最活跃的国际商路之一，它沟通了东西方文明，成为东西方文化传播的桥梁[5]。基于此，人文丝绸之路构建起多元共生的文明交往网络，在滋养物质生命、激活文化生命、拓展社会生命三个维度，将"生命价值"从哲学理念转化为具体文明实践，为后世文明交往提供了可借鉴的历史范式。

首先，滋养物质生命。人文丝绸之路的物质流动超越了日常商品交换的范畴，更指向人类生命资源的跨区域调配与共享，本质是对不同区域"生命支持系统"的优化与整合。不同地理环境孕育的文明，形成了各具特色的生命资源供给能力，如部分区域依托适宜的气候与土壤条件，发展出丰富的农作物种植体系；部分区域凭借对疾病的认知积累，构建起独特的医药知识传统；部分区域则在应对极端自然环境的过程中，形成了实用的环境适应技术。这些分散的生命资源，通过丝路的流动实现了系统性整合，为沿线人类群体的生命存在与延续夯实物质基础。"丝绸之路把中国的造纸术、火药、印刷术、指南针经阿拉伯地区传播到欧洲，又把阿拉伯的天文、历法、医药介绍到中国，在文明交流互鉴史上写下了重要篇章。"[1]这种物质层面的互动，本质是对"生命优先"价值的实践。即是说，所有物质流动的核心目标均指向提升生命存续能力，通过资源的互补与共享，打破单一区域生命支持系统的封闭性与脆弱性，构建起跨区域的生命保障网络，使"生命价值"中"生命存在与延续"的核心要求转化为可感知的物质基础。

其次，激活文化生命。"文化作为属人性的实践活动，蕴含着丰富的主体性内涵，文化发展是主体思维外显、创造事物、发展自身的连续性实践活动"[6]，其生命力直接决定文明的存续质量。人文丝绸之路的

---

5   项久雨, 中国新贡献[M], 北京:人民出版社, 2018:92, 22.

6   项久雨, 习近平文化思想的哲意发微[J], 当代世界社会主义问题, 2025(01):49~62+165.

文化互动，以培育多元共生的文化生态为路径，为不同文明的文化生命注入持续活力，实现了"生命价值"中"文明生命繁荣"的实践要求。一方面，丝路的文化互动呈现出"互鉴共生"的核心特征，区别于单向的文化输出或被动的文化接受，形成了"对话—吸收—创新"的良性循环机制。这种互动不追求文化形态的统一，而是尊重不同文化的独特性，在差异中寻求共识，在交流中实现共同发展。另一方面，从文化生态理论视角来看，人文丝路构建的文化生态系统具有"多元一体"的稳定性与创新性。习近平指出："通过古丝绸之路的交流，古希腊文明、古罗马文明、地中海文明以及佛教、伊斯兰教、基督教都相继进入中国，与中华文明融合共生，实现本土化，从来没有产生过文明冲突和宗教战争。"7 不同文明的文化如同生态系统中的生命体，既保持自身的独立性与独特性，又通过物质、知识与人员的流动形成紧密关联。这种生态系统的优势，在于以文化多样性为基础保障系统的韧性，以文化互动为动力推动系统的更新，使每一种文明的文化生命都能在共生环境中获得持续滋养，避免因封闭而陷入僵化，始终保持应对变化的活力，从而实现文明生命的长期繁荣。

最后，拓展社会生命。社会生命的核心内涵在于人类共同体形态的拓展与跨边界认同的形成，其本质是突破血缘、地缘或族群的局限，构建更具包容性的社会互动形态。"千百年来，中国同中亚各族人民一道推动了丝绸之路的兴起和繁荣，为世界文明交流交融、丰富发展作出了历史性贡献。"8 人文丝绸之路通过沿线枢纽节点的发展，塑造了"跨文明共同体"的历史原型，将社会生命的边界从单一民族或帝国的

7　习近平同希腊总统帕夫洛普洛斯会谈[N]，人民日报，2019~05-15(01).

8　习近平，携手建设守望相助、共同发展、普遍安全、世代友好的中国—中亚命运共同体——在中国—中亚峰会上的主旨讲话[N]，人民日报，2023-05-20(02).

范畴，拓展至跨区域、跨文明的层面，为"生命价值"中"共同体生命拓展"的理念提供了历史实践样本。具言之，丝路沿线的枢纽节点作为跨文明互动的核心场域，聚集了不同族群、不同信仰、不同文化背景的人群。这些人群在长期共存中，逐渐超越原有的身份边界，形成了基于共同利益与共同价值的"丝路认同"。这种认同不否定个体原有的文化归属，而是在原有身份基础上构建起更具包容性的集体身份，使不同背景的个体能在多元环境中形成稳定的互动关系。由此可见，人文丝绸之路所塑造的"跨文明共同体"，不仅在历史上保障了跨文明互动的稳定开展，更为后世构建人类命运共同体提供了宝贵的历史经验，揭示了社会生命拓展的本质在于以共同的生命福祉为导向，构建超越边界的共生网络。

2. 人文丝路生命价值的当代回响

全球现代化进程在创造物质财富的同时，也引发了发展范式失衡、技术伦理异化与文明共生困境等深层问题。这些问题的核心症结，在于现代性逻辑对"生命价值"的遮蔽。而人文丝绸之路所承载的生命价值理念，以"生命存在、延续与繁荣"为核心，以"共生互惠"为交往准则，恰好为回应当代困境提供了源自历史实践的思想资源。其在发展逻辑、伦理传统与文明交往模式上的智慧，与当代社会的需求形成深刻呼应，构成了具有现实意义的当代回响。

1) 发展范式的生命转向: 丝路智慧对全球福祉逻辑的重构

现代性所主导的全球发展范式长期受到工具理性的深刻影响，逐渐形成一种以经济增长为本位的单一福祉逻辑。该逻辑的根本问题，在于它将"增长"这一原本作为实现福祉的手段异化为福祉本身，进而通过量化方式把福祉简化为诸如国内生产总值增速与人均可支配收入等可计算变量。正如马克斯·韦伯所言："'经济行动的形式合理性'将被用来指称在技术上可能的、并被实际应用的量化计算或者核算的程度。"[9]然而，生命价值所涵盖的生态存续、社会公平以及个体生命质量等更为根本却难以量化的维度，却在这一过程中遭到忽视。质言之，"西方的现代性蕴含着深层的悖论，物的现代化与人的现代化之间有着内在的紧张关系，导致了物的世界的增值与人的世界的贬值的背反"[10]，更是对"生命优先"价值原点的背离。

在此背景下，人文丝绸之路所积淀的发展智慧，则彰显出一种以"生命价值"为核心的差异化福祉逻辑，为全球发展范式的重构贡献了源自历史实践的思想资源。从价值维度看，人文丝路发展实践始终以"生命存续与繁荣"为终极目标，其底层逻辑是对"生生"哲学的践行。在这一视域下，不同区域之间的物质流动被视为生命支持系统的有机互补，而非单纯的商品交换关系。此种价值导向突破了现代性中"增长至上"的单向度思维，强调发展必须回归"生命本位"，将个体健康的存续、社会群体的公平发展以及自然生态的稳定平衡，共同纳入统一的福祉评价体系之中。由此，发展的每一环节皆服务于生命整体福祉的提升，从而得以修正工具理性对生命价值所造成的遮蔽。

从实践维度看，人文丝路发展智慧始终遵循"共生互惠"的资源配置原则，这与现代性中常见的"单向掠夺"模式形成本质区别。在现代性语境下，资源配置往往依赖权力或资本的优势，形成由中心区域向边

9　[德]韦伯, 经济与社会(第1卷)[M], 阎克文, 译, 上海:上海人民出版社, 2009:182.

10　项久雨, 现代性悖论与中国式现代化的历史性超越[J], 马克思主义与现实, 2023(06): 43～48+204.

缘区域单向流动的结构，其实质是将边缘地区的生命支持资源纳入中心区域的发展体系，从而导致边缘地带长期陷入依附性发展状态。这一现象深刻表明，在资本主义现代发展语境下，"文明的一切进步……都不会使工人致富，而只会使资本致富，也就是只会使支配劳动的权力更加增大，只会使资本的生产力增长"[11]，这显然背离了生命价值所倡导的共生伦理。相比之下，人文丝路的资源配置逻辑立足于不同区域在生命需求方面的差异，通过双向互补的方式实现资源的优化整合，其核心在于尊重每一区域生命支持系统的独特性和自主性，避免凭借优势地位施加隐性支配。此种尊重差异、双向互补的资源配置理念，正是将发展成果转化为生命共同体内部互助行为的关键，确保了发展成果能够普惠于所有群体，从而在现代性发展所导致的资源分配结构性失衡中，开辟出一条有效的纠偏之路。

从评价维度看，人文丝路发展智慧所强调的是对生态、社会与个体生命等多重韧性的系统性提升，这一评价视角已超越现代福祉评价体系对"量化指标"的单一依赖。现代福祉评价体系因过度偏重量化数据，往往难以涵盖生态系统的自我修复能力、社会结构对生命需求的保障能力，以及个体在风险中的身心适应与存续能力等关键维度。人文丝路实践则通过构建跨区域的生命支持网络，在实质层面上增强三重韧性，从而使整体发展具备抵御外部冲击、维系生命系统稳定的综合能力。具体而言，生态韧性涉及自然环境的恢复能力，社会韧性体现为制度对民众生命需求的响应与支持水平，个体生命韧性则关注人在生理与心理层面的适应与持续发展能力，三者共同构筑了生命福祉的深层内涵。由此观之，人文丝路评价逻辑为当代全球福祉体系的重

---

11   马克思恩格斯文集: 第2卷[M], 北京: 人民出版社, 2009:267.

构提供了重要启示，即应当将多重韧性作为核心评价导向，推动发展范式实现从"表层增长"到"深层福祉"的理论自觉与实践转型。

2) 技术伦理的生命回归: 丝路共情传统对数字文明的启迪

数字文明的快速演进虽推动人类生产生活方式的变革，却也引发技术伦理的深层异化。这种异化的根本原因，在于技术发展脱离"服务生命"的本源目标，其"结果导向和绩效取向忽视了个体的体验深度与情感价值"[12]，陷入海德格尔所批判的"技术座架"困境，逐渐消解个体生命的主体性、差异性与共生性。具体而言，技术伦理的异化主要体现在三个层面：一是技术设计以效率为唯一准则，忽视个体"有意识的生命活动"[13]，将人类简化为技术实现目标的工具；二是数据治理陷入技术管控与商业利用的二元对立，无视数据背后个体与群体的生命需求，导致数据异化为脱离生命价值的独立变量；三是人机关系被简化为"技术替代人类"或"人类控制技术"的对抗性模式，割裂技术与生命的共生关联，最终使技术伦理与"生命存在、延续与繁荣"的核心价值脱节。

人文丝绸之路在文明交往中形成的"共情传统"，为数字文明技术伦理的重构提供了源自东方智慧的思想资源，其核心是将"生命价值"嵌入技术伦理的底层逻辑，实现技术伦理的生命回归。其一，丝路共情传统以"尊重生命主体性"为核心，启示数字技术设计需以"生命尊严"为伦理底线。在丝路文明交往中，"共情"的本质是对不同文明群体生命需求与自主权利的承认，拒绝将任何个体或群体视为工具性存在。

---

12 项久雨, 论数智美好生活的获得感幸福感安全感[J], 宁夏社会科学, 2025(03):5~16.
13 马克思, 恩格斯, 马克思恩格斯文集:第1卷[M], 北京:人民出版社, 2009:162, 11, 185.

将这一传统延伸至数字技术领域，则要求设计思路必须超越"效率至上"的单一导向，将生命尊严作为技术架构的内在维度加以考量。如在算法开发中，需充分考量不同群体的生命需求差异，避免因统一效率标准导致的隐性歧视；在智能产品研发中，需保障人类的情感需求与认知自主，防止技术替代人类的主体性判断。从本质来说，人文丝绸之路的"共情传统"实质上是对"人是人的最高本质"[13]这一伦理原则的具体践行，其促使技术发展始终服务于生命质量的提升，而非成为压制生命自主性的异己力量。

其二，丝路共情传统以"理解生命差异性"为内涵，启示数字数据治理需遵循"生命需求导向"的原则。丝路文明交往的历史经验表明，富有成效的文明互动必然建立在对差异性的包容与理解之上，而非试图以单一标准消弭多样性。然而，现代数据治理的根本困境恰恰在于将数据主要视为技术资源或商业资产，却忽视了其作为生命需求载体的本质属性。基于丝路智慧所启示的"生命需求导向"原则，数据治理应当超越技术管控与商业利用之间的简单二元对立，转而以是否真正促进生命福祉作为根本评判依据。一方面，在公共领域的数据流动中，应优先考虑其对公共卫生安全、教育公平等群体生命需求的保障作用；另一方面，在私人领域的数据收集中，则必须严格尊重个体的生命自主权与隐私权利。这一治理模式能够有效纠正数据与其生命本源相分离的异化倾向，使数据治理始终锚定于生命价值的实现。

其三，丝路共情传统以"保障生命共生性"为目标，启示数字时代人机关系需向"生命共生"转型。在丝路文明交往的历史经验中，工具与技术始终处于服务者的角色，其根本价值在于增强人类的交往能力与生命韧性，而非替代人类自身的互动与认知。基于这一传统，"生命共生"的人机关系强调技术既不应被视作人类的替代者，也不应沦为被完全控制的客体，而应定位于增强人类生命能力的重要伙伴。正如马克思所指出的，超越异化的路径在于"人向自身、也就是向社会的即合乎人性的人的复归"[13]。丝路共情传统所带来的启示在于，在认知层面，技术可辅助人类拓展认知边界，但需保留人类的价值判断与共情思考；在实践层面，技术可提升人类的生产与服务效率，但需保障人类的劳动权利与生命意义感。唯有技术逻辑与生命价值实现内在统一，数字技术才得以回归其"服务生命"的根本宗旨。

3) 文明共生的生命网络: 丝路文明对多样性未来的范式贡献

世界变局深层次暴露出现代社会所具有的风险社会性质，以及现代文明所潜藏的风险扩散危机[14]。一方面，"文明冲突论"的思维定式仍在产生影响，部分国家将自身文明视作普世标准，并为其他文明赋予"落后"或"异质"等标签，进而借助文化输出与价值渗透压制文明多样性；另一方面，全球化进程中的"文化同质化"趋势不断削弱本土文明的独特性，大众文化的全球传播与消费主义的广泛渗透，使部分文明逐渐丧失其精神内核，陷入"符号化"生存的困境。这些问题的本质，在于对文明共生所依循的"生命网络"逻辑的背离，将复杂的文明关系简化为"支配与被支配""同化与被同化"的单向模式，最终导致全球文明生态失去内在平衡。

人文丝绸之路在历史实践中所形成的"文明共生生命网络"，以"多元共生、差异互补"为核心特征，为构建多样性文明的未来提供了关键启示与可行范式。首先，丝路文明网络的"非层级化"结构，为全球文明

---

14 项久雨, 世界变局中的文明形态变革及其未来图景[J], 中国社会科学, 2023(04):26~47+204~205.

网络提供了平等交往的范式。现代文明交往的理论困境，在于受"中心—边缘"层级结构的束缚，即少数文明凭借经济、军事或文化优势成为"中心"，主导全球话语体系，而多数文明则沦为"边缘"，被迫接受中心文明的价值标准。这种结构既违背了文明平等的原则，也侵蚀了文明生态的多样性。与之相对，人文丝路文明网络的"非层级化"特征，其根本是将每个文明视为独立的"生命节点"，不存在固定的中心或边缘。这一特征深刻表明，"文明没有高低、优劣之分"[15]，"一个和平发展的世界应该承载不同形态的文明，必须兼容走向现代化的多样道路"[16]。与此同时，每个文明都拥有自主选择交往方式、自主表达价值理念的权利，文明互动的动力源于共生需求而非权力压迫。由此可见，人文丝路文明网络从结构根基上打破了"中心—边缘"的思维定式，"对推动东西方文化交流交往、促进人类文明多样性具有重要的意义"[5]。

其次，丝路文明网络的"差异互补"逻辑，为文明互动提供了价值共创的范式。现代文明互动在理论层面存在一定误区，即往往将"同质化"视为文明发展的终极目标，却忽视了差异本身对于激发文明活力的重要作用。恩格斯指出："同一性自身包含着差异性，这一事实在每一个命题中都表现出来。"[17] 事实上，"因为有多样性与差异的存在，世界文明才会更加绚丽多彩，社会才会更加丰富多彩"[18]。由此可见，差异并非必然导致冲突，反而可以成为文明持续创新的源泉。人文丝路文明互动的历史经验表明，真正的价值共创源于对不同文明间差异的积极包容与有效利用。不同文明对"生命价值"的理解、对"美好生活"

15　习近平, 论党的宣传思想工作[M], 北京:中央文献出版社, 2020:63, 76.

16　习近平谈治国理政:第4卷[M], 北京:外文出版社, 2022:469～470, 461.

17　[德]恩格斯, 自然辩证法[M], 于光远, 等, 译, 北京:人民出版社, 1984:90.

18　项久雨等, 守正创新的精神文明[M], 北京:社会科学文献出版社, 2022:291.

的追求、对"自然关系"的认知，形成了多元的理论视角与实践路径。这种基于差异互补的文明互动，不仅避免了同质化导致的创新乏力，更通过多元因子的相互激发，推动了人类文明在思想、制度与技术层面的整体性突破，为应对全球性挑战提供了更为丰富的解决方案。

最后，丝路文明网络的"动态互鉴"机制，为文明更新提供了自主发展的范式。现代文明进程常陷入"封闭僵化"与"被动同化"的两极困境，难以在开放与自我持守之间取得平衡。丝路传统所体现的"动态互鉴"，其根本智慧在于实现"开放"与"自主"的辩证统一，"既不走封闭僵化的老路，也不走改旗易帜的邪路"[2]。在这一机制下，文明更新并非被动接受外来模式，而是以自身精神传统为根基，通过积极汲取他者之长，实现"自主演进"而非"被同化"。人文丝路互鉴机制的关键价值，在于为文明发展确立了"以我为主、为我所用"的底线。具体而言，在开放维度上，文明应保持对外来文化的包容与借鉴，以拓宽视野、增强活力；在自主维度上，则必须坚守本民族的精神根基与核心价值，防止在交流中丧失文化主体性。这种开放与自主的有机统一，使各文明得以在互动中共同成长，既维护自身特性，又促进文明整体的多样繁荣，从而在结构上维系全球文明生态的持久活力与动态平衡。

3. 现代性语境下人文丝路生命价值的创造性转化

在全球现代性进程不断深化的今天，传统人文丝绸之路作为物质往来与文明互鉴的实体网络，其生命价值的实践形态必须与数字文明的发展和全球治理的新需求相适应，才能在当代语境中持续发挥影响。从"物质通路"向"数字生态"、从"文化包容"向"共情生成"、从"自发交往"向"自觉治理"的转型，并非表层形态的简单更替，而是基于生命价值内核的深层结构重构，更是将人文丝路传统智慧与现代文明需求相融合的实践探索。

1) 从"物质通路"到"数字生态"，构建文明互鉴的知识生命体

传统人文丝绸之路以物质流动为载体，依托跨区域的商品交换与资源互补，为沿线文明的有形生命提供基础支撑。而在数字文明日益主导的现代语境中，知识已逐渐取代传统物质资源，成为更具基础性与引领性的文明发展要素。因此，将人文丝路的"物质通路"升级为"数字生态"，本质上是将其生命价值的实践载体从有形之物拓展至无形之知，从而构建一个以知识流动与共创为核心的文明互鉴生命体。

第一，推动知识开放共享，打破垄断壁垒。在当代知识生产与传播体系中，资本与权力的双重主导长期固化了一种以中心区域为核心的知识垄断格局。部分主体倚仗技术与资源掌控能力，将知识异化为谋取局部利益的工具，致使处于边缘地带的文明难以平等获取知识资源，这与丝路传统中"互补共生"的生命逻辑形成强烈反差。"一种知识体系并不是价值无涉的，而是或直接或间接地体现出价值导向和价值诉求，这种价值导向建立在利益的基础之上。"[19] 打破知识垄断，并非仅是对资源分配的结构性调整，更是基于"生生"哲学中"万物共生"的本体认知所进行的价值重构。正如亚里士多德在《政治学》中提出：
"世上一切学问(知识)和技术，其终极(目的)各有一善。"[20] 知识作为滋养文明精神生命的核心要素，其本质应具有公共性与共享性。唯有系统性地清除知识流动中的制度性与技术性壁垒，使不同文明得以在平

---

19   项久雨, 建构思想政治教育学科自主知识体系的理论阐释[J], 教学与研究, 2024(10): 28~36.

20   [古希腊]亚里士多德, 政治学[M], 吴寿彭, 译, 北京:商务印书馆, 2009:151.

等获取中汲取发展动力，才能实现知识对文明生命的普遍滋养。为此，有必要构建具有生命共同体意识的知识共享机制。通过全球层面的制度协商，合理界定知识产权边界，平衡创作者权益与公共利益，防止知识异化为文明压制的手段，从而确保知识流动真正服务于人类文明的共同繁荣。

第二，促进知识互鉴创新，摒弃单向输出。在传统现代性语境中，知识传播往往呈现"中心—边缘"式的单向输出模式，即将某一文明的知识体系视作普世标准，并通过文化渗透或技术依附加以强制推行。这种模式本质上漠视了文明的多样性，违背了丝路精神所倡导的"多元共生"伦理原则。习近平指出："我们要树立平等、互鉴、对话、包容的文明观，以文明交流超越文明隔阂，以文明互鉴超越文明冲突，以文明共存超越文明优越。"[21] 由此，知识互鉴创新的核心，在于承认不同文明知识体系的内在价值，将知识互动视为一种"差异互补"的创造性过程。每一文明的知识体系，皆是在其特定生存环境与生命经验中形成的独特智慧结晶，既具备应对特定问题的局部优势，也不可避免地存在认知局限。而通过跨文明的对话与交流，不同认知视角得以融合，从而激发知识的再生与新质生成。这种互鉴并非简单叠加不同体系的知识内容，而是以生命价值为导向进行有机整合。例如，将东方文明中"天人合一"的生态智慧，与现代西方生态科学的分析方法相融合，能够构建出更具整体性与适应性的生态治理知识体系，更好地服务于全球生态生命的持续与发展。在此过程中，知识不再作为单一文明的扩张工具，而是成为连接不同文明、共同应对全球挑战的精神纽带。

第三，锚定知识的生命属性，避免数据异化。"知识的应用与转化是

21　习近平谈治国理政:第3卷[M]. 北京:外文出版社, 2020:440-441.

一门艺术，也是一门学问。"[19]但在数字时代，知识常常被简化为可量化、可交易的数据对象。受资本逻辑驱动，数据逐渐偏离其服务人类生命发展的根本目的，异化为资本增值的工具，进而引发数据滥用、隐私侵害、算法歧视等问题。这种现象与人文丝路所秉持的"生命优先"价值导向严重相悖。因此，要锚定知识的生命属性，必须重新确立知识与生命之间不可分割的内在联系，深刻理解知识的生成，源于人类对生命存在与发展规律的探索；知识的应用，也应以促进生命的存续、发展与繁荣为根本宗旨。与此同时，数据作为知识在数字形态下的载体，其价值评判标准应回归生命本身的需求，而非仅以商业价值或技术效率为尺度。这要求在数字生态的构建中，将生命价值嵌入技术设计与制度规范的全过程。具言之，在算法开发中，需充分考量不同群体的生命需求差异，避免因单一效率标准导致的隐性歧视；在数据治理中，需明确数据收集与使用的边界，确保数据应用不损害个体与群体的生命权益。通过这种价值锚定，能够防止数字生态陷入技术理性的陷阱，确保知识始终作为滋养生命的积极力量，为文明互鉴提供健康的数字环境。

2) 从"文化包容"到"共情生成"，筑牢生命共同体的文明根基

传统人文丝绸之路的文化互动以"包容"为核心特质，以其对不同文化形态的接纳与尊重，促成了文明之间的和平共存。然而，这种包容多停留于"互不干涉"的表层阶段，尚难以形成深度的文明认同与情感联结。在现代性语境中，文明冲突论的残余影响与文化同质化的全球趋势，共同对文明共生构成双重挑战。因此，推动从"文化包容"向"共情生成"的转化，成为从情感与价值层面深化文明互动、筑牢生命共同体精神根基的关键路径。

其一，推动文化交往从"形式展示"向"价值阐释"深化。形式层面的文化包容多停留于文化符号的表层呈现，如通过展览、演出等方式展示不同文明的服饰、饮食与节庆等外在形态。这类展示虽有助于增进文化认知，却往往难以触及文明的精神内核，无法引导交往主体真正理解不同文化背后的生命价值理念。习近平指出，"价值观是人类在认识、改造自然和社会的过程中产生与发挥作用的。不同民族、不同国家由于其自然条件和发展历程不同，产生和形成的核心价值观也各有特点"[15]，并强调"把中国精神、中国价值、中国力量阐释好"[22]，这为文明互鉴指明了价值深耕的方向。价值阐释正是要超越表象，深入挖掘并系统呈现不同文明中对生命的根本理解与伦理立场。例如，东方文明中"生生不息"的发展观、非洲文明"Ubuntu"(我因我们而存在)的共同体观念，以及西方文明中对个体生命尊严的强调，都体现出对"何为美好生活""如何实现生命共生"等根本命题的独特思考。通过跨文明的价值对话，这些理念得以被系统呈现与相互参照。概言之，价值阐释并非对不同价值理念的优劣评判，而是以平等的视角呈现价值多样性，让交往主体认识到不同文化的价值追求虽有差异，却都围绕"生命福祉"这一共同核心，从而在认知层面消除文明隔阂，为共情生成奠定基础，真正推动人文丝路生命价值在当代实现内在转化与落地生长。

其二，借助数字媒介构建"沉浸式共情"场景。数字媒介的时空跨越能力与场景重构优势，为突破传统文化交往的地域限制提供了可能，但若仅将数字媒介作为文化符号的传播工具，仍难以实现深度的情感互动。"情感体验是主体自身的内心体验，以隐蔽的形式存在。随着人的认知程度不断提升以及生活阅历日益丰富，情感有被调节与控制的

---

22 习近平, 一个国家、一个民族不能没有灵魂[J], 求是, 2019(8):4~8.

需要。"[23] 鉴于此，"沉浸式共情"场景的构建，核心在于通过技术手段还原不同文化的生命体验，让交往主体能够"代入"他者的生命情境，感受其生命需求与情感共鸣。通过虚拟现实技术重现不同文明应对自然灾害的历史场景，让主体直观体验他者在困境中的生命抗争与互助行为；通过数字叙事技术讲述不同文化中普通人的生命故事，展现人类共通的情感需求如亲情、友情、对美好生活的向往。这种沉浸式体验能够突破文化差异带来的认知壁垒，让主体从"旁观者"转变为"体验者"，在情感层面产生对他者生命的理解与关怀，进而培育出超越文化边界的共通生命意识。需要强调的是，数字媒介的技术运用必须始终以生命价值的实现为导向，警惕因过度娱乐化或商业化所导致的情感浅化与异化，确保技术场景的构建真正服务于真实、可持续的共情生成。

其三，将丝路共情纳入文化治理的核心目标。文化治理若仅聚焦于文化产业发展、文化遗产保护等功能性目标，忽视共情意识的培育，易导致文明互动陷入"有交往无认同"的困境，难以形成持久的文明共生秩序。"任何一国都不可能单枪匹马地建立世界秩序。要建立真正的世界秩序，它的各个组成部分在保持自身价值的同时，还需要有一种全球性、结构性和法理性的文化，这就是超越任何一个地区或国家视角和理想的秩序观。"[24] 将丝路共情纳入文化治理目标，需要在治理机制中融入对生命差异的尊重与对情感联结的重视，通过政策引导与资源支持，推动共情意识从个体层面的情感体验上升为群体层面的文化共识。例如在全球文化治理中，可建立跨文明的情感对话平台，为不同文明的主体提供常态化的情感交流渠道；在区域文化治理中，可将共情培育纳入公共文化服务体系，通过教育、媒体等渠道传播共生

23　项久雨, 思想政治教育主客体关系论[M], 北京:中国社会科学出版社, 2025:355.
24　[美]亨利·基辛格, 世界秩序[M], 胡利平, 林华, 曹爱菊, 译, 北京:中信出版社, 2015:489.

理念，引导公众形成对他者文明的情感认同。这种治理导向的转变，能够使共情不再是偶然的个体体验，而成为稳定的文化机制，为生命共同体的构建提供持续的精神动力，确保文明互动在情感与价值的双重联结中实现深度共生。

3) "自发交往"到"自觉治理"，建设生命中心的全球机制

传统人文丝绸之路的文明交往多依托商贸往来而自发形成，呈现出以"民间互动"为主的交往秩序。这种自发秩序虽具有灵活性与适应性，却因缺乏对整体生命利益的系统性观照，难以应对日益复杂化、全球化的风险挑战。在现代性语境下，全球性问题的复杂程度与相互关联性不断加剧，气候危机、公共卫生威胁等议题已直接关涉人类整体的生命存续与发展，仅凭自发交往已无法实现有效的全球应对。因此将"自发交往"转化为"自觉治理"，关键在于构建以生命价值为中心的全球治理机制，通过主动的制度设计与权责分配，确保文明互动服务于人类生命共同体的整体利益。

首先，确立"生命中心"的治理目标。长期以来，现代全球治理体系深受经济增长主义与权力博弈逻辑的主导，将国内生产总值增速、国家间力量平衡等指标视为核心目标，导致治理实践与人类生命的真实需求严重脱节。"这突出体现在极端主义、恐怖主义、生物安全、网络安全、难民危机中，全球治理的挑战更趋严峻、多样化与复杂化。"[14]因此，在现代性背景下确立"生命中心"的治理目标，意味着在全球层面重塑治理的价值尺度，将"生命的存续、发展与繁荣"作为评估治理成效的根本标准。在此框架下，生态完整性、社会公平、个体健康、文明多样性等关乎生命质量的核心维度，都应被系统纳入治理议程。这并非否定经济发展与权力协调的工具性价值，而是将其重新定位为服

务于生命目标的手段，而非目的本身。例如在全球经济治理中，需将经济增长与就业保障、贫富差距缩小等生命福祉指标相结合，避免单纯追求经济效率而损害民众生命质量；在全球安全治理中，需将传统安全与公共卫生安全、生态安全等非传统安全议题并重，确保治理行动能够全面应对威胁生命的各类风险。通过这种价值引领，能够纠正工具理性对治理目标的扭曲，使全球治理始终围绕人类整体生命利益展开。

其次，构建"多元共治"的治理结构。传统丝路时期的文明交往具有明显的随机性与民间性，主要依赖商人、使者等非官方主体推动，缺乏制度化的参与机制，导致治理主体长期缺位，难以形成稳定、可持续的交往秩序。而在现代全球治理体系中，部分大国又常凭借权力优势主导议程设置与规则制定，忽视中小国家及非国家行为体的合理诉求，致使治理机制在合法性与实效性两方面均面临质疑。对此，习近平提出全球治理倡议，旗帜鲜明地呼吁各国"践行多边主义"，指出"世界上的问题错综复杂，解决问题的出路是维护和践行多边主义，推动构建人类命运共同体"[16]。这一重要论述为构建"多元共治"结构提供了根本遵循。其核心在于承认并保障不同文明类型、不同社会群体以及不同层级主体的治理参与权，推动形成国家、国际组织、非政府组织与民间社会共同参与、权责协调的复合型治理体系。在文明维度上，应确保不同发展阶段、不同文化传统的国家在治理决策中享有平等话语权，防止形成"中心—边缘"式的文明支配结构；在群体维度上，应重视弱势群体、少数族裔、妇女儿童等群体的利益表达，建立制度化的代表机制，将其需求系统纳入治理议程；在主体类型上，应充分发挥国际组织的协调功能、非政府组织的专业能力以及民间社会的基层动员优势，形成功能互补、协同推进的治理合力。通过构建这样一种多元参与、多层协作的治理结构，能够有效避免单一主体对治理过程的垄断，增强治理机制对多样化生命需求的回应能力，进而提升其合法性与适应性，为"自觉治理"提供坚实的主体基础与制度保障。

最后，建立"韧性导向"的治理工具。当前全球治理体系中的工具设计多侧重于短期效率与线性规划，难以有效应对日益复杂化、系统化的全球风险。例如，公共卫生治理中常见仅针对常规疾病的防控机制，缺乏对突发大流行病的快速响应能力；生态治理中也存在仅聚焦单一环境指标，而忽视生态系统整体关联的政策局限，导致治理效果难以持续。对此，"韧性导向"的治理工具构建，应以系统论与风险社会理论为基础，将治理视为一个持续适应、动态演进的过程，"将物的现代化与人的现代化统一起来，将工具理性面向与价值理性面向结合起来"[10]，重点增强治理体系在面对冲击时的吸收适应、快速恢复与结构转型能力。具体而言，从工具类型看，可构建"预警—响应—恢复—转型"的全周期治理工具链，例如在全球气候治理中，建立覆盖全球的生态风险预警系统，制定差异化的应急响应方案，推动灾后生态恢复与绿色转型政策相结合；从工具属性看，需增强治理工具的灵活性与包容性，避免"一刀切"的政策设计，例如在全球经济治理中，针对不同国家的发展阶段设计差异化的政策支持工具，确保治理措施既能应对短期危机，又能促进长期生命福祉；从工具协同看，需加强不同治理领域工具的联动，例如将生态治理工具与经济治理工具相结合，"以绿色丝绸之路引领，为数字丝绸之路赋能"[25]，实现生态保护与经济发展的协同推进。通过这种韧性导向的工具设计，能够确保治理体系在面对现代性风险时，始终保持对生命需求的响应能力，维护文明共生的稳定秩序，为人类生命共同体的持续发展提供保障。

25　习近平，建设一个共同发展的公正世界——在二十国集团领导人第十九次峰会第一阶段会议关于"抗击饥饿与贫困"议题的讲话[N]，人民日报，2024-11-20(02).

손오공의 예술 형상과 문화 혈맥*

孙悟空艺术形象及其文化血脉

양푸쉐杨富学

1. 宋金夏至元代孙悟空艺术形象的演变

关于唐僧取经与孙悟空的故事，在我国流传甚广，相关文献不胜枚举，唐、宋、金时代有评话、词话、话本、俗讲，元代有《西游记杂剧》，明代形成家喻户晓的《西游记》小说，在宋、金、西夏及元、明、清时代的壁画、雕刻、泥塑等多种形式的艺术品中，也常可见到孙悟空的形象。揆诸元代以前反映唐僧取经故事的文献，唯以南宋刊本《大唐三藏取经诗话》最为成熟也最具代表性：

> 行经一国已来，偶于一日午时，见一白衣秀才从正东而来，便揖和尚：
> "万福，万福！和尚今往何处？莫不是再往西天取经否？"
> 法师合掌曰："贫僧奉敕，为东土众生未有佛教，是取经也。"……
> 秀才曰："我不是别人，我是花果山紫云洞八万四千铜头铁额猕猴王。我今来助和尚取经。此去百万程途，经过三十六国，多有祸难之处。"[1]

由上可知，在截止南宋时期的话本中，孙悟空的形象为一"白衣秀

---

* 基金项目：国家社科基金项目"敦煌多元文化交融与中华民族共同体意识"(批准号：22VRC025).

[1] 李时人、蔡镜浩校注《大唐三藏取经诗话校注》，北京：中华书局，1997年，第2～3页。

图1: 浙江东阳中兴寺塔出土建隆二年(961)唐僧取经图
(采自东阳市博物馆编, 陈荣军主编《天心光明: 东阳中兴寺塔出土文物》, 文物出版社, 2019年)

才", 是由"猕猴王"化身而来的。这一形象, 在宋、金、西夏时代的艺术品中都可以得到印证, 如浙江东阳中兴寺塔出土建隆二年(961)贴金彩绘石函中雕绘唐僧取经图, 由二僧一马构成, 前方僧人着赭色田相袈裟, 双手合十, 后方僧人体型较小, 或牵马站立或扛伞跟随, 是随从身份的年轻弟子。(图1)据考, 此极有可能是中国现存最早的玄奘取经图像。[2]

再如出土地不详的金代大定年间(1161~1189)石刻《唐僧取经图》画面描绘了四人一马取经的图像, 其中的孙悟空头戴"东坡帽"(图2), 十足的文士派头。[3]

2　东阳市博物馆编《天心光明: 东阳市中兴寺塔出土文物》, 北京: 文物出版社, 2019年, 第54页 ; 吴禹力: 《中国古代佛教舍利函内容分析》, 大足石刻研究院、四川美术学院大足学研究中心编《大足学刊》第5辑, 重庆: 重庆出版社, 2021年, 第276页。

3　赵耀辉: 《大话西游——新见金代〈玄奘取经图〉刻石拓片》, 《光明日报》, 2015年4月13日第16版 ; 蔡铁鹰、吴明忠: 《新见石刻画像〈唐僧师徒取经归程图〉辨识》, 《淮海工学院学报(人文社会科学报)》, 2016年第5期, 第29~31页。

图2: 出土地不详金代大定年间(1161~1189)石刻《唐僧取经图》

　　福建顺昌县发现一尊孙悟空"白衣秀才"木雕神像(图3)，置于黄墩村海拔695米歧头山冈"通天亭"的神龛内。这座通天亭建于明清时期，神龛内仅祀一尊高1. 03米的木雕神像，头戴纶巾帽，眉清目秀，为典型的文士造型，但仍有猴像的明显特征。虽然其具体时代无法判定，但可与《大唐三藏取经诗话》所载的"白衣秀才""猕猴王"及金代大定石刻《唐僧取经图》中所见孙悟空的形象特征相吻合。[4]

图3: 福建顺昌县黄墩村孙悟空"白衣秀才"形象木雕像

4　蔡铁鹰:《南宋浙闽"猴行者"来源再探——以顺昌、泉州的田野考察为中心》,《淮海工学院学报(人文社会科学版)》, 2015年第10期, 第33~34页。

至于西夏时代的孙悟空形象，可见于黑水城出土物。孙悟空身着交领衫，斜披帛锦，头戴金色亚发冠，脸部略有猴像特征。(图4)[5]

从现知的保存较好的宋、金、西夏时代的孙悟空形象来看，均属于多少有些猴子特征的"白衣秀才"或年轻僧人形象，未见例外。具体的装束大体可分为二类，要么头戴僧帽，身着长袍，为行者形象；要么头戴东坡帽，身着长袍，为文士形象。及至元代，孙悟空的形象大为改变，《西游记杂剧》中的孙悟空"具有酷爱自由、大胆叛逆的精神，侠肝义胆、机智灵活、勇猛无畏、乐观幽默而又沾染了市井游民的油滑粗俗"，[6] 其艺术形象要比《诗话》丰满

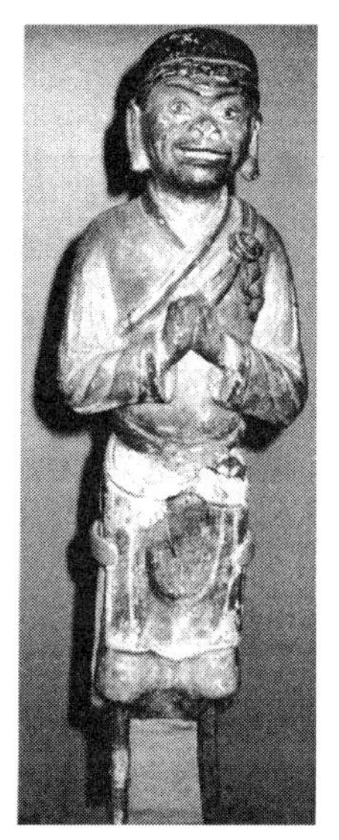

图4: 黑水城出土西夏彩绘泥塑猴行者立像

得多。他神通广大，手提生金棍，同天地齐生，敢于盗御酒、偷仙丹、偷仙桃、仙衣，大闹天宫。

元杂剧中的孙悟空不再是"白衣秀才"形象，已演变为手持生金棍的猴子形象形象，典型特征为：猴头、手持生金棍，有着神变奋迅、降妖伏怪、排难解忧的英雄气概，与明小说中的孙悟空形象几乎没有多少差别。生金棍在宋金话本中是没有的，首次出现于元杂剧：

> 你放心，随我师父西天取经回来，都得正果朝元，却不好来。若不从呵，我耳朵里取出生金棍来，打的你稀烂。[7]

5 陈育宁、汤晓芳：《西夏艺术史》，上海：上海三联书店，2010年，第194页，图3. 16~2；高春明主编《西夏艺术研究》，上海：上海古籍出版社，2009年，第90页，图II-22。

6 马冀：《论杨景贤》，《杨景贤作品校注》，呼和浩特：内蒙古大学出版社，2001年，第33页。

7 马冀编集校注《杨景贤作品校注·杂剧〈西游记〉》，呼和浩特：内蒙古大学出版社，2001

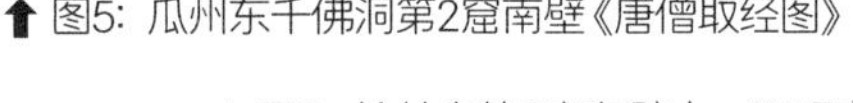
↑ 图5: 瓜州东千佛洞第2窟南壁《唐僧取经图》

➡ 图6: 榆林窟第3窟东壁十一面观音经变
　　《唐僧取经图》(段文杰绘图)

　　说明孙悟空的生金棍，亦即吴承恩小说中的金箍棒，要么持于手中，要么藏于耳朵中的。在榆林窟、东千佛洞、文殊山石窟所见《唐僧取经图》中，孙悟空每每都是猴子形象(图5~7)，有时手持生金棍(图6~7)，完全符合元代孙悟空形象艺术的特征，而与宋、金、西夏的孙悟空形象迥然有别，故可以推定其为元代之遗墨。[8]

图7: 瓜州东千佛洞第2窟北壁《唐僧取经图》

年, 第89页。

8　杨富学:《由孙悟空形象演变看敦煌石窟〈唐僧取经图〉的时代》,《世界宗教文化》,

孙悟空形象由宋金白衣秀才向元代猴子形象的演变，应与当时的社会背景息息相关。宋代理学盛行，华夏本位主义思潮抬头，认为华夏民族为中国的根本，汉文化为中国文化之代表，对外来文化相对排斥。元代情况则完全不同，幅员辽阔，来自印度、西亚、欧洲的各种人都汇聚于中国，带来了很多新文化、新思想。南宋遗民谢枋得称"大元制世，民物一新"，[9] 很多物象都颠覆认知。加上元代戏剧流行，也为孙悟空这一丑角形象的流行奠定了社会基础。

2. 孙悟空形象之印度来源

陈寅恪先生通过对孙悟空故事演变过程的论述，指出孙行者大闹天宫的故事，实出《贤愚经》卷十三《顶生于象品》；猿猴故事则直接受到了《罗摩衍那》第六篇《美妙篇》中工巧神猿那罗造桥渡海故事的影响。[10] 另一种意见则认为唐人小说《李汤》里提到的淮水水怪无支祁就是孙悟空的原型，易言之，孙悟空的形象应"是袭取无支祁的"。[11] 无支祁，又作巫枝祗，即《古岳渎经》卷八中的淮涡水神，"形若猿猴，缩鼻高额，青躯白首，金目雪牙，颈伸百尺，力逾九象，搏击腾踔，疾奔轻利"。[12] 形象相近，但缺乏孙悟空的神变奋迅，故季羡林先生更进一步指出："孙悟空这个人物形象基本上是从印度《罗摩衍那》中借来的，又与无支祁之传说混合，沾染上一些无支祁的色彩。这样恐怕比

2023年第6期，第158~165页。

9　[南宋]谢枋得《叠山集》卷四《上程雪楼御史书》。四部丛刊本。

10　陈寅恪：《西游记玄奘弟子故事之演变》，见《金明馆丛稿二编》，北京：生活·读书·新知三联书店，2001年，第219~220页。

11　鲁迅：《唐之传奇文》，《鲁迅全集》第9卷，北京：人民文学出版社，1981年，第317页。

12　[宋]李昉等编《太平广记》卷四六七"李汤条"下引，北京：中华书局，1986年，第3845页。

较接近于事实。"[13] 此说得到了学术界的首肯，庶几已成为定论。[14] 然笔者发现，孙悟空的艺术形象应是直接从印度史诗《罗摩衍那》中嫁接过来的，为哈奴曼形象在中国的演变，似找不到与无支祁直接关联的证据。

这里先说孙悟空与哈奴曼的关系。

哈奴曼(Hanuman)，为印度教神话人物，印度史诗《罗摩衍那》的神猴，拥有四张脸和八只手，解救阿逾陀国王子罗摩之妻悉多，与罗刹恶魔罗波那大战。罗摩之妻悉多非常美丽，被楞伽城十头魔王罗波那用计劫走。罗摩在寻妻途中助猴王须羯哩婆夺得王位。猴王派手下大将哈奴曼，随罗摩去寻妻。哈奴曼勇敢机敏，能腾云驾雾，火烧楞伽宫，盗仙草，终于帮助罗摩征服了强敌，救出悉多。神猴哈奴曼的故事是印度神话中的精品，哈奴曼不仅在印度家喻户晓，而且在东南亚各国人民的心中亦敬他为英雄。

在《罗摩衍那》中，哈奴曼所持兵器为虎头如意金棍，与元杂剧中孙悟空所持生金棍颇同。元代，蒙古统治者与国家财富掌管者阿拉伯人一样，不再如唐宋那样喜用中国传统的圆形方孔铜钱，而是特别重视金银珠宝，[15] 故有"生金"之谓。及至明代，始形成以工艺美术品来代表的如意，以示吉祥、顺心，于是乎，元代的生金棍也就自然演变为明小说中的如意金箍棒。

---

13 季羡林：《罗摩衍那初探》，北京：外国文学出版社，1979年，第137~139页。

14 蔡国良：《孙悟空的血统》，见《学林漫录》第2辑，北京：中华书局，1981年，第193~197页；萧兵：《无支祁哈奴曼孙悟空通考》，《文学评论》，1982年第5期，第66~82页。

15 杨富学：《由观音散施钱财图看莫高窟第3窟的时代——兼论武威出土银锭的铸造地》，《青海民族研究》，2022年第4期，第185~193页。

图8: 手持虎头如意　　　图9: 印度教艺术中具有生殖崇拜特点的
　　　金棍的哈奴曼　　　　　　　哈奴曼形象

印度古来有生殖崇拜的传统, 林迦(男性生殖器形象)崇拜即为其典型代表。在印度教艺术中, 哈奴曼常有着硕大的男性生殖器, 而生殖器又与虎头如意金棍紧密连接, 以示由此可获得无穷的能量。(图8)

复观元《西游记杂剧》所描绘行者(孙悟空)之形象, 其中《第五本·第十七出女王逼配》中孙悟空有言:

师父, 弟子铜筋铁骨, 火眼金睛, 鍮石屁眼, 摆锡鸡巴。[16]

《第五本·第十九出鉄扇逞威》又言:

(行者云)这贼贱人好无礼。我是紫云罗洞主, 通天大圣。我盗了老子金丹, 炼得铜筋铁骨, 火眼金睛, 鍮石屁眼, 摆锡鸡巴。我怕甚刚刀剁下我鸟来?(公主云)这胡孙好生无礼。我也不是你惹的。[17]

16　马冀编集校注《杨景贤作品校注·杂剧〈西游记〉》, 呼和浩特: 内蒙古大学出版社, 2001年, 第125页。

大致相同的内容又见于《第三本·第九出神佛降孙》。[18]

鍮石指黄铜，摆锡是水银掺锡。质言之，孙悟空的肛门是黄铜生成的，生殖器是由水银掺锡生成的。这一形象在印度教艺术中也是有明确反映的(图9)。从孙悟空的这一形象看，有明显的生殖崇拜特点，明显属于印度文化传统。这种情形，与中华传统文化格格不入。是以，只能将孙悟空的形象与印度的哈奴曼相联系，才能解释得通。

3. 孙悟空形象"源自无支祁"说驳议

如前文所言，学术界比较流行的观点是孙悟空形象来自印度哈奴曼与中华传统文化中的无支祁的混成，也有学者认为孙悟空形象是直接袭取无支祁而来的。对以上二种观点，笔者皆不敢苟同。

在《西游记杂剧》第三本第十九出《神佛降孙》中孙悟空一登台就自白道：

> 小圣弟兄、姊妹五人，大姊骊山老母，二妹巫枝祇圣母，大兄齐天大圣，小圣通天大圣，三弟耍耍三郎。[19]

这里的巫枝祇，即无支祁，是孙悟空的妹妹，孙悟空的兄长是齐天大圣，而他的称号是通天大圣。骊山老母，华胥氏所生，伏羲、女娲乃其兄弟姐妹，居于西安临潼区骊山，半山腰有骊山老母殿。无支祁

---

17 马冀编集校注《杨景贤作品校注·杂剧〈西游记〉》，呼和浩特: 内蒙古大学出版社，2001年，第145页。

18 马冀编集校注《杨景贤作品校注·杂剧〈西游记〉》，呼和浩特: 内蒙古大学出版社，2001年，第70页。

19 马冀编集校注《杨景贤作品校注·杂剧〈西游记〉》，呼和浩特: 内蒙古大学出版社，2001年，第70页。

为传说中的水怪，像猿猴、塌鼻子、凸额头、白头青身、火眼金睛，居于淮河源头(桐柏山)。

近期，有学者提出敦煌壁画《唐僧取经图》中"僧人与猴子的组合并不一定是玄奘和猴行者，更可能是泗州僧伽和水妖巫支祁"。[20] 证据在于：1)泗州僧伽作为观音化身之一，其信仰在宋代非常流行，并影响到了同时期的西夏地区；2)僧伽降伏巫支祁故事盛行于北宋徽宗时期。虽然此说有一定道理，但存在的问题也是很明显的，首先，唐僧取经图由一人一马、二人一马或四人一马组成，演变规律清晰可循，马是其中必可少的。然而在僧伽大师像(图10)及"僧伽降无支祁"(图12b)组像中，都不见马的踪影，与取经图明显不符；其次，唐僧师徒赴西天取经，始终为奔走形象，与敦煌石窟及全国各地所见完全一致。而僧伽一般与坐姿，同样也与取经图难以挂钩；3)僧伽原为一粟特人，入华后始称观音化身、泗州大圣，后被称为泗州文佛。敦煌壁画所见都是僧人拜观音、拜普贤的场面，合情合理。僧伽大师在中国的主要身份是观音和泗州文佛，佛、菩萨断无拜水月观音之道理，故敦煌壁画中的《唐僧取经图》(图11)所显示的画面与"僧伽降无支祁"之间难以找到存在的合理性。

关于无支祁，唐李肇《唐国史补》引《山海经》[21]载曰：

> 楚州有渔人忽于淮中钓得古铁锁，挽之不绝，以告官，刺史李阳大集人力引之，锁穷有青猕猴跃出水，复没而逝。后有验《山海经》云："水兽好为害，禹锁于军山之下，其名曰无支奇。"[22]

20　汪正一：《敦煌西夏水月观音变"僧人与猴行者"身份新释》，沙武田主编《丝绸之路研究集刊》第4辑，北京：商务印书馆，2019年，第287页。

21　今本《山海经》失载该条内容，见袁珂《山海经校注》，上海：上海古籍出版社，1980年。

图10: 敦煌绘画P. 4070僧伽大师画像　　图11: 榆林窟第3窟西壁南侧普贤变之《唐僧取经图》

及至宋代，无支祁的传说有了进一步的发展，《太平广记》记载：

> 涡水神，名无支祁，善应对言语，辨江淮之浅深，原隰之远近。形若
> 猿猴，缩鼻高额，青躯白首，金目雪牙，颈伸百尺，力逾九象，搏击腾踔
> 疾奔，轻利倏忽，闻视不可久。禹授之章律，不能制；授之乌木由，不能
> 制；授之庚辰，能制。[23]

彼时的无支祁"金目雪牙"，"力逾九象"，本领高强，大禹与之三战
方才将其收服，这与《西游记》中的情景不无切近之处。

无支祁这一被锁水妖形象在宋元时期流行的与"僧伽降无支祁"有关

---

22   [唐]李肇:《唐国史补》(卷上)，上海: 上海古籍出版社，1979 年，第23页。

23   [宋]李昉等编《太平广记》卷四六七, 北京: 中华书局，1986年，第3845～3846页。

的花钱中有具体反映。"僧伽降无支祁"花钱，学界有不同的称谓与断代，如余榴梁等称之为"驮经故事钱"，未定时代：[24] 郑轶伟称此种花钱为"取经钱"，时代统一为元明；[25] 蔡胜吉、刘源称之为"驮经图花钱"(图12)，指其有三种板式，其中一版与宋代花钱铜质相同，时代为宋，并考证A面内容为"驮经故事钱"，B面内容为"僧伽降巫支祁"。[26]

A面　　　　　　　　　　　B面

图12："驮经图花钱"

钱币A面为玄奘法师、猴面持棒行者和白马，白马马鞍上有经卷置于莲花座上，发出金光。背面为僧伽伏无支祁故事，穿右僧伽大师戴风帽，着僧衣，立云端，左手持净瓶，右手下指训斥无支祁。穿左下为无支祁，被捆绑在一立柱上，立于波涛之中。穿左上为僧伽两弟子慧岸(挂铁棍者)和慧俨，立于云头。这一形象正与《山海经》所谓无支祁被"锁于军山之下"的记载相一致。既然被锁，又何以陪伴唐僧西行取经呢？难以自圆其说。

<hr>

24 余榴梁等编：《中国花钱》，上海：上海古籍出版社，1993年，第7页，花钱编号32。

25 郑轶伟主编：《中国花钱图典》，上海：上海文化出版社，2004年，第404页。

26 蔡胜吉、刘源：《驮经图花钱》，《第三届中国民俗花钱论文集》，中国民俗钱币学会编印，2009年，第161～170页。

就无支祁而言，其"形若猿猴，缩鼻高额，青躯白首，金目雪牙，颈伸百尺，力逾九象，搏击腾踔，疾奔轻利"的特点，在中国传统文化中也找不到佐证，却与印度教的哈奴曼有接近之处。笔者怀疑，无支祁原本也应该来自印度，早在先秦或秦汉时代已传入中土，逐步与中原文化相融合，形成了比唐代以后取经僧孙悟空形象更多的中原文化特色。是耶非耶，尚有待进一步考证。

4. 结论

总而言之，孙悟空艺术形象经历了由宋、金、西夏时代"白衣秀才"向元代手持生金棍的猴王形象的转变，这种转变当与当时社会环境的变化息息相关；孙悟空艺术形象的原形应来自印度教之哈奴曼，后传入中国，与中原佛教相交融，并越来越多地被赋予中华传统文化的内容，形成了独具特色的孙悟空艺术形象；中国传统文化中的无支祁不具备孙悟空神变奋迅的特点，"僧伽降无支祁"组像也与中国历史上流行的《唐僧取经图》找不到相同点，甚至差异很大，说明孙悟空的艺术形象与无支祁并没有多少干系。

실크로드의 시각에서 본 전기법*
: 《사집史集》의 편찬을 중심으로

丝路视阈下的传记法：以《史集》的修撰为核心

추장닝邱江宁

1300年，受伊利汗国(又称伊利汗国)第七代统治者合赞汗(Ghazan Khan Mahmud, 1271~1304)之命，伊利汗国宰相拉施特(Rashīd al-Dīn Fazl Allāh Hamadānī, 1247~1318)开始编撰蒙古史。到1304年，合赞汗去世时，该著尚未完成，1307年修完《蒙古史》时，继任的合赞汗之弟完者都汗将其命名为《合赞之福运蒙古史》，并要求补写与蒙古有关的世界各地诸族的历史，撰写工作于1310~1311年暂告一段落。由于纳入了当时世界不同地区的文明史，此著最终定名为《史集》(Jāmiʻal-Tavārīkh) (Mongolian: Судрын чуулган, Arabic: جامع التواريخ)，语义为"诸史之集"。《史集》分为四编，第一编为《蒙古史》，第二编为《亚欧各国史》，第三编部为《世系谱》，第四编为《地理志》，是以蒙古帝国史为中心，内容包括13世纪的世界各民族史的世界集史。

作为一部反映十四世纪初世界历史认知面貌、史料价值极高的著作，《史集》的出现与完成具有前所未有的划时代意义，它是蒙古人征略世界、丝路畅通背景下，世界史诞生的直接产物和那个时代最典型

---

* 本文原发表于"2025年《传记学研究》创刊号"。

的标志性著作。基于《史集》对中世纪历史百科全书式的记载，学界从史料角度挖掘《史集》在民族学、宗教学、图像学等等领域的丰富意义，对于《史集》的传记学意义鲜有关注。而《史集》产生之初的历史平台、写作动机以及完成之际的写作理念和为有效成书所践行的写作路径，相对于此前单一文明视野的传记写作而言，又可以说是贡献了极富启示意义的传记法，即使在当下的传记法研究中亦不失其引领性意义。

1. 伊利汗国的来历与《史集》的诞生之因

《史集》作为一部反映13世纪世界集史的著作，为何产生于伊利汗国？伊利汗国在哪里？伊利汗国为《史集》的诞生准备了什么必要条件？

伊利汗国是由成吉思汗的孙子、蒙哥汗和忽必烈汗的弟弟旭烈兀(孛儿只斤·旭烈兀, Hülegü Khan1217~1265)建立的，其建立的背景与蒙古第三次西征以及大蒙古汗国的分裂直接相关。而伊利汗疆域所在区域的文化气氛为《史集》的撰修提供了非常优厚的文化基础。

1248年，拖雷家族与拔都等联手推举蒙哥为大汗。1251年，蒙哥汗即位之后，即命令旭烈兀"开藩西域，一切承制专决，授为叶尔堪"，所谓叶尔堪，据西域之制而来，其汗曰阿塔毕，次汗位一等则为叶尔堪。[1]《新元史》载，在贵由汗时期，蒙古人将西域分为角儿只和呼拉商东西两大部分，而蒙哥即位后将西域划为四部分，"曰呼拉商、马三德兰、义拉克、阿耳佩占，皆统于旭烈兀"。[2] 1252年，蒙哥以位处波斯的木剌夷凶悍无道，命旭烈兀为主帅征讨，蒙哥告谕旭烈兀云"木剌

---

1   [民国]柯劭忞撰, 张京华、黄曙辉点校《新元史》卷一〇八《太祖诸子·旭烈兀传》, 上海古籍出版社, 2018年, 第6册, 第2547页。

2   《新元史》卷一〇八《太祖诸子·旭烈兀传》, 第6册, 第2547页。

夷平后，即入伊拉克、罗耳、库儿特诸部，以劫蒙古商旅也。报达如来修好，勿拒绝；否则移兵代之”，在蒙哥汗的谕旨中，“意俟诸部平，尽畀旭烈兀为封地”，³ 是为蒙古第三次西征。旭烈兀于1256年率主力灭掉波斯的木剌夷国。1258年，攻陷报达(即巴格达)，报达的沦陷，意味着末代阿拉伯帝国的疆土尽归旭烈兀所率领的蒙古军。1259年，进攻叙利亚，连破阿勒颇、大马士革等城，兵锋直抵加沙。

1259年8月，蒙哥汗在攻宋过程中身亡，旭烈兀从西征战场撤回，第三次西征就此停止。而蒙古汗国又因忽必烈与阿里不哥的争汗之战陷入分裂，旭烈兀选择支持忽必烈为大汗，遂得到忽必烈大汗的认可，建立伊利汗国(Il-qan ulus, 蒙古语Hülegü-yn Ulus, 1256~1335年)，“Il”，突厥语“从属”之意，“伊利汗”(或称“伊儿汗”“伊而汗”)即“从属的汗”。《新元史》载：“至元元年(1264)，世祖遣使者册封旭烈兀为伊而汗，自阿母河至西里亚，益兵三万戍之。……旭烈兀封地南界印度洋，西南界阿剌伯河，东北界察合台、术赤分地”。⁴ 由此而言，伊利汗国的疆域从阿姆河和印度河一直延伸到西边的小亚细亚地区，南从波斯湾到北边的高加索山脉，确切而言，伊利汗国领土包含今伊朗、伊拉克、叙利亚、土库曼斯坦、塔吉克斯坦、部分巴基斯坦、俄罗斯、阿富汗等地。且在其鼎盛时期，罗姆苏丹国(土耳其前身)、格鲁吉亚王国、亚美尼亚王国和东罗马帝国亦俯首称臣，可以说，伊利汗国在历史上第一次实现了“大伊朗”的概念。

相比于同时期的掌管东亚区域的忽必烈所建立的元朝，占领中亚的察哈台汗国，盘踞东欧和北亚的钦察汗国，伊利汗国所横跨的疆域范围涵扩传统时代东、西方之间的贸易通道，而昔日的巴比伦、阿卡

3　《新元史》卷一〇八《太祖诸子·旭烈兀传》第6册，第2547页。

4　《新元史》卷一〇八《太祖诸子·旭烈兀传》，第6册，第2552~2553页。

德、亚述、赫梯、吕底、波斯等上古文明都在伊利汗国版图之内。被旭烈兀攻陷的阿拔斯王朝，底蕴深厚的波斯文化融入璀璨的阿拉伯伊斯兰文化之中，成就斐然。而东北部的呼罗珊(Khurasan)成为此间波斯文化复兴的摇篮，中亚城市布哈拉、撒马尔罕和花剌子模又可谓此间波斯文化的三大中心。如志费尼介绍：呼罗珊，处于中亚与西亚、南亚的交界区域，旧称"霍拉桑"，意为"太阳升起的地方"。在旭烈兀时期，呼罗珊分为四城区：巴里黑、马鲁、也里和你沙不儿，是一个遍地富庶的世界，[5]包括今伊朗东北部、阿富汗和土库曼斯坦大部、塔吉克斯坦全部、乌兹别克斯坦东半部的吉尔吉斯斯坦小部分各一部分地区。其中，位于呼罗珊东北部的你沙不儿更是丝路贸易的中心，尤其富庶精致："如果大地可跟天空相比，那么，州邑像它的星星，而在群星中，你沙不儿又像星空的金星。如果大地像人体，那么，你沙不儿以它的精美质地，好像瞳孔……倘若地上有天堂，那天堂就是你沙不儿，若它不是天堂，那就根本没有天堂"。[6]而旭烈兀所攻取阿拔斯王朝的首都报达，如《西使记》所指出，"南北二千里"，其富庶程度，乃为西域之冠，其政治地位又为"诸胡之祖，故诸胡皆臣服"，[7]等等。

更值得一提的是，在13世纪阿拔斯王朝被攻陷之前，前期经历过长达百余年之久的翻译运动，阿拉伯人将先于伊斯兰文明的希腊文明、波斯文明和印度文明的智慧内容大量地翻译成阿拉伯文。而阿拔斯王朝又堪称阿拉伯翻译运动的黄金时期，优秀的翻译家们将希腊语、古叙利亚语、波斯语、梵语、希伯来语以及奈伯特语等语言的天文学、

5　〔伊朗〕志费尼著，何高济译，翁独健校订《世界征服者史》第一部"拖雷征服呼罗珊简述"，内蒙古人民出版社，1980年，第179页。

6　《世界征服者史》第一部"你沙不儿的遭遇"，第200页。

7　〔元〕刘郁著，顾宏义、李文标校《西使记》，上海书店出版社，2013年，第148页。

医学、几何学、哲学、数学以及文学艺术的经典作品翻译成阿拉伯语。广泛而持久的翻译运动不仅使得非伊斯兰教的其他文化逐渐植根于阿拔斯统治的世界，更使得浸润其间的穆斯林学者得以博采众长、获得了良好的学术训练和视野熏陶。[8]

　　置身于文明气息如此丰厚而深沉的帝国，蒙古统治者也被多元知识氛围所熏染，《史集》载伊利汗国的开国者旭烈兀云："特别喜爱大兴土木"，"尽心竭力地把天文台[建造]完毕""很爱知识，鼓励学者们展开学术辩论，并给他们规定了一定的薪俸，他在学者贤士们在场时装饰自己的宫廷"。[9]而授意编撰《史集》的合赞汗，《史集》记述他是一个知识渊博，明理好学的君王："喜欢跟优秀的学者和明理的人群谈话"[10]"在有各种各样学者、哲人出席的小团体和聚会上，所有的人都对他提出的问题感到非常惊讶"。[11]　接任合赞汗的完者都汗也是"经常留心各种学问，爱读各方面的记述和历史，以其大部分宝贵时间消磨于获致各类学术和美德"。[12]可以说，蒙古人三次西征所形成的陆上丝路开拓成果在伊利汗国得到了最大程度的体现，伊朗儿汗国统治者们对文化和思想的包容态度以及对具有各种信仰的学者们的重视，为伊利汗国诞生《史集》这样具有世界意识的诸史之集著作奠定了很切实的基础。

8　哈全安《伊朗通史》，上海社会科学出版社，2020年，第101页。

9　〔伊朗〕拉施特著，余大钧、周建奇译《史集》第三卷，商务印书馆，1986年，第3册，第94～95页。

10　《史集》第三卷，第3册，第352页。

11　《史集》第三卷，第3册，第353页。

12　《史集》序言，第1册，第90页。

2. 伊利汗国大汗的述求与《史集》以蒙古人为中心的世界史撰修

为何伊利汗国会在合赞汗与完者都汗时代修撰《史集》一部以蒙古人为中心的世界史？作为第一部世界史，《史集》在内容上有怎样的突破？对传记法而言具有怎样的意义？

合赞汗的政治困境与关于蒙古人历史的《史集》撰修缘起。如开篇所述，合赞汗是伊利汗的第七位大汗，而其汗位的获得却并非顺理成章、一帆风顺。1291年，合赞的父亲、第四代伊利汗国大汗阿鲁浑突然去世，阿鲁浑的弟弟乞合都(又称海合都)、堂弟拜都(旭烈兀第五子塔刺海之子)以及儿子合赞三人都有权争夺汗位，性格威严的合赞首先被汰出，乞合都于1291年7月年即位，成为伊利汗国第五位大汗。乞合都因为强制通行纸钞，人民不接受，导致"贸易和征收关税完全停止"，[13] 1295年4月，被权臣谋杀，拜都被奉为汗，成为伊利汗国第六位大汗。拜都奉信基督教引起穆斯林的不满，为夺取汗位，合赞改信伊斯兰教。《史集》载，694年八月初(1295年6月下半月)，合赞和全体异密[14] 们"承认了唯一的真主，他们全都成了伊斯兰教徒"。[15] 在穆斯林们的支持下，合赞于1295年10月4日处死拜都，11月3日登基为汗。

合赞成为大汗对《史集》的修撰意义非常明显。一方面，合赞汗为夺取汗位和巩固统治，通过全面伊斯兰化的方式获得本土势力的支持。而在伊斯兰教教义中，每个人都要"详悉自己祖先的子孙"。拉施特在序言中交代说："[安拉之]友亚伯拉罕有遗嘱告诉子孙，要他们世世代代完整地记住自己后裔和部落的系谱"[16] 这样，合赞在即位五年之

13　《史集》第三卷，第3册，第228页。

14　按：异密，emir，指汗廷的行政官员，也就是世俗权力的掌握者，大致相当于宰相，也有类似于蒙古人的"达鲁花赤"(掌印者，民政官、断事官)的概念。

15　《史集》第三卷，第3册，第278页。

际，1300年，授意拉施特"整理一切有关蒙古起源的史籍，与蒙古有亲属关系的突厥诸部的世系，以及有关他们的零散事迹和记述"，[17] 以编撰一部详细的蒙古历史传诸后世。

另一方面，从1253年旭烈兀率领蒙古大军第三次西征，到1258年在西亚大地上建立伊利汗国，再到合赞汗在伊利汗国全面推行伊斯兰教，蒙古人远离自己的故土已数十年，而距离成吉思汗建立大蒙古国，率领蒙古人第一次西征也有八、九十年。生活在伊利汗国的蒙古人正逐渐忘记自己的族群起源和族群来历，也不能弄清楚自己为何会在"伊朗之地"上生活，更无法梳理明白伊利汗国与东方的宗主国"大元兀鲁思[18]"以及其他的汗国之间的关系。事实上，合赞汗在实际行为和内心深切认同自己的蒙古人身份，[19] 他推动撰修《史集》的深切动机，是与当年成吉思汗征服世界，留在世界上从东到西，从南到北每个地方上的蒙古人建立联系，"希望居住在伊朗的自己的臣民们能够了解到他们自己所享受的光荣和富贵直接源于旭烈兀、源于他们所连接的蒙古血脉"。[20]

无论是出于对伊斯兰教义的遵循还是出于对自己蒙古血脉的追溯，

16　《史集》序言，第1册，第107~108页。

17　《史集》序言，余大钧译，第1册，第115页。

18　按：兀鲁思，ulus，蒙古语音译，亦作兀鲁昔、兀鲁孙等。原意为"百姓"，随着蒙古部族、民族、国家的产生，也表示部族、民族联合体，并有了国家的含义。成吉思汗立国，称号是"也客蒙古兀鲁思"，也这就是大蒙古国的意思。

19　按：《史集》中有一段关于1300年合赞汗攻陷叙利亚的大马士革城时的描述很能说明问题："大马士革居民准备(为君王)效劳，求庇于君王强大的荫护下。伊斯兰君王问他们：'我是谁？'他们全体扬声说道：'成吉思汗之子拖雷之子旭烈兀之子阿八哈之子阿鲁浑汗的儿子合赞大王。'接着，(合赞汗)又问道：'谁是纳昔儿的父亲？'所有的人都默不作声了。所有的人都明白了，这个家族的登上王位是偶然的，而不是合法的，所有的人都是伊斯兰君王的祖先的著名后裔的臣民。"《史集》第三卷，第3册，第314页。

20　〔日〕杉山正明著，孙越译、邵建国校《蒙古帝国的兴亡》"序言"，社会科学文献出版社，2015年，第2~3页。

合赞汗立意编撰一部关于蒙古族群起源、世系历史的做法，对于传记学而言，具有开启性的重要意义。相比而言，中国历史之父、公元前2世纪百科全书式的史学著作《史记》，"网罗天下放失旧闻，考之行事，稽其成败兴坏之理"，其撰写目的是为"究天人之际，通古今之变，成一家之言"。[21] 而《史集》与《史记》最大的不同在于它以民族志的方式记录"成吉思汗家族的产生情况，并以书面记载其编年史迹以及(成吉思汗家族所辖)各部落分支"。[22]《史记》作为为中国历代史书"立则发凡"的开创式著作，它的叙述中心是正统中原王朝的历代迁变，它以历朝皇帝的活动作为本纪内容，纲纪全篇，再辅之以表、书、世家、列传等体裁为纬，通过王侯将相、各行业内领袖或重要代表人物的传记，将一个王朝的基本面貌勾勒出来，其核心关注点在于相对封闭且单一的汉族统治的中原王朝天下的兴衰成败。尽管，《史记》中也对中原周边各部落、王朝有所关注和记述，并体现为《匈奴列传》《南越列传》《东越列传》《朝鲜列传》《西南夷列传》等传记，但其意图主要在于关注这些周边族群与中原王朝的关系。严格说来，合赞汗让拉施特所做的工作，记述"成吉思汗及其家族(后来的)列祖列宗、子孙后代(享有一切)尊荣之资之易和国门的大启以及国事的进展，乃至本朝之兴隆"，[23]似乎也带有一朝一氏的书写特征，但其核心关注点却是以蒙古人为中心的各个部落的起源追溯。拉施特表述道：

　　因为他们(蒙古人)之中的一个民族，自古以来以突厥之名著称，其住所和驻扎地为起自质浑河(阿母河)和昔浑河(锡尔河)以迄东方地区极边，

21　[汉]班固《汉书》卷六二《司马迁传》，中华书局，1962年，第2735页。

22　《史集》第一卷，第1册，第112页。

23　《史集》第一卷，第1册，第112页。

以及起自钦察草原以迄女真、乞台极边的广阔地区上，他们生活在这些地方的山岭、山隰和平原上，没有定居于城镇的习惯，(但)在有关他们生活的古代史籍中，缺乏充分的记载，在某些书中，仅录有其中的一鳞半爪；在未曾详尽研究有关他们，他们的遗迹的记载以及他们的传说的真实情况之前，专家们并不认为(这一切是充分的)，尽管突厥和蒙古各部落和分支彼此相似，最初的称号也都相同，但蒙古人是突厥人的一种，他们之间有很大的差别。[24]

这段话虽然讨论的是蒙古人的族群起源和活动区域，但从整个人类的发展历程来看，任何一个王朝、国家都是由各类人群藉由历史聚集演变而成的多元复合体，中国没有例外，伊利汗国也是如此。而各个人群最初的起源和生存现场也往往都在那些极边区域，缺乏充分的文献记载，人们对其认知也模糊不清。相比于《史记》所确立的着眼于大一统王朝兴衰成败的宏观性、概述性、系统性表达原则，《史集》围绕蒙古人而进行的族群、部落起源及其生活方式的追溯，在试图回答合赞汗的问题：我们是谁，我们从哪里来，我们怎么在居住在伊朗大地上，我们和元朝兀鲁思有什么关系？实际也更具有与现代人类学、民族志、微观社会学等学科探究相呼应的萌芽气象，对于传记写作而言，可以说是为一向浸淫于社会维度的写作路径开辟出了新空间，为传主行为模式和思维逻辑的探究提供了颇具质地和深度的写作方向。

《史集》的开篇是从突厥民族出现于历史舞台开启：

从古到今一直被称为突厥的各民族也完全一样，他们住在草原地带，住在钦察草原、斡罗思、撒耳柯思……他们用武力、权势和征战，扩张到了中国、印度、客什米儿、伊朗、鲁木、叙利亚和埃及等地区，征服了世界

24　《史集》第一卷，第1册，第114页。

上有人烟地区的大部分国家。久而久之，这些民族逐渐分衍成许多氏族，在各个时代，从各个支系中产生出(新的)支系，每个支系都以一定的缘故，获得自己的名称：如现今基本上被称为突厥蛮的乌古思人，他们就分为钦察、合剌赤、康里、哈剌鲁以及其他所属诸部落；如现今以蒙古人之名著称的诸民族，即扎剌亦儿、塔塔儿、斡亦剌惕、蔑儿乞惕等等。[25]

《史集》是从族群源起开启叙述，第一部第一卷题为"概述突厥各民族兴起的传说及其分为各部落的情形，以及各民族祖先生平的详情"，[26] 全书从讲述突厥各民族所住某些地域的疆界，如何分衍为各部落的，以及各民族祖先在其共同道路上的生活详情，以及有关其中为世人所知的突厥民族各分支称号的详情，[27] 再进展到讲述成吉思汗的生平，其叙述的序列是由突厥族群到各分支部落再到领袖生平的方式。而在叙述领袖成吉思汗的时候，又是从其祖先生平开始传记，再逐渐进展到成吉思汗的出生、成长和发迹的，叙述也是由大的部落群体到个体英雄活动的先后展开模式。这和《史记》的传记理念很不相同。《史记》的开篇为《五帝本纪》，是从黄帝出现的传说，叙述黄帝及其衍生出的各子孙后代的王朝历史。作为汉武帝时代的精英学者，司马迁秉承"独尊儒术"的时代风气，以黄帝到汉武帝这三千年王道运行的历史进程为中轴，载记炎黄子孙为中心的天下事迹。在传记写作视角的选择上，《史集》趋于微观却又人类志、民族志的立场，而《史记》更倾向于宏观但又区域天下志、王朝书写的立场。

完者都汗的述求与《史集》成为诸史之集的缘由。1304年，合赞汗去世，《史集》尚未完成。接续合赞汗位置的是其弟弟完者都。但《史集》

25　《史集》第一卷，第1册，第121～122页。

26　《史集》第一卷，第1册，第119页。

27　《史集》第一卷，第1册，第96页。

的各部分，"或曾以原稿，或曾以缮本进呈御览"，完者都汗下令"[将此书进行]彻底修改整理"。在阅读并订正初稿之书后，完者都汗下令继续补写与蒙古有关的世界各地诸族的历史。

完者都汗的编撰述求和理念被拉施特在《史集》总序中载录出来：

迄今为止，过去任何时代均未创作过一部包括世界各族人民事迹和传说，并[记载]人类各阶层(sinf)的历史；而我国也无册籍记载其他国家和城市；加之过去的任何君主均未[在这方面]显示探究[的愿望]；现在……世界各国及人烟稠密地区的各隅，均已为成吉思汗氏族所统辖，[属于]各种信仰和民族的贤人、占星家、学者和史家，如华北和华南[乞台和摩至那]人、印度和客失米儿人、吐蕃和畏兀儿人，以及其他民族如突厥、阿拉伯、富浪人等，[全都]群集侍奉于如天[般威严崇高]的陛下，其中每个民族都有本民族的历史、传说和信仰；我们的辉耀普世的智慧，得以获悉其中之一二，并得出如下结论——必须根据各民族历史和传说的详情，以我们神圣的名义，编写一部将事情的要点概括无遗的简明[通史]纲要，分为两卷，并以《速瓦儿·阿喀里木》和《马撒里克·马马里克》作为附录，如此编成的书是无与伦比的。鉴于各[民族]历史的汇集有此良机，编写一部为任何国君统治时所未曾有过的典籍已属可能，应无所迟延地加以完成，以使[我们的]声名因此而长存。[28]

从完者都汗的意图来看，他认为此前的任何时代都没有产生过一部包括"世界各族人民事迹和传说"，并记载"人类各阶层的历史"，也没有任何君王对这样的世界史有编撰的述求。而在他看来，成吉思汗及其黄金家族所统辖的地方已经包括世界各国以及人烟稠密的各个地

28　《史集》第一卷，第1册，第90～91页。

区，全世界有着各种信仰和民族的贤人、占星家、学者和史家，无论是中国华北和华南[乞台和摩至那]人、印度和客失米儿人、吐蕃和畏兀儿人，以及其他民族如突厥、阿拉伯、富浪人等等，都是成吉思汗家族及其后裔的臣民。他本人又是一个"留心各种学问，爱读各方面的记述和历史"的人，[29] 所以他希望拉施特关于蒙古人历史的著作能够将世界"每个民族都有本民族的历史、传说和信仰"都涵盖进去。

就传记学的视角而言，完者都汗期望藉《史集》的编撰实现对世界所有民族历史、传说和信仰的载记述求，虽然属于前所未有的愿望，但值得注意的是，公元前五世纪古希腊"历史之父"希罗多德的《历史》在追述波斯与希腊诸城邦之间战争的历史之际，已经具有世界历史的萌芽视角，将其时作者能认知到的国家和民族的历史视作整体历史的一部分，对周边埃及、巴比伦、叙利亚等近20个国家和地区的政治、经济、宗教、民俗、文化等方面的情况皆有所涉及。区别而言，《史集》的意图在于以世界为对象进行历史描述，所以它最终成为"诸史之集"，而《历史》的意图在于将世界作为背景进行叙述的，相当程度而言，希罗多德的《历史》和司马迁的《史记》都是以本民族的正统、正义性为中心，旁及周边世界的叙述，他们的世界意识和世界性是建立在单一民族的区域性视角基础上的。

综合上论，蒙古人"没有取得科技突破，没有建立新的宗教，也鲜有著作或剧作问世，也没有给世界带来新的农作物或农业方法。他们自己的工匠不能织布、冶炼、制陶，甚至不会烘烤面包。他们不会制瓷做陶，不会绘画，也不会盖房子"。[30] 但更值得注意的是，蒙古人虽然

---

29 《史集》序言，第1册，第90页。

30 [美]杰克·威泽弗德著，温海清、姚建根译《成吉思汗与今日世界之形成》"导言"，重庆出版社，2017年，第41～42页。

没有创造任何物质的或者精神的产品，但他们却用他们的包容与冷静让传记的写作具有民族志和世界志的维度。诚如志费尼在《世界征服者史》中所记载："因为不信宗教，不崇奉教义，所以，他没有偏见，不舍一种而取另一种，也不尊此而抑彼；不如说，他尊敬的是各教中有学识的、虔诚的人，认识到这样做是通往真主宫廷的途径"；[31] 即使蒙古人可能"选择一种宗教，但大多不露任何宗教狂热，不违背成吉思汗的札撒，也就是说，对各教一视同仁，不分彼此"。[32] 更确定地说，基于蒙古人打通13世纪亚欧海陆丝路背景下产生的《史集》，在世界文明的区域性、单一性被彻底改变之后，单一视角的书写历史也由此被彻底改变。

3.《史集》书写路径对于传记学的意义

作为《史集》的主编，拉施特具有怎样的素养？他为《史集》的撰修赋予了什么理念？对于传记学的书写路径而言，拉施特贡献了什么有意义的内容？

《史集》在修完呈递给完者都汗御览，完者都汗作出这样的评价道：

迄今的各种口头传说和记载中，可能有所夸大或缩小，他们(作者们)的辩解正与尔所言者相同，无论如何，尔亦当以此见谅。(蒙古民族的)全部事迹及其起源的解释，自成吉思汗时代口头流传迄于今日者，为本(书编纂之)总旨，此于吾人大有裨益；凡(此)一切均属正确无疑，任何人皆无可非议，此类事迹，既未为任何他人笔之于书，亦未载入史

31　《世界征服者史》第一部第二章"成吉思汗制定的律令和他兴起后颁布的札撒"，第28页。

32　《世界征服者史》第一部第二章"成吉思汗制定的律令和他兴起后颁布的札撒"，第28～29页。

乘。熟悉(史)事，(民间)传说和有关一切细节者，均将赞同于此，不致有所非议。而较此书所记更为正确，更为翔实，更为明晰者，迄今犹未有也。[33]

完者都汗认为到《史集》为止，没有一部著作能够在历史的描述和细节的呈现方面比《史集》更加正确、翔实、明晰地将蒙古民族的起源解释清楚，而这对于任何阅读的人来说，都是大有裨益的。而如前所引述，蒙古民族没有定居城镇的习惯，他们住在远离城镇和人烟密集的草原山岭、山隘和平原上，没有自己的文字，文明社会中的著述对他们的生活缺乏充分的记载，对他们的遗迹记载或者传说也往往是一鳞半爪，或者不真实，或者很不充分。因此，拉施特的《史集》能做到让蒙古民族的后裔也认为它对于蒙古民族族源关系、社会生活、风尚、习惯以及传说的载记是正确、翔实、明晰的，那么他在撰修之际的实现路径就非常让人有一探究竟的意图，更重要的是，拉施特《史集》的写作路径对于传记学具有很大的启发意义。根据拉施特在序言中的表述以及《史集》自身的呈现，它的传记学意义大致体现为以下三个方面。

其一，多语料传说及文献的追踪。为追求对蒙古民族及其他相关民族客观、确切的载记，拉施特突破了此前伊斯兰史家忽略非穆斯林民族历史的撰写原则，[34]以沉浸式的文献追踪态度对世界多语材料进行搜集。拉施特在序言中表示，完者都汗要求对成吉思汗统治的全世界各民族的历史、传说和信仰都进行调查，获悉其详情，然后再对获悉的详情进行要点概括无遗的简明纲要表述。为了奉行圣旨，他对成吉思

---

33 《史集》第一卷，第1册，第95页。

34 按：此前伊斯兰史家将伊斯兰教以前时代的世界历史看作穆罕默德的先行者的历史，而伊斯兰教纪元后世界的历史仅被看作伊斯兰世界各国的历史，非穆斯林民族的历史则被忽略无视。[苏联]彼特鲁舍夫斯基《拉施特及其历史著作》，《史集》第1册，第60页。

汗家族统辖的华北和华南[乞台和摩至那]人、印度和客失米儿人、吐蕃和畏兀儿人，以及其他民族如突厥、阿拉伯、富浪人等等民族的所有学者和权威人士进行了周咨博询，并从古籍中作了摘录。[35]

诚如拉施特的清醒认知，对于传记而言，它的写作实际面临了和拉施特撰修《史集》一样多的难题：一、世界上有如此繁多的民族，时间如此漫长的历史，二、每人所述，不是承袭而来的，便是通过传闻的途径听得的，无论口口次第相传的说法或者转述的说法，绝不可能完全可信，而且记述者在其叙述中随心所欲地加以增减的情况也很多；三、几乎共通的是，人类社会各种族、各民族，都从自己的信念出发，在任何情况下都可能偏爱自己的信念，对自己观点的正确性难免夸大，等等。基于种种分歧之源，拉施特认为，史学家的职责就在于，"将各民族的记载传闻，按照他们在书籍中所载和口头所述的原意，从该民族通行的书籍和(该民族)显贵人物的言词中采取出来，加以转述。(所述正确与否，正如阿拉伯语所说)责任'在于转述者'。"[36] 为了实现转述者在表达上更为正确、翔实、明晰的结果，拉施特的做法是，对于"各民族口头传说和故事中所保存的一切，必须予以尊重"，他认为，史学家如果"在记述时，随心所欲地作了某些更改，那末，(他的记载)就是绝对无根据和不正确的"。为了保证《史集》记述的确实性，拉施特说《史集》对所有的各民族著名书籍中的记载、家喻户晓的口头传说以及各民族的权威学者、贤人按自己观点所述的内容"均未作任何变更、改写和妄自修改，而为各民族著名书籍中所见的记载。"[37] 拉施特在《史集》之际，就"聘请各民族学者参加纂修，并尽可能对由此获得的资料

---

35 《史集》第一卷，第1册，第90～91页。
36 《史集》第一卷，第1册，第93页。
37 《史集》第一卷，第1册，第93～94页。

进行考证审核"。[38] 事实上，位于自古即为东西方丝绸之路大交通枢纽的伊利汗国，具有非常天然的多语环境；提议撰修《史集》的合赞汗"懂得蒙古语、阿拉伯语、波斯语、印度语、客什米尔语、藏语、汉语、富浪语"[39] 等语言；拉施特可能懂得波斯文、阿拉伯文、蒙文、突厥文、希伯来文和汉文等多种语言，在具体撰写过程中，还动用了从蒙古统治范围内各文明圈招来的不同人种、操不同语言的学者和知识分子。

尽管拉施特撰修《史集》要付出的努力非常大、代价非常高，某种程度而言，也是极难以企及的，但对于传记学而言，他对待民族传记撰修而确立的正确、翔实、明晰的表述原则，并为实现这一原则而追踪多语料文献，并且在考证审核的基础上尊重各民族一切书籍记载和口头传说中所保存的一切，这个立场是非常值得尊重和遵循的。

其二，口述历史手段的参用。《史集》的修撰参考了当时波斯、阿拉伯文有关著作如《突厥语词典》《世界征服者史》，伊本·艾西尔所著《历史大全》外，还参阅了伊儿汗宫廷所藏《金册》(据拉施特说这是蒙古人和突厥人逐代用蒙语、蒙文记录，但尚未汇集整理、以零散篇章形式保存，且密不外宣的信史)、《蒙古秘史》)，动用了各种各样的资料为素材进行编纂，包括蒙古帝室传来的《黄金秘册》以及蒙古各部族集团所保存的传说和古老记录、世系谱等口传、记述内容以及从伊朗、图兰、埃及、大马士革、罗马、中国和印度等地搜集来的关于科学、历史等各方面知识的手稿，等等。在多语文献资料的掌握上可以说实现了13世纪关于世界历史记录的集大成。但拉施特对此并不满足，他在考订和审核过程中，还是会发现这些文献有互相矛盾的地方，以此，他在《史集》的具体撰写过程中，大大加强了口述历史手段的使用。

38　《史集》第一卷，第1册，第100页。

39　《史集》第三卷，第3册，第354页。

　　值得注意的是，伊斯兰文化特别重视家族和血缘关系的传承，而家族史和谱牒学的构建尤其不能忽略的是一些家族和部落历史、人物和事件的口口相传。应该说，伊斯兰史学家非常习惯通过口述方式收集和整理历史资料，甚至将其视作第一手资料，用以与文本文献进行对勘、考订等，以提升历史记载的确切性。在《史集》的撰修过程中，拉施特对于口述历史手段的参用极为频繁且意义明显。这可能要首先归因于合赞汗在其中的重要性。拉施特在《史集》中指出，合赞汗对蒙古民族历史事迹非常熟稔：

　　非常详细地了解很受蒙古人尊敬的蒙古族历史，非常详细地知道父辈、祖辈和男女亲族们的名字，古今各地蒙古异密(王公大臣)们的名字，并且详细知道[其中]每个人系谱的大部分。

　　他知道古代以迄于今的算端，蔑力们的一切癖性、习惯、规距，即每个人在作战、宴饮、愉悦或不快时的习惯，衣、食、骑马的习惯，也知道他们的其他情况以及他们的现状。他曾把这一切详细地讲给各民族的代表们听，他们都感到非常惊讶。[40]

　　拉施特在《史集》中用了最长的篇幅来撰写《合赞汗传》，对合赞汗各个方面的政策制度以及合赞汗个人的才能、素养，生活中的各类细节，都努力载记和表述，为此他不仅向合赞汗经常请教，更利用职务之便采访合赞身边的侍从。《史集》极力夸誉合赞汗本人的蒙古民族知识，夸誉他对于《史集》撰写的助力。除了合赞汗之外，拉施特采访和请教的对象，如他所描述有"中国(khitai)、印度(hind)、畏兀儿、钦察等民族的学者贤人及贵人"，"尤其要请教统率伊利、土兰军旅的大异密、世界各国的领导者孛罗丞相"，还有那些"国内贤人以及各阶层学

40　《史集》第三卷，第3册，第354页。

者、史家"等等。[41] 就蒙古民族传记的书写而言，拉施特通过口述历史手段的使用是极有裨益的，它相当程度地填补了书面文献载记的空白，为那些不确切、自相矛盾的传说、他族记录提供了丰富和生动的内容，也无怪乎完者都汗阅过之后，称赞《史集》是迄今为止、前所未有的关于蒙古民族及其他突厥民族最正确、翔实、明晰的记录。

其三，辅以插图的表现手段。插图可以用生动具体的形象弥补文字难以传递的信息。作为"人类第一本真正的世界史"，《史集》在编撰之际尽管整合了世界量级的人力、物力和智慧资源，但仅仅只有文字的表述，依然很难将所见所闻穷形尽相地表达出来，为了更好地实现知识体系、传记情绪体验等内容的传达，《史集》大量使用插图，类型有人物肖像、地理图、历史事件图等，大约有3、4百幅，代表着13世纪末14世纪初波斯细密画的最高水平。[42] 客观而言，插图本身就具有很强的言说功能和历史承载意义，对于多元文化的交流，和多元知识体系的承载是极有意义的媒介。

"传者，传也。记载事迹以传于后世也"，[43] 传记所包容、载记的内容应该是一代之中的所有典章文物法度纪纲等等内容，它可以通过英雄、领袖等显赫者作为载体表达，也可以借助些小之人或物进行表

---

41 《史集》"序言"，第1册，第117页。

42 F. R. Martin, *The Miniature Painting and Painters of Persia, India and Turkey from the Eighth to the Eighteenth Century*, vol.1, 1912, pp.16~22. MS727号抄本(藏于伦敦纳瑟尔·D.哈利利伊斯兰艺术收藏)是现存最早的一部阿拉伯语《史集》插图本，但只有60幅单页存世，并配有100幅插图，能够忠实地反映拉施特本人的意图与设计。MS Hazine1653(收藏于伊斯坦布尔托普卡普宫图书馆)和MS Hazine 1654号抄本((收藏于伊斯坦布尔托普卡普宫图书馆)则是现存最早、最完整的两部波斯语《史集》插图本，分别保存435和350幅单页。见潘桑柔《古史的形象：拉施特《史集·中国史》帝王插图来源考》，李军主编《跨文化美术史年鉴》。

43 [明]徐师曾《文体明辨序》，《四库全书存目丛书》集部第310册，影印明万历建阳游榕铜活字印本，齐鲁书社，1997年，第359页。

述，而其传载的方式和手段，如南宋郑樵《通志》所云，应该是图与书并存。郑樵指出道："河出图，天地有自然之象。洛出书，天地有自然之理。天地出此二物以示圣人，使百代宪章必本于此而不可偏废者也。图，经也。书，纬也。一经一纬，相错而成文。图，植物也。书，动物也。一动一植，相须而成变化。见书不见图，闻其声不见其形；见图不见书，见其人不闻其语。图至约也，书至博也，即图而求易，即书而求难"。[44]　郑樵认为"图谱之学"乃"学术之大者"，一代之中得其真谛者往往只有一二人，而这一二人"实一代典章文物法度纪纲之盟主也"，[45]如郑樵所论定，《史集》对于插图的大量使用也相当程度地表明其主编拉施特堪为13世纪世界典章文物法度纲纪之盟主，而《史集》也可以说因此给传记学领域留下了极有意义的写作示范。

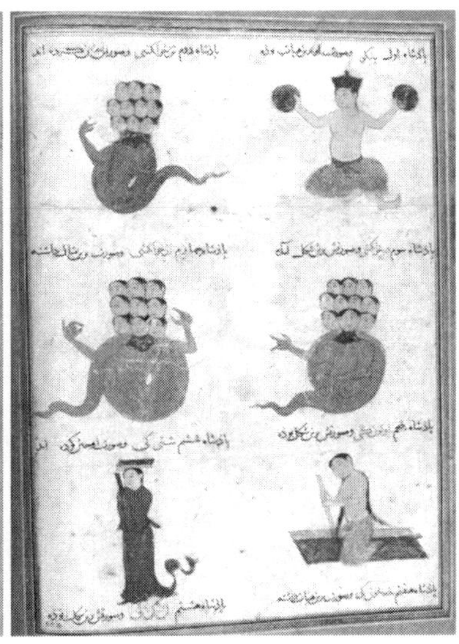

左图: MS Hazine 1653号抄本中的盘古(第一行右起第一位)
右图: MS Hazine 1654号抄本中的盘古(第一行右起第一位)[46]

44　[南宋]郑樵著，王树民点校《通志二十略·图谱略·索象》，中华书局，1995年，第1825页。
45　《通志二十略·图谱略·原学》，第1828、1827页。

图左: 《朱尔吉斯因拒绝皈依而遭摩苏尔国王折磨》(局部), MS. Or 20号抄本, 第24r页
图右: 《汉王游云梦擒韩信》中汉王"外推"的手势, 《新刊全相平话·前汉书续集》插图, 日
　　本内阁文库[47]

　　值得指出的是, 在《史集》大量使用插图的时代, 伊利汗国的大不里
士画派在伊利汗国国君及贵族们的支持下, 推动着波斯细密画走向成
熟, 并在1330年出现代表大不里士画派成熟标志的作品——大型历史
画册"大蒙古《列王纪》", 原画册有280页分为两册, 其中有190张插
图。[48] 有意思的是, 这个时期, 元朝进入插图表达的全盛时期。就宗
教版图而言, 元代完成的《碛砂藏》(全称《平江府碛砂延圣院大藏经》), 扉
画严整工丽, 较宋刻优秀很多；中国不少品类的书籍插图, 也是在元
代才开始出现的, 如元英宗至治时期(1321～1323)的《全相平话五种》是

<hr>

46　潘桑柔《拉施特〈〈史集·中国史〉帝王插图来源考〉》(上), 李军主编《跨文化美术史年鉴
　　3: 古史的形象》, 山东美术出版社, 2022年。
47　潘桑柔《拉施特〈〈史集·中国史〉帝王插图来源考〉》(下), 李军主编《跨文化美术史年鉴
　　3: 古史的形象》, 山东美术出版社, 2022年。
48　穆宏燕《"蒙古大〈列王纪〉"波斯细密画走向成熟之作》, 《北方工业大学学报》, 2018年
　　第6期。

最早的平话刊本插图；元泰定年二年(1325年)的《事文广记》是最早的类书插图；元末明初刊刻的《新编校正西厢记》是现存最早的戏曲插图。[49] 尤其值得注意的是，在元朝英宗至治年间(1321~1323年)，元代市面上出现的全相平话。现藏于日本国立公文书馆内阁文库的《全相平话五种》包括《武王伐纣书》(别题《吕望兴周》)、《乐毅图齐七国春秋后集》、《秦并六国平话》(别题《秦始皇传》)、《续前汉书平话》(别题《前汉书续集》、《吕后斩韩信》)、《三国志平话》，均为上图下文，全相插图占版面约三分之一，每两页一图，即所谓"合页连图"，每帧图像均有小标题，五种平话共计246幅插图。[50]《史集》插图、大蒙古列王纪以及《全相平话五种》等大型插图书籍在丝绸之路的不同区域先后产生，让人不难意识到正是13世纪丝路文化交流的繁荣，推动产生了人类第一部世界《史集》的产生，而《史集》修撰过程中的世界性意识以及为实现世界史撰写而贡献的路径对于传记又具有颇为恒久的实践意义。

49　周心慧《谈中国古籍版刻插图艺术》，《善本古籍》，2025年9月6日，
　　https://mp.weixin.qq.com/s/oTu5srDXTMHX1JOjjdXLrw

50　李彦峰《论元代新刊全相平话五种之文图特征》，《中国美术研究》，2017年第3期。

실크로드 언어 접촉에서 어휘의 쌍방향 전이流動에 관한 연구
: 몇몇 서역 언어의 사례 분석을 중심으로

丝路语言接触下的词汇双向流动研究
: 基于若干西域语言的个案分析

아그신 알리예프Agshin Aliyev

1. 丝绸之路的开通

公元前138年，汉武帝派遣张骞出使西域，此后中原与西域诸国之间的交流日益频繁。随着丝绸之路的开通，中亚文化开始大规模传入中原地区。对当时的汉人而言，西域是一片全新的地域，不仅在语言、饮食、风俗与文化制度方面截然不同，更拥有诸多前所未闻、前所未见的奇花异木、珍禽异兽与奇珍异宝。当这些事物传入中原时，汉语中尚无相应词汇予以指称，因此汉人采取了多种方式对其进行表达。

直至17世纪，西方人仍普遍认为"契丹国"(Cathay)与一个世纪前葡萄牙人所抵达的"中国"(China)并无关联，甚至视其为两个不同的国家。在俄语及部分中亚语言中，至今仍以"Kitay""Khitay"等词指称中国。正如马可·波罗所述："当时波斯人、突厥人，有时也包括俄罗斯人，常前往Cathay。"

2. 丝绸之路上的词汇双向流动

丝绸之路开通后，大量源自西方的外来词汇涌入汉语体系。当时活跃于丝绸之路上的诸民族语言主要包括波斯语、阿拉伯语、突厥语族诸语(如土耳其语、阿塞拜疆语、哈萨克语等)，以及康居语等。其中，波斯语与阿拉伯语作为当时的优势语言，不仅对汉语产生了深远影响，也广泛影响了周边其他民族的语言。

1) 突厥语和汉语的丝绸之路之前的关系

汉语中存在部分源自突厥语族(Turkic)的词汇。事实上，在丝绸之路开通之前，汉语与突厥语之间便已存在接触关系。突厥语族包含数十种语言，古代中原居民曾吸收其中不少词汇进入汉语。

作为阿尔泰语系中最大的分支，突厥语族可细分为约40多种语言。该语族内部各语言之间具有较高的相似性，因而使用者大多可在无需翻译的情况下进行基本沟通。突厥语族的人口分布极为广泛，其语言区域西起东欧，东至西伯利亚与中国西部的新疆维吾尔自治区。在这40多种语言中，以土耳其语，阿塞拜疆语与乌兹别克语的使用人口最多。所有突厥语族语言均属黏着语，且普遍保留元音和谐规律。

由于母语为突厥语的人口长期与周边民族杂居，其语言界限往往难以严格划分：一方面，突厥诸语深受周边主要语言的影响，其中汉语、波斯语、俄语与阿拉伯语的影响尤为显著；另一方面，突厥语族诸语也反过来对周边民族语言产生了一定影响。

有学者提出，战国时期楚国诗人屈原的代表作《离骚》中部分词语可能源于古突厥语。岑仲勉(1961)曾指出以下若干词例，认为其与古突厥语同源：

"离骚": 篇名。岑氏认为是古突厥语"sola / sula"之倒置, 意为"楚锢、断绝", 后引申为"牢愁"。

"荃": 可读作"荪"。对应古突厥语"sun", 为敬语"您"。现代土耳其语中"你"为"sen", 阿塞拜疆语中为"sən", 而敬语"您"在两种语言中均为"siz"。

"灵": 对应古突厥语"ärinch（i）", 意为"的确、十分相像", 引申为"预言经验"。

"羌": 如《离骚》: "曰黄昏以为期兮, 羌中道而改路。""羌"意为"(您)为何"。对应古突厥语"qaiti"(经阴阳对转可为"kang"), 意为"何为、何时"。

"些": 如《招魂》: "魂兮归来, 东方不可以托些。"此为楚地语气词, 常用于宗教语境, 或反映楚文化底层。对应古突厥语"sa", 意为"(我、他)说"。

此外, 岑仲勉还指出"婵媛""犀比""蟋蟀"等18个词语亦可能与古突厥语同源。然而, 此观点并未得到学界普遍认同。至今, 这些词语的来源仍如《离骚》篇名一般充满未解之谜。我们部分赞同岑先生的看法, 认为《离骚》中部分词汇确有可能来自古突厥语。例如, 前述"荪"(sun)一词, 其形式与语义在现代突厥语(如土耳其语与阿塞拜疆语)中仍得以保留, 即"sen/sən", 意为"你"。

2) 匈奴语和汉语的丝绸之路之前的关系

首先需要厘清匈奴语的系属问题及匈奴民族的起源。关于匈奴与突厥的关系, 学界存在不同观点: 一种认为突厥是匈奴的后裔, 二者属同一民族; 另一种则认为匈奴与突厥是两个截然不同的民族, 其语言亦无亲缘关系。为探讨此问题, 我们首先从历史地理角度比较二者的区别:

(1)在先后击溃厌哒、契丹和契骨等部族后, 突厥汗国建立起一个疆域空前的游牧帝国。其领土范围东至辽海, 西达里海, 南抵戈壁, 北及贝加尔湖, 称雄塞外。此后的数个世纪里, 从南北朝分立到隋唐一统，突厥始终是中原王朝面临的主要外部威胁。；而匈奴则主要分布于大漠以北的广阔区域。

(2)突厥与中原王朝的较早接触发生于唐代；匈奴则早在秦代已屡次犯边。

(3)突厥可视为今天维吾尔族及部分中亚民族(包括西亚土耳其人和阿塞拜疆人)的主要祖先；而匈奴的后裔则主要为今天的蒙古族(这个说法有争议)。

(4)关于匈奴人的外貌特征，汉文史料的记载往往带有中原中心观的偏见。这些文献通常站在"华夷之辨"的立场，将匈奴等北方游牧民族描绘为"野蛮人"，其描述并非客观的体质人类学观察，而是当时政治文化语境下的一种"他者"建构。如头部硕大、眼窝深陷、眼睛细小、鼻子扁平、胡须稀疏，整体形象凶悍，且因长期骑射生活，体型比例表现为上身粗壮、腿部较短。而突厥人则被描述为身材高大匀称，脸型细长，鼻梁高挺，眼睛较大，胡须较长，气质较为儒雅，多数形象俊美。

需指出，上述外貌描述主要基于古代文献记载，带有一定主观性与文化偏见，未必准确反映实际情况。但有两点是可以肯定的：

(1)匈奴与突厥在历史、文化及语言上存在密切联系，很可能具有共同的族源。

(2)匈奴与中原王朝之间关系复杂，既有密切往来，也长期处于敌对状态，战争频繁。

关于匈奴语的系属问题，学界主要有以下几种观点：

(1)突厥语说：认为匈奴语属突厥语族。持此观点的学者包括法国的雷慕沙(Remusat)、克拉普罗特(Klaproth)，日本的白鸟库吉(1900年)，以及兰司铁(Ramstedt)、冯·加班(von Gabain)、普里察克(Pritsak)等。

(2)蒙古语说：认为匈奴语属蒙古语族。白鸟库吉(1923年后改变观点)

与法国伯希和(Pelliot)持此看法。

(3)混合语言说: 认为匈奴是由多民族组成的政治集团, 其语言也为多种语言的混合。如拉古佩里(Lacouperie)持此观点。

(4)叶尼塞语系说: 认为匈奴语属于古西伯利亚的叶尼塞语系(如羯语)。持此说的学者包括匈牙利李盖提(L. Ligeti)与加拿大汉学家蒲立本(E. Pulleyblank)。

本文不拟对上述观点进行深入考辨, 而将重点放在语言词汇关系的梳理上。以下列出据史有为考证, 可能在先秦两汉时期传入汉语的若干匈奴语词汇:

"胡": 用于指称类似中原事物但冠以"胡"字的外来名称。该词为匈奴自称, 是"匈(奴)"的另一种音译形式, 本义为"人"或"天主"。据多种外语记录与汉语异名资料, 其原词可构拟为 *ghuan(a)*。

"单于、善于": 匈奴君主称号。原词可能为 *šenogu / šenhu* 或 *sanok / tsanak*。

"撑犁孤涂": 单于的附加称号, 意为"天子"。"撑犁"原词可能为 *tangara / tängri*(天);"孤涂、孤屠"原词可能为 *kutu / togh*(子)。

"阏氏、烟支": 指匈奴王后或单于正妻。其词源可能不一:"阏氏、烟支"可能源自 *ashi / asi*, 或 *hatsi / katsi*, 或 *hati / hatin*。"烟支"又作"燕支、焉支、撚支", 来自古焉支山名(匈奴语 *yanci / yansi*), 因该山出产制作胭脂之花, 遂与妇女相联系, 并可能引申为"嫁妇"等义。现代与古代阿塞拜疆语与土耳其语中均有 *xatun / hatun* 一词, 意为"妇女、女士、地位高者之妻"。该词的现代意义与匈奴语 *hati / hatin* 颇为接近。阿塞拜疆与土耳其学界多认为匈奴为突厥祖先, 二者在语言与文化上极为接近。

"居次": 意为"女儿", 与今突厥诸语中的 *kız*(如阿塞拜疆语 *qız*、土耳其语 *kız*)无疑同源。

　　"瓯脱"：出自《史记·匈奴列传》，指匈奴与东胡之间的弃地。该词很可能指游牧民族的"帐幕"或"蒙古包"。蒙古语中"帐幕"为 *chachir*(察赤儿)，土耳其语为 *adır* 或 *otaq*，阿塞拜疆语为 *adır*(帐篷)与 *otaq*(屋子)。后者"otaq"正与"瓯脱"音近。

　　"头曼"：已被确认为数词"万"。满语与蒙古语中"万"均为 *tuman*，而突厥语中"万"为"十千"(如土耳其语 *on min*)。春秋宋景公亦名"头曼"，宋王室为商纣后裔，商人属东夷，因此 *tuman* 可能源自东夷—通古斯系语言，亦不排除来自"蒙古原语"的可能性，但基本可排除其出自"突厥原语"。

　　"屠耆、诸耆"：《史记·匈奴列传》载"故以太子为左屠耆王"。该词意为"贤"，可能表示"聪明能干"。上古社会中"贤者"多指熟知前人经验的"史官"。蒙古语中"历史"为 *tuuh*，"历史学家"为 *tuuch*，"屠耆"或即"屠兀耆"之略。匈奴的"左贤王""右贤王"或相当于中原的"左史""右史"。史有为认为"屠耆"为单于之下的王侯称号，原词可能近似 *tuki* 或 *šoki* / *čoki*。

　　"犀比"：指带钩，本为一种匈奴瑞兽名。

　　"敦落、敦洛、钩绍"：指腰带。原词可构拟为 *qwaghlag* / *qwaghrag*。

　　"骆驼"：初作"橐它、橐他"，后逐渐意化，演变为"橐驼、馲驼"等，最终因语音演变定型为"骆驼"。原词可能为匈奴语 *dada*。阿塞拜疆语中"骆驼"为 *dəvə*，与 *dada* 音近。

　　"叶护"：指受委派统治他部的长官，与"设"职衔相近。原词为 *eltäbär*。

3) 丝绸之路开通之后突厥语源外来词

　　丝绸之路开通之后汉族和突厥族之间的贸易和文化交流逐渐发展。这个交流过程中中原人发现了不少的东西，结果汉语吸收了不少的新词新语。下面的词语来自突厥语：

　　"箜篌，空侯"：一种23弦的伊兰系弹拔乐器。原词可能相当于突厥语

"火不思"qobuz / qubuz。阿塞拜疆语里叫做qopuz，是一种古代乐器。

"筚篥"：短竖笛。原词可能为突厥语 bäri / beri。

"可汗"：鲜卑族君王称号。来自突厥王号。原词为 qaghan。古代阿塞拜疆语里为 qağan 表示"领导"或"国王"。

"可孙，恪遵"：鲜卑族可汗之妻。来自突厥语王后号。原词为 qasun。

"可贺敦"： 突厥王后称号。原词为 qaghatun。这个词跟匈奴语中"阏氏，烟支"的意思一样。Qaghatun 的簇以部分 hatun 符合阿塞拜疆语中的xatın，古代意义就是王后，或可汗之妻，现代意义更加接近于"妇女，礼貌的妇女"之义。

"特勤，地勤"：亲王爵号，部族长称号。原词为 tägin / tegin。

"设"： 受委派去统治非突厥部落长官。原词为 šad。

"颉利发"：次于阿波的官名。"发"(bär / bat)为通称。原词为 eltäbär。

"叶屯"：监察官。也可后加"发"。原词肯恶搞为tudun。

"赤都护"：部落首领之另一称号。原词为iduq-qut。

"土门"：万夫长。原词为tümän。

"夷离堇"： 契丹族首领在巨服于突厥时的称号，来自突厥语 irkin / erkin。

"惕隐"：辽代掌管皇族正教事物的官名，原词可能为 teghin / teyin, 由于突厥语"特勤"(tägin / tegin)而来。

"和必斯"： 形似三弦的四弦弹拔乐器。原词为 xubis。突厥族乐器 gobus。以上已经提到了，这也是阿塞拜疆古代乐器 qopuz。

"鲊答"： 类似牛黄的药石。突厥-蒙古语为jada / yada。

"鸦鹘，押忽"： 一种有多种颜色的宝石。元代译人。阿拉伯语/波斯语为 yāqūt，突厥语 / 蒙古语为 yakut，阿塞拜疆语为yaqut。

以上列出来的词语上可以看到当时中原人和突厥族的文化和贸易关系相当密切。有些词语在现代土耳其语，阿塞拜疆语中还使用，比如，yaqut, qobuz, xatın等等。

4) 突厥语中汉语源外来词

在关注西域语言词汇涌入汉语的同时，本研究也注意到汉语词汇向突厥语的逆向流动。这种流动的强度与规模虽不及相反方向，但其存在本身即证明了丝路文化交流的双向性。这些借词主要集中在以下领域，其传播媒介主要是政治制度、贸易与物质文明的交流：

（1）政治与制度领域

"都督"（dūdū）：这一军事行政长官称号曾广泛存在于突厥汗国与回鹘汗国的官制中，体现了中原官制对北方游牧政权组织形态的影响。

"太子"（tàizǐ）/"天子"（tiānzǐ）：作为中原王朝核心的政治称号，它们可能影响了突厥语中对于最高统治者及其继承人的称谓，尤其是在与中原交往密切的汗国中。

"诏书"（zhàoshū）：指中原皇帝的文书，该词可能以音译形式进入突厥语，用于指代来自中原的权威文件。

（2）农业、器物与产品

"茶"（chá）：最具代表性的例子。现代土耳其语中的 çay，哈萨克语、吉尔吉斯语中的 шай（shay）等，均源自汉语"茶"的北方读音，并随着丝绸之路传播至全世界。

"笔"（bǐ）：在一些突厥语中，表示"毛笔"的词语(如土耳其语历史词汇中的 bıç)可能借自汉语，体现了中原书写工具的影响。

"升"（shēng）：这个容量单位可能随着度量衡制度一同传入突厥语，用于谷物计量等贸易活动。

"饺子"：现代土耳其语中的 mantı（一种饺子）一词，其词源很可能与汉语的"馒头"或相关面食名称有关，反映了饮食文化的交流。

（3）文化与概念

"道人"（dàorén）：在古突厥文(如暾欲谷碑)中，曾用 toyin 一词指称佛教僧人，该词直接借自汉语的"道人"，显示了佛教经由中原传入突厥的历史层次。

　　"珍珠"（zhēnzhū）：一些学者认为，部分突厥语中表示"珍珠"的词(如yinçü)可能借自汉语的"珍珠"，而非直接来自波斯语或其他语言。

　　"真"(çin)现代阿塞拜疆语，土耳其语等仍然使用这个词语。

　　本文以"词汇双向流动"为核心视角，对丝路语言接触下的词汇交流现象进行了系统性的个案分析。论文不仅梳理了突厥、匈奴等西域语言词汇进入汉语的路径与机制，证实了其在物质、制度、心理等层面为汉语带来的深刻影响；同时，亦前瞻性地探讨了汉语词汇在政治制度、农业器物及文化概念等领域向突厥语等西域语言的逆向输出。

　　研究表明，丝绸之路上的词汇流动是一个在多语言、多文化互动中形成的复杂、动态的网络体系。这种现象，恰恰揭示了丝路语言接触的本质——它并非简单的单向借贷，而是在一个多元文化场域中进行的、持续不断的"双向塑造"过程。

제2부

•

동아시아 상호문화성과
트랜스문화적 공감형 지식담론

양지良知의 자각, 소비문명에서 생태문명으로

김세정

1. 들어가는 말: 욕망과 경쟁과 갈등의 소비문명

현재 인류는 기후변화로 인한 전 지구적 생명 위기에 직면해 있다. 기후변화는 이산화탄소, 메탄 등의 온실가스의 증가로 인해 지구 기온이 상승해 기후에 변화가 생기는 것을 말한다.[1] 원래 적정한 온실가스는 온실효과를 발생시켜 지구의 평균기온이 일정하게 유지되도록 하는 데 도움을 주지만, 산업화 이래 인공적으로 발생한 온실가스가 지구온난화를 야기하였다. 자연적으로 과거 1만년동안 지구 온도가 4도 증가한 반면, 산업화 이래 현재까지 불과 한 세기 반 만에 지구온도가 1.1도 증가하였다.[2] 세계기상기구(WMO)에서 2020년 9월에 발표한 '2020 글로벌 기후 현황 잠정보고서'에 따르면 2016년부터 2020년까지 5년 동안 지구 평균 기온은 사상 최고였으며, 만일 기온이 지금처럼 급격히 상승하게 된다면 향후 5년 내로 연평균 기온이 1.5도 이상 오를 가능성이 44퍼센트라고 예측한다. 지구의 평균 기온이 1.5도에서 2도로 높아지게 될 경우 극단적인 폭염에 노출될 가능성이 있는

---

1   고철환, 「환경, 생태계, 기후변화와 인간 삶」, 『지식의 지평』 15호, 대우재단, 2013, 86~103쪽.

2   이재희, 「기후변화에 대한 사법적 대응의 가능성: 기후변화 헌법소송을 중심으로」, 『저스티스』 182-2호, 한국법학원, 2021, 343~344쪽 참조.

사람이 4억 2천만 명 늘어나게 된다. 즉 기후변화로 인해 식량이나 물이 부족해지고 폭염과 혹한으로 고통을 받는 취약계층의 수는 기하급수적으로 상승하게 된다.[3]

이러한 기후변화로 인해 세계 곳곳에서는 기후재난이 빈번하게 발생하고 있다. 예컨대 2019년 9월부터 6개월에 걸쳐 남한의 1.2배 면적을 태워 10억 마리의 동물의 목숨을 앗아간 호주 산불을 비롯하여, 2021년 8월 그리스 전역에서 발생한 전례가 없는 586건의 산불, 서울 면적(605㎢)의 3배가 넘는 지역을 불태운 미국 캘리포니아에서 발생한 산불 딕시가 있다. 국내에서도 2022년 3월 4일 울진에서 산불이 발생하여 3월 13일 주불이 진화될 때까지 울진·삼척 지역 총 2만 923헥타르가 피해를 입었다. 산불만이 아니라 2020년 54일 간 지속된 대한민국의 역대급 장마를 비롯하여, 2021년 7월에는 물폭탄처럼 쏟아진 홍수로 독일에서 사상 최악의 물피해, 최소 190여명이 사망하고 주택, 기업, 주요 기반시설이 파괴되는 피해가 발생했으며, 중국 허난성 장저우에서도 7월 17일부터 사흘간 617㎜의 폭우가 쏟아지면서 33명이 숨지고 8명이 실종되는 피해가 발생하였다.

이러한 기후변화로 인한 전 지구적 생명 위기의 이면에는 소비문명과 소비사회가 자리 잡고 있다. 물질을 최고 가치로 삼는 ‘소비사회’에서 인간은 서로를 삶의 동반자나 공생의 관계보다는 경쟁과 투쟁의 관계로 보는 경향이 강하다. 소비사회는 무한 경쟁의 사회이며, 인간의 욕망 충족을 위해 자연을 도구화하고 무참히 짓밟는 파괴와 지배의 사회이다. 이에『생태민주주의』에서는 소비사회의 근간이 되는 “자유시장경제체제는 이기적 개인주의에 입각한 경쟁을 중시하기 때문에

---

[3]　WMO Provisional Report on the State of the Global Climate 2020.
　　https://library.wmo.int/doc_num.php?explnum_id=10444

개인간의 경제적인 불평등을 당연시한다. 또한 이러한 불평등 때문에 자본가와 노동자 사이에는 필연적으로 지배와 종속의 관계가 성립된다. 자유시장경제체제는 산업주의의 이익의 극대화라는 대전제 하에 놓여 있으므로, 그것은 돈벌이가 되는 것이면 무엇이든지 허용한다."고 한다.[4] 또한 소비사회의 토대가 되는 "산업주의는 끝없는 욕구와 성장을 옹호한다. 또한 그것은 끝없는 욕구를 만족시키기 위해서 전 세계를 생산과 소비의 시장으로 만드는 것을 옹호한다."[5]고 한다. 그렇기 때문에 "산업주의 사회에서의 '일상적인 일'이란 계속적으로 증가하는 생산과 소비, 그리고 공해를 의미한다. 또한 공해로부터 파생되는 자연 재해, 전쟁, 불평등, 기아를 의미하기도 한다."[6]고 한다.

이러한 자유시장경제체제와 산업주의에 기반 한 소비사회의 이면에는 '원자적 개인주의'가 자리 잡고 있다. 홍승표는 '개인주의', 즉 개인 중심적 관점에서는 "개인에게 궁극적인 실재성을 부여한다. 사회는 개인들의 단순한 집합체일 뿐이며 독자적인 의미를 갖지 못한다. 개인 중심적 관점에서는 모든 존재들이 근원적으로 서로 분리·독립되어 있다고 가정한다. 이런 관점에서 보면, 인간이란 고립된 개체로서 자신의 욕망을 추구하고 충족시키고자 하는 존재이다."[7]라고 주장한다. 앤드류 슈왈츠는 이러한 개인주의는 자연스럽게 경쟁과 지배의 모델로 흘러갔다고 주장한다. 1649년 정치철학자 토마스 홉스는 인간의 조건이 "만인 대 만인의 투쟁"이며 따라서 지구상의 생명은 "추잡하고 짐승 같고 단순하다"고 단언했다. 찰스 다윈의 자연선택설

---

4   Roy Morrison 지음, 노상우·오성근 옮김, 『생태민주주의』, 교육과학사, 2005, 6쪽.
5   Roy Morrison 지음, 노상우·오성근 옮김, 『생태민주주의』, 246쪽.
6   Roy Morrison 지음, 노상우·오성근 옮김, 『생태민주주의』, 28쪽.
7   홍승표, 『깨달음의 사회학』, 예문서원, 2002, 20쪽.

은 곧바로 그의 동료들에 의해 "이빨과 발톱이 피로 물든"(앨프리드 로드 테니슨)자연으로 해석됐다. 이런 지배의 태도가 인간 존재와 사고의 전 영역에 만연하면서 남성과 여성, 백인과 흑인, 대국과 소국, 과학과 종교, 인간과 비인간, 부자와 빈자의 위계를 가져왔다. 물론 다양한 형식의 협력이 존재한다. 그러나 함께 일하는 게 성공을 위한 더 근본적 전략이라는 공생(symbiosis)의 아이디어는 대개 배척당했다고 한다.[8]

개인주의의 근간이 되는 '계몽이성'은 개별적이고 고립적인 개인을 상정하며, 계몽이성에 근거한 인간이란 기계적 신체와 이원화된 존재일 뿐만 아니라 단자화된 개체이며, 주체 밖의 타자(자연)를 정복의 대상으로 여긴다.[9] 이성적 존재의 등장은 곧 인간이 주체(Subject)가 되고, 자연 혹은 대상을 철저히 객체(Object)로 간주한다는 것을 의미한다. 근대적 계몽주의는 이성을 소유하는 것만으로 성립되는 것이 아니라 그것의 대립항인 타자의 존재를 인식하고 발견함으로써 비로소 완성된다. '공포를 몰아내고 인간을 주체로 세운다.'고 했을 때, 공포의 대상인 자연은 인간의 이성과 동가적 대립물이다. 이성은 자연의 공포로부터 벗어나 자연과 인간을 지배하기 위해 자연을 이용하는 법만을 자연으로부터 배우고자 한다. 그리하여 계몽은, 빛의 가면 뒤에 숨은 문명의 어둠이 된다고 한다.[10] 계몽이성의 사유구조는 주체와 타자의 '차이'를 인정하거나 존중하지 않고 타자를 동일화하거나 적대시한다. 이러한 동일화전략은 타자에 대한 억압과 배제란 폭력으

---

8 앤드류 슈왈츠, 「(2) 생태문명이란 무엇인가」, http://thetomorrow.kr/archives/10829 참조.

9 박정심, 『박은식: '양지'로 근대를 꿰뚫다』, 學古房, 2021, 89~92쪽 참조.

10 권용선, 『이성은 신화다, 계몽의 변증법』, 그린비, 2003, 68~69쪽.

로 작동하였다.[11] 계몽이성에 있어 주체는 단자화된 개체이며, 주체와 마주선 타자는 공생과 상생의 관계가 아닌 억압과 지배의 대상일 뿐이다. 그리고 이러한 계몽이성과 개인주의를 토대로 한 소비사회는 공생과 상생의 장이 아닌 경쟁과 투쟁과 갈등과 소외와 지배와 억압의 장이다. 즉 살림의 장이 아니라 죽임의 장이다.

우리는 지금 문명의 전환점에 서 있다. 로이 메리슨은 "우리가 해야 할 일은 병폐에 빠진 산업주의 사회를 생태주의 사회로 전환시키는 것이다."[12]라고 주장한다. 프란츠 알트 또한 "필요한 것은, 책임감 있게 일하고 경제생활을 하고 싶어 하는 많은 사람들의 머리와 심장에서 일어날 문화혁명이다. 이를 통해 현재 지배적인 자본주의 시장경제로부터 민주주의적이고 사회적이며 생태적인 시장경제가 나올 수 있는 것이다."[13]라고 주장한다. 우리가 나아가야 할 새로운 문명은 인간과 인간은 물론 인간과 자연이 건강하게 공생하는 생태문명이다. 탐욕과 경쟁, 투쟁과 갈등, 소외와 억압이 지배하는 소비문명에서 배려와 돌봄, 상생과 공생이 중심이 되는 생태문명으로 전환해야 한다. 생태문명으로 전환하기 위해서는 주체와 타자에 대한, 주체와 타자의 관계에 대한 새로운 이해를 필요로 한다.

본 발표에서는 소비문명에서 생태문명으로 전환하는 데 있어 양명학이 우리에게 전해주는 메시지가 무엇인지 이야기하고자 한다.

---

11 박정심, 『박은식: '양지'로 근대를 꿰뚫다』, 學古房, 2021, 96쪽.
12 Roy Morrison 지음, 노상우·오성근 옮김, 『생태민주주의』, 28쪽.
13 프란츠 알트 지음, 박진희 옮김, 『생태적 경제기적』, (주)양문, 2007, 199쪽.

2. 참된 나(眞吾)와 사사로운 나(私吾)

1) 천지만물과 한 몸이자 천지의 마음인 사람

먼저 왕수인(王守仁, 호는 陽明, 1472~1528)에게 있어 '주체'와 '타자'는 어떠한 모습으로 그려질까? 왕수인은 천지만물과 사람은 본래 '일체(一體)', 즉 '한 몸'이라고 주장한다.[14] 이 말에 근거해 볼 때, 왕수인은 원자적 개인주의에서와 같이 사람을 다른 존재물들과 분리·독립된 실체로 보지 않는다는 것을 알 수 있다. 사람은 천지만물로 지칭되는 모든 존재물들과 한 몸, 즉 하나의 생명체를 이루고 있는 존재이다. 따라서 '천지만물(天地萬物)'이라고 칭해지는 우주자연은 근대의 기계론적 세계관에서 이야기하는 것처럼 생명이 없는, 기계적 법칙에 따라 작동하는 자동기계가 아니다. 하늘의 도(天道)와 기의 기틀(氣機)은 한 순간의 멈춤이 없고,[15] 천지는 만물을 낳고 길러내는 공능이 있다는[16] 왕수인의 주장에서 알 수 있듯, 왕수인이 말하는 천지만물은 스스로 생명을 낳고 길러나가는 하나의 생명체이다. 사람은 이러한 천지만물과 한 몸을 이루고 있는 것이다.

여기서 사람과 관련하여 또 하나 중요한 부분은 왕수인이 사람을 단지 천지만물의 한 부분이 아닌 '천지의 마음(天地之心)'[17] 또는 '천지만물의 마음(天地萬物之心)'으로 규정하고 있다는 점이다.[18] 천지의 마음은 천지가 자연만물을 낳고 기르려는 목적의식으로 해석될 수 있다.

---

14   『傳習錄』(下), 「黃省曾錄」, 274조목, "蓋天地萬物與人原是一體."

15   『王陽明全集』(上海古籍出版社, 1992) 권7, 「惜陰說」, 267쪽, "天道之運, 無一息之或停." 『傳習錄』(上), 「薛侃錄」, 104조목, "天地氣機, 元無一息之停."

16   『王陽明全集』 권6, 「答友人問」, 208쪽, "知天地之化育.", 『王陽明全集』 권7, 「自得齋說」, 265쪽, "天地以位, 萬物以育."

17   『傳習錄』(中), 「答聶文蔚」, 179조목, "夫人者, 天地之心, 天地萬物, 本吾一體者也."

18   『王陽明全集』 권6, 「答李明德」, 214쪽, "人者, 天地萬物之心也, 心者, 天地萬物之主也."

자연계의 변화는 맹목적인 기계적 운동이 아니라 일정한 목적과 뜻(生意)을 가지고 진행되며, 이것이 바로 천지의 마음으로 표현된다.[19] 이러한 천지의 마음이 바로 사람이라는 것이다. 사람은 신의 창조물도 아니고 자연에 종속된 존재도 아니며, 원자론적 개인주의에서와 같이 다른 존재물들과 분리·독립된 욕망의 주체도 아니다. 왕수인이 말하는 사람은 우주자연과 한 몸을 이루고 있는, 우주자연의 '중추(中樞)적 존재'이다.

2) 큰 사람(大人)과 작은 사람(小人)

사람(人)은 천지만물과 한 몸이며 천지만물의 마음이라고 주장하는 왕수인은 「대학문(大學問)」에서 사람을 다음과 같이 '큰 사람(大人)'과 '작은 사람(小人)'으로 나누어 말하기도 한다. 이 가운데 큰 사람만이 앞에서 말한 천지만물을 한 몸으로 삼는 사람이다. 큰 사람이 천지만물을 한 몸으로 삼을 수 있는 근거는 사람이 선천적으로 갖고 태어나는 '어진 마음(仁心)'에 있다. 반면 자신의 형체를 기준으로 하여 자신의 안과 밖으로 나눈 후에 형체 안을 나(吾)라하고 형체 밖을 내가 아닌 너(爾)로 구분하는 사람이 있으니, 바로 이러한 사람이 작은 사람이라는 것이다.[20] 그런데 작은 사람은 단지 나와 너를 나누고 구분하는데 멈추지 않고 개인적 욕망에 따라 자신의 이익을 위해 다른 사람을 공격하고 분노로 격돌하고 사물을 해치고 동류를 무너뜨리고 혈육조차

---

19 최영진, 「주역에서의 자연관」, 『동양사상과 환경문제』, 한국불교환경교육원 엮음, 모색, 1996, 213쪽 참조.

20 『王陽明全集』 권26, 「大學問」, 968쪽, "大人者, 以天地萬物爲一體者也, 其視天下猶一家, 中國猶一人焉. 若夫間形骸而分爾我者, 小人矣. 大人之能以天地萬物一體也, 非意之也, 其心之仁本若是, 其與天地萬物而爲一也. 豈惟大人, 雖小人之心亦莫不然, 彼顧自小之耳."

해치는 등의 행위를 하게 됨으로써 선천적으로 갖고 태어나는 '어진 마음(仁心)'을 잃어버리게 된다는 데 문제가 있다.[21] 작은 사람은 원자적 개인주의에서 말하는 욕망의 주체로서의 '이기적 개인'과 유사하다고 할 수 있다.

여기서 중요한 점은 비록 작은 사람이라고 하더라도 큰 사람과 같이 천지만물을 한 몸으로 여기는 '어진 마음'이 본래의 선천적 마음이기 때문에 이를 가리는 개체 욕망이 없다면 작은 사람의 마음이라 하더라도 선천적인 어진 마음은 큰 사람과 다를 것이 없다는 점이다.[22] 원자적 개인주의에서는 이기적 욕망이 본래의 선천적 마음이라면 양명학에서는 작은 사람이라 하더라도 본래의 선천적 마음은 이기적 욕망이 아닌 어진 마음이라는 점에서 근본적으로 다르다. 원자적 개인주의에서는 이기적 욕망은 충족과 실현의 대상이 되지만, 양명학에서는 이기적 욕망은 극복의 대상이며 작은 사람도 욕망을 제거하고 어진 마음을 회복함으로써 큰 사람이 될 수 있다. 왕수인에게 있어 이기적 욕망의 주체, 즉 이기적 자아는 인간의 본질도 아니며 긍정의 대상이 아닌 극복의 대상이다.

3) 참된 나(眞吾)와 사사로운 나(私吾)

사람(人)의 유형을 '큰 사람'과 '작은 사람'으로 나눈 왕수인은 '나'를 의미하는 '오(吾)' 또한 '진오(眞吾)'와 '사오(私吾)'로 나누어 말하고 있다. 글자만 놓고 봤을 때 '오(吾)'라는 글자가 '사람(人)'이라는 글자보

---

21 『王陽明全集』, 권26, 「大學問」, 968쪽, "小人之心旣已分隔隘陋矣, 而其一體之仁猶能不昧若此者, 是其未動於欲, 而未蔽於私之時也. 及其動於欲, 蔽於私, 而利害相攻, 忿怒相激, 則將戕物圮類, 無所不爲, 其甚至有骨肉相殘者, 而一體之仁亡矣."

22 『王陽明全集』, 권26, 「大學問」, 968쪽, "是故苟無私欲之蔽, 則雖小人之心, 而其一體之仁猶大人也; 一有私欲之蔽, 則雖大人之心, 而其分隔隘陋猶小人矣."

다는 오늘날 우리가 사용하는 '개체', '자아', '주체'의 범주에 더욱 부합된다고 할 수 있다. 그렇다면 왕수인은 '오'를 어떻게 나누고 어떻게 정의하고 있는지 알아보자.

천지만물과 사람은 본래 한 몸이라고 주장했던 왕수인은 '나(吾)' 또한 천지만물과 본래 한 몸이라고 주장한다.[23] 일단 왕수인이 말하는 '나(吾)' 또한 사람과 같이 다른 존재물들과 분리·독립된 실체 또는 개체가 아니라 다른 존재물들과 한 몸을 이루고 있는 존재라는 것을 알 수 있다. 그러나 왕수인은 사람을 나눈 것처럼 '나' 또한 '참된 나'(眞吾)와 '사사로운 나'(私吾)로 나누어 다음과 같이 말한다.

> 내가 참된 나(眞吾)라고 부르는 것은 양지(良知)를 이른다. 부모가 자애롭고 자식이 효도하는 것은 내 양지가 좋아하는 바이나, 자애롭지 못하고 효도하지 못하는 것은 양지가 미워한다. 말함에 충실하고 미더우며 행동함에 독실하고 경건한 것은 내 양지가 좋아하는 바이나, 충실하고 미덥지 못하며 독실하고 경건하지 못하는 것은 양지가 미워한다. 그러므로 대저 명리(名利)와 물욕(物欲)의 좋아함은 사사로운 내(私吾)가 좋아하는 것으로 천하가 미워하지만, 양지가 좋아함은 참된 내가 좋아하는 것으로 천하가 함께 좋아하는 것이다. 그러므로 사사로운 내가 좋아하는 것을 따르면 천하의 사람들이 모두 이를 미워하여, 장차 마음의 수고로움이 날로 쓸모가 없고 종신토록 근심스럽고 고통스러울 것이니, 이를 사물에 부림을 받는 것이라 이른다. 참된 내가 좋아하는 것을 따르면 천하의 사람들이 모두 이를 좋아할 것이니, 장차 가정과 국가와 천하가 처하는 곳마다 마땅하지 않음이 없을 것이요, 부귀와 빈천(貧賤)과 환난(患難)과 이적(夷狄)이 들어가는 곳마다 얻지 못함이 없을 것이다.[24]

---

23   『傳習錄』(中), 「答聶文蔚」, 179조목, "夫人者, 天地之心. 天地萬物, 本吾一體者也."
24   『王陽明全集』 권7, 「從吾道記」, 250쪽, "夫吾之所謂眞吾者, 良知之謂也. 父而慈焉,

먼저 '참된 나'란 '양지(良知)'를 가리킨다. 부모가 자애로움으로 자식을 보살피고 기르는 일이나 자식이 지극정성으로 부모를 섬기고 보살피는 일은 모두가 양지가 좋아하는 일로써, 참된 나는 자신의 이익과 안위가 아닌 다른 사람들을 돌보고 보살피는 그런 자아이다. 그리고 참된 내가 좋아하는 일은 결국 다른 사람들에게 유익하고 도움이 되는 일로써 천하의 모든 사람들이 나와 함께 좋아한다는 것이다. 이를 통해 볼 때 참된 나란 천지만물을 한 몸으로 삼는 사람을 의미하며, 양지는 천지만물과 감응을 통해 한 몸을 건강하게 유지해 나갈 수 있는 주체를 의미한다.

반면 참된 나와 달리 또 다른 형태의 나가 있으니 바로 '사사로운 나(私吾)'이다. '사사로운 나'는 명예와 이익과 물질을 좋아하는 나인바, 근대 원자론적 개인주의에서 말하는 이기적 자아, 욕망의 주체와 유사하다고 할 수 있다. 사사로운 나는 자기 자신만의 이익과 안위만을 위해 부모가 되어서는 자식을 사랑으로 보살피거나 돌보지 아니하고 자식이 되어서는 부모님을 지극정성으로 봉양하지 않는다. 사사로운 나의 이러한 행위들은 나의 보살핌과 돌봄이 필요한 사람들을 외면하는 일로써 다른 사람들은 이를 미워한다는 것이다.

이러한 내용에 근거할 때 참된 나는 왕수인이 말하고자 하는 참된 주체를 의미한다면, 사사로운 나는 참된 주체의 본질에 어긋나는 왜곡되고 질곡 된 나, 극복되어야 할 이기적 자아를 의미한다고 할 수 있다. 천지만물을 한 몸으로 삼는 '큰 사람'이 바로 '참된 나'인바, '큰

子而孝焉, 吾良知所好也, 不慈不孝焉, 斯惡之矣. 言而忠信焉, 行而篤敬焉, 吾良知所好也; 不忠信焉, 不篤敬焉, 斯惡之矣. 故夫名利物欲之好, 私吾之好也, 天下之惡也; 良知之好, 眞吾之好也, 天下之所同好也. 是故從私吾之好, 則天下之人皆惡之矣, 將心勞日拙而憂苦終身, 是之謂物之役. 從眞吾之好, 則天下之人皆好之矣, 將家國天下, 無所處而不當; 富貴貧賤患難夷狄, 無入而不自得."

사람'과 '참된 나'가 바로 왕수인이 말하고자 하는 '참된 주체'이다. 반면 이기적 욕망에 사로잡혀 남과 나를 나누고 남들과 갈등하고 싸우는 '작은 사람'이 바로 '사사로운 나'인바, 이는 참다운 주체가 되기 위해 극복해야 하는 비본질적인 자아이다.

3. 참된 나(眞吾)와 양지주체

'큰 사람(大人)'과 '작은 사람(小人)', '참된 나(眞吾)'와 '사사로운 나(私吾)' 모두 자아, 주체와 관련된 단어들이다. 왕수인은 이 가운데 '큰 사람(大人)'과 '참된 나(眞吾)'를 본원적이고 본질적인 인간으로서의 '참된 주체'로, '작은 사람(小人)'과 '사사로운 나(私吾)'를 후천적으로 왜곡되고 질곡 된, 극복해야 할 이기적 자아로 그리고 있다. 그리고 '어진 마음(仁心)'을 가지고 만물을 한 몸으로 삼는 사람이라고 규정하는 왕수인은 어진 마음은 후천적인 것이 아니라 인간의 선천적인 '밝은 덕(明德)'이라고 규정할 뿐만 아니라[25] 밝은 덕이 곧 양지(良知)라고 규정하고 있다.[26] 그렇다면 '어진 마음'='밝은 덕'='양지'가 된다. 아울러 왕수인은 '참된 나(眞吾)'란 바로 양지를 이른다고 주장하였는바,[27] 천지만물을 한 몸으로 삼는 참된 주체의 본질은 바로 '양지'에서 찾을 수 있다. 그러므로 왕수인이 그려내고 있는 양지의 속성에 대한 파악을 통해 왕수인이 말하고자 하는 '참된 주체'의 본모습에 한 발 더 다

---

25 『王陽明全集』 권26, 「大學問」, 968쪽, "大人之能以天地萬物一體也, 非意之也, 其心之仁本若是, 其與天地萬物而爲一也. … 是乃根於天命之性, 而自然靈昭不昧者也, 是故謂之明德."

26 『王陽明全集』 권26, 「大學問」, 969쪽, "天命之性, 粹然至善, 其靈昭不昧者, 此其至善之發見, 是乃明德之本體, 而即所謂良知也."

27 『王陽明全集』 권7, 「從吾道記」, 250쪽, "夫吾之所謂眞吾者, 良知之謂也."

가설 수 있다.

1) 양지의 보편적 내재성

왕수인은 주희(朱熹, 호는 晦庵, 1130~1200)의 이기심성론(理氣心性論)에 대한 비판을 바탕으로 심즉리설(心卽理說)과 치양지(致良知)을 주장하고 있다. 주희가 인간의 보편성을 리(理)에서 찾는 것에 비판적인 왕수인은 인간의 보편성을 인간의 '본심(本心)', 즉 '양지'에서 찾고 있다.

주희가 말하는 리를 '정리(定理)'로 규정하는 왕수인은 주희의 격물 공부는 대상 사물에 나아가 정리, 즉 변하지 않는 고정된 리를 구하는 것으로 이는 나의 마음과 리를 나누어 둘로 만들어 버리는 폐단을 지닌다고 비판한다.[28] 마음과 리의 분리, 즉 심리 이원화는 리와 마음을 주종 관계로 삼고 인간의 마음을 리에 종속시킴으로써 인간의 주체성과 자율성은 물론 능동성과 실천성을 약화하거나 상실시키는 문제를 초래한다. 주희의 '정리(定理)'는 상하존비의 차등 질서의 토대가 되는 것으로 비판되기도 한다.[29] 주희의 정리론에 근거할 때 신분이 낮은 일반 백성들은 주체적·능동적·실천적 주체가 아닌 종속적·수동적·타율적 존재로 규정된다. 그래서 일반 백성들은 참된 주체가 되기 위한 수양의 주체가 되지 못하고 '신민(新民)', 즉 차별적인 위계 체계 아래 윗사람에게 잘 순응하는 비주체적 인간으로 길러지는 교화의 대상이 된다.

반면 주희의 정리(定理)를 비판하는 왕수인은 인간의 보편성을 리가

---

28 『傳習錄』(中), 「答顧東橋書」, 135조목, "朱子所謂格物云者, 在卽物而窮其理也. 卽物窮理, 是就事事物物上求其所謂定理者也, 是以吾心而求理於事事物物之中, 析心與理而爲二矣."

29 한정길, 「양명학에서 윤리주체의 건립과 그 실현의 문제」, 『陽明學』 5호, 한국양명학회, 2001, 52~53쪽 참조.

아닌 '양지(良知)'에서 찾는다. 왕수인은 "양지가 사람의 마음에 있는 것은 비단 성인과 현인뿐만이 아니라 보통 사람일지라도 역시 마찬가지다."[30]라 하고, "양지양능(良知良能)은 어리석은 지아비와 어리석은 지어미나 성인이 똑같다."[31]고 하고, 또한 "양지가 사람 마음에 있는 것은 성인과 어리석은 자의 구분이 없으며, 천하 고금이 다 동일하다."[32]고 주장한다. 양지는 특정한 신분 계층에 속하거나 선천적으로 우수한 기질을 타고난 일부 사람만이 지니는 것이 아니다. 성인, 현인, 보통사람, 어리석은 사람, 누구나 상관없이 인간이라면 모두가 동일한 양지를 갖고 태어난다는 것이다. 인간 누구나 동일한 양지 갖고 태어난다고 하는 양지의 보편성은 인류가 탄생한 이래 지금까지 동일하게 지속된다고 하는 역사적 보편성과 영속성을 지닌다.[33] 이러한 양지는 신분적 차등과 선천적 기질상의 차등을 뛰어넘어 인간 누구나 참된 인간이 될 수 있는 선천적인 본질적 속성이다. 현실 세계에서 양지의 실현 여부에 따라 성인과 어리석은 사람이 나누어지는 것일 뿐,[34] 인간은 누구나 선천적으로 내재하고 있는 양지를 실현하면 참된 인간이 될 수 있다.[35] 이렇듯 왕수인에게 있어 인간 주체의 본질은 양지에서 찾을 수 있는바, 이에 발표자는 양명학에서 말하는 참된 주체를 '양지주체'라고 칭하고자 한다.

---

30 『傳習錄』(中), 「答陸原靜書」, 165조목, "良知之在人心, 不但聖賢, 雖常人亦無不如此."
31 『傳習錄』(中), 「答顧東橋書」, 139조목, "良知良能, 愚夫愚婦與聖人同."
32 『傳習錄』(中), 「答聶文蔚」, 179조목, "良知之在人心, 無間於聖愚, 天下古今之所同也."
33 『王陽明全集』 권8, 「守朱守乾卷」, 279쪽, "自聖人以至於愚人, 自一人之心, 以達於四海之遠, 自千古之前以至於萬代之後, 無有不同, 是良知也者, 是所謂天下之大本也."
34 『傳習錄』(中), 「答顧東橋書」, 139조목, "但惟聖人能致其良知, 而愚夫愚婦不能致, 此聖愚之所由分也."
35 『傳習錄』(中), 「答周道通書」, 146조목, "聖人氣象何由認得? 自己良知原與聖人一般, 若體認得自己良知明白, 卽聖人氣象不在聖人而在我矣."

2) 양지주체의 통각과 감통

그렇다면 '양지주체'에게 있어 '양지'는 어떠한 속성을 지니고 있는 것일까? 왕수인은 먼저 "천도(天道)의 운행은 한 순간의 쉼이나 멈춤이 없으며, 내 마음 양지의 운행 또한 한 순간의 쉼이나 멈춤이 없으니, 양지는 곧 천도이다."[36]라고 하여, 인간이 천지만물과 한 몸이 될 수 있는 근거를 양지에서 찾고 있다. 인간의 양지는 끊임없이 만물을 생성하고 길러내는 천지의 자기 조직성과 창출성을 자신의 생명 본질로 한다. 그리고 양지의 자기 조직성과 창출성은 바로 모든 존재물과의 '감응(感應)' 작용으로 드러난다. 이에 왕수인은 "그대가 다만 감응하는 기미에서 본다면, 어찌 새·짐승과 풀·나무뿐이겠는가? 비록 천지라고 하더라도 나와 한 몸이며, 귀신 또한 나와 한 몸이다."[37]라고 주장한다. 왕수인에게 있어 참된 주체는 원자론적 개인주의와 계몽이성에서 말하는 분리·독립된 이기적 자아나 단자화된 개체가 아니듯, 타자 또한 주체와 마주선 독립된 이기적 자아 또는 억압과 지배의 대상이 아니다. 참된 주체에 있어 타자는 참된 주체와 한 몸을 이루고 있는, 천지만물로 지칭되는 모든 존재물들을 의미한다. 참된 주체에게 있어 타자는 경쟁과 갈등의 대상도 아니고 억압과 지배의 대상도 아닌 감응과 상생의 대상이다. 이러한 의미에서 타자는 주체와 마주한 단자화된 개체가 아니라 참된 주체와 한 몸을 이루고 있는 모든 존재물(천지만물)을 지칭하는 의미로 사용하고자 한다.

이러한 타자와의 감응 주체가 바로 '양지'라고 왕수인은 다음과 같

---

36 『王陽明全集』 권6, 「惜陰說」, 267쪽, "天道之運, 無一息之或停, 吾心良知之運, 亦無一息之或停, 良知卽天道."

37 『傳習錄』(下), 「黃以方錄」, 336조목, "你只在感應之幾上看, 豈但禽獸草木, 雖天地也與我同體的, 鬼神也與我同體的."

이 말하고 있다.

> 대저 사람은 천지의 마음이다. 천지만물은 본래 나와 한 몸이므로, 살아있는 존재물들의 고통은 무엇인들 내 몸에 절실한 아픔이 아니겠는가? 내 몸의 아픔을 알지 못하는 것은 시비지심(是非之心)이 없는 자이다. 시비지심은 생각하지 않더라도 알고 배우지 않더라도 능한 것이니, 이른바 양지이다.[38]

타자와 한 몸을 이루고 있는 나는 전체생명의 중추적 존재이다. 따라서 다른 존재물들, 즉 타자의 고난과 생명 손상은 나와 무관한 그들만의 고통과 아픔이 아니다. 내가 고난에 처해있거나 내 몸이 손상될 때 느끼는 것과 같이 나의 절실한 고통과 아픔으로 느껴지게 된다. 이러한 통각(痛覺)의 주체는 다름 아닌 맹자가 말한 시비지심(是非之心)이자 양지(良知)·양능(良能)이며, 왕수인이 말하고자 하는 '양지'라는 것이다. 왕수인이 말하는 양지는 맹자가 말하는 양지와 양능의 통합에로서 통각의 주체로서의 양지는 단지 아파하는 단계에서 머무르지 않는다. 타자의 고난과 생명 손상이 나의 고통과 아픔으로 느껴지기에 타자의 상처를 치유하고 아픔을 어루만지면서 타자를 건강하게 보살피고 돌보는 실천 행위를 수반하게 된다. 이를 양지의 '감통(感通)'이라고 하는 바, 양지는 바로 통각과 감통의 주체이다. 이러한 양지주체를 통해 비로소 나는 타자와의 통각과 감통의 주체로 자리매김할 수 있으며, 이러한 양지주체의 통각과 감통 작용을 통해 타자와 한 몸을 이루고 전체생명을 건강하게 유지시켜 나갈 수 있는 것이다. 양지주

---

38 『傳習錄』(中),「答聶文蔚」, 179조목, "夫人者, 天地之心. 天地萬物, 本吾一體者也, 生民之困苦荼毒, 孰非疾痛之切於吾身者乎? 不知吾身之疾痛, 無是非之心者也. 是非之心, 不慮而知, 不學而能, 所謂良知也."

체에 있어 타자는 계몽이성에서와 같이 억압과 배제와 지배의 대상이 아닌, 나와 한 몸을 이루고 있으며 내가 보살피고 돌봐야할 감응과 상생의 대상인 것이다.

왕수인은 이러한 통각과 감통의 주체로서의 양지주체를 보다 구체적으로 '진성측달(眞誠惻怛)', 즉 '거짓됨 없이 진실하게 타자의 고통과 아픔을 자신의 고통과 아픔으로 느끼는 마음'이라고 정의한다.[39] "그러므로 이 양지의 진성측달을 극진히 하여 부모를 섬기는 것이 바로 효도이고, 이 양지의 진성측달을 극진히 하여 형을 따르는 것이 바로 우애이며, 이 양지의 진성측달을 극진히 하여 임금을 섬기는 것이 바로 충성이다. 단지 하나의 양지, 하나의 진성측달일 뿐이다."[40]라는 것이다. 진성측달한 양지의 감통 작용은 단지 자신의 혈육에만 국한되지 않는다. 벗과 잘 지내는 처우(處友), 임금을 잘 섬기는 사군(事君), 사람을 사랑하는 인민(仁民), 사물을 아끼는 애물(愛物) 등은 모두가 진성측달한 양지를 실현하는 일에 불과하다고 한다.[41] 여기서도 양지주체의 감통 대상으로서의 타자는 가족의 울타리를 넘어 인간사회의 구성원, 나아가 자연존재물 모두를 포함한다는 것을 알 수 있다.

이러한 양지주체의 타자와의 감통 작용, 특히 자연존재물에 대한 감통 작용을 가장 잘 표현해주고 있는 글이 바로 「대학문(大學問)」이다. 천지만물을 한 몸으로 삼는 인심(仁心)은 바로 양지주체를 의미하

---

39 『傳習錄』(中), 「答聶文蔚二」, 189조목, "蓋良知只是一箇天理自然明覺發見處, 只是一箇眞誠惻怛, 便是他本體."

40 『傳習錄』(中), 「答聶文蔚二」, 189조목, "故致此良知之眞誠惻怛以事親, 便是孝; 致此良知之眞誠惻怛以從兄, 便是弟; 致此良知之眞誠惻怛以事君, 便是忠: 只是一箇良知, 一箇眞誠惻怛."

41 『傳習錄』(中), 「答聶文蔚二」, 190조목, "孟氏堯舜之道孝弟而已矣者, 是就人之良知發見得最眞切篤厚, 不容蔽昧處提省人, 使人於事君處友仁民愛物, 與凡動靜語黙間, 皆只是致他那一念事親從兄眞誠惻怛的良知, 即自然無不是道."

는 바, 양지주체에 의한 감통의 대상으로서의 타자는 인간계를 넘어 동물계와 식물계, 나아가 무생물계를 포함한다. 인간계의 경우, 예컨대 어린아이가 우물에 빠지려는 상황, 즉 생명이 위험에 처한 상황을 마주하게 되면 양지주체는 두려워하고 측은해하는 마음(怵惕惻隱之心)으로 발현된다. 양지주체의 감통의 근거는 어린아이가 같은 인간이라는 동류성에서 찾을 수 있다. 다음은 동물계의 경우, 슬피 울거나 벌벌 떠는 등 동물들이 죽음에 직면하여 두려워하는 모습을 마주하게 되면 양지주체는 참아내지 못하는 마음(不忍之心)으로 발현된다. 양지주체의 감통의 근거는 인간과 동물의 공통분모인, 고통을 느끼는 지각에서 찾을 수 있다. 다음은 식물계의 경우, 뽑히고 잘리는 등 식물이 손상된 모습을 마주하게 되면 양지주체는 이를 가엽게 여겨 구제하고 싶은 마음(憫恤之心)으로 발현된다. 양지주체의 감통의 근거는 인간과 식물의 공통분모인 살고자 하는 의지(生意)에서 찾을 수 있다. 무생물계의 경우, 기와장이나 돌과 같은 무생물이 손상된 모습을 마주하게 되면 양지주체는 애석하게 여기는 마음(顧惜之心)으로 발현된다. 무생물 또한 참된 주체가 한 몸을 이루고 있는 천지만물의 한 부분이기 때문에 이들의 손상된 모습에 대해 양지주체는 통각 작용을 일으키게 된다.[42] 이러한 양지주체의 통각 작용으로 인해 인간계, 동물계, 식물계, 무생물계의 타자들의 생명 손상과 고통을 외면하지 못할 뿐만 아니라 타자들의 상처를 치료하고 이들을 건강하게 돌보고 보살피는 실

---

42 『王陽明全集』 권26, 「大學問」, 968쪽, "大人之能以天地萬物一體也, 非意之也, 其心之仁本若是, 其與天地萬物而爲一也. … 是故見孺子之入井, 而必有怵惕惻隱之心焉, 是其仁之與孺子而爲一體也; 孺子猶同類者也, 見鳥獸之哀鳴觳觫, 而必有不忍之心焉, 是其仁之與鳥獸而爲一體也; 鳥獸猶有知覺者也, 見草木之摧折, 而必有憫恤之心焉, 是其仁之與草木而爲一體也. 草木猶生意者也, 見瓦石之毁壞, 而必有顧惜之心焉, 是其仁之與瓦石而爲一體也."

천 행위를 수반하게 된다.

양지주체의 입장에서 본다면, 나와 분리된 타자, 내 욕망의 대상으로서의 타자, 억압과 지배의 대상으로서의 타자는 존재하지 않는다. 양지주체의 입장에서 타자는 나와 한 몸을 이루고 있는 모든 존재물들로서 감응과 감통의 대상이다. 타자는 내가 그들의 생명 손상을 아파하면서 그들의 상처를 치료하고 나아가 그들이 건강하게 살아갈 수 있도록 보살피고 돌봐주어야 할 유기적이고 관계적인 존재이다.

4. 양지주체의 실현 – 타자와 한 몸 짜기

1) 양지주체를 가로막는 개체 욕망(私欲)

인간은 누구나 참된 주체(大人·眞吾·聖人)가 될 수 있는 양지주체를 선천적으로 내재하고 있음에도 불구하고 현실에서 참된 주체가 되지 못하고 '작은 사람'이나 '사사로운 내'가 되는 이유는 무엇 때문일까? 그 원인은 '개체 욕망(私欲)'에서 찾을 수 있다. 개체 욕망으로 인해 자신의 몸을 기준으로 안과 밖을 나누고 몸 안에 있는 존재만을 나로 규정하는 몸 밖의 존재를 남으로 규정한다. 개체 욕망은 천지만물과 한 몸을 이루고 있는 나를 원자적 개인, 단자화된 개체로 만들어 버린다.

인간은 누구나 선천적으로 양지주체를 내재하고 있기 때문에 양지주체의 발용 유행을 잘 따라가면 누구나 성인과 같은 참된 주체가 될 수 있다. 그러나 일반 사람들은 외재 사물에 대한 욕망인 물욕(物欲)에 이끌리게 되어 양지주체를 따르지 못함으로써 참된 주체가 되지 못한다는 것이다.[43] 물욕에 이끌리면 양지주체를 따르지 못하는 이유는 어

---

43 『傳習錄』(中), 「答陸原靜書」, 165조목, "若無有物欲牽蔽, 但循著良知發用流行將去,

디에 있는 것일까? 양지주체는 본래 쉼 없이 타자들과 감응 작용을 진행하지만 사욕이 발동하게 되면 사욕이 양지주체를 가로막아 타자들과의 감응 작용을 어렵게 만든다는 것이다.[44] 개체 욕망은 개체의 이익과 안위에만 집착하는 마음으로, 개체 욕망이 일어나면 양지를 가로막아 천지만물과의 감응 작용을 불가능하게 하는 것이다.

개체 욕망의 문제는 양지주체의 감응 작용을 가로막는 데서 끝나지 않는다. 나와 남은 본래 한 몸이지만 개체 욕망으로 인해 나는 내 몸 안의 나, 단자화된 개체로 국한하고 내 몸 밖의 남을 타자로 규정한다. 남은 바로 사사로운 나인 이기적 자아에 대응하는 타자이며, 타자는 나라는 이기적 자아의 이익과 안위를 위한, 내 개체 욕망 충족을 위한 하나의 도구와 수단으로 간주된다. 이기적 자아들은 각자 자기 자신의 이익을 위해 서로 경쟁하고 갈등하고 투쟁한다. 부모와 자식, 형과 아우와 같은 혈육 관계조차 각자 서로를 원수, 즉 도구적 타자로 규정하고 각자 자신의 이익을 위해 투쟁하면서 서로를 해치는 지경에 까지 이르게 된다는 것이다.[45]

이에 왕수인은 "서로 능멸하고 서로 해쳐서 골육(骨肉)을 나눈 일가 친척조차도 이미 너와 나 사이에 승부를 가르려는 생각과 피차에 울타리를 치는 모습이 없을 수 없는데, 하물며 광대한 천하의 수많은 백성과 사물에 대해 또한 어떻게 한 몸(一體)으로 여길 수 있겠는가?"[46]라고

即無不是道. 但在常人多爲物欲牽蔽, 不能循得良知."

[44] 『傳習錄』(下),「黃修易錄」, 244조목, "人孰無根? 良知卽是天植靈根, 自生生不息, 但著了私累, 把此根戕賊蔽塞, 不得發生耳."

[45] 『傳習錄』(中),「答顧東橋書」, 142조목, "天下之人心, 其始亦非有異於聖人也, 特其間於有我之私, 隔於物欲之蔽, 大者以小, 通者以塞, 人各有心, 至有視其父子兄弟如仇讐者." 및 『王陽明全集』 권26,「大學問」, 968쪽, "及其動於欲, 蔽於私, 而利害相攻, 忿怒相激, 則將戕物圮類, 無所不爲, 其甚至有骨肉相殘者, 而一體之仁亡矣."

[46] 『傳習錄』(中),「答聶文蔚」, 180조목, "相陵相賊, 自其一家骨肉之親, 已不能無爾我勝

하여, 이기적 자아들이 각자의 무한한 개체 욕망을 충족시키기 위해 끊임없이 경쟁하고 다투는 경우 타자를 죽음으로 몰아갈 뿐 아니라 종국에는 모두가 공멸에 이를 수 있다고 경고하고 있다.

2) 양지주체의 회복과 실현

그렇다면 현실 세계에서 이기적 자아(小人, 私人)가 참된 주체(聖人, 大人, 眞吾)가 될 수 있는 방법은 어떠한 것이 있을까? 왕수인은 참된 주체와 이기적 개체가 나뉘는 원인을 개체 욕망의 차폐와 양지주체의 실현 여부에서 찾고 있다. 즉 참된 주체(성인)는 선천적 양지주체를 실현한 사람이라면, 이기적 자아는 개체 욕망의 가림으로 인해 양지주체를 실현하지 못한 사람이라는 것이다.[47] 그렇다고 한다면, 이기적 자아가 참된 주체가 되기 위해서는 개체 욕망을 제거하고 양지주체를 회복하는 데서 시작된다고 할 수 있다.

이기적 자아에게 있어 비록 개체 욕망이 발동했다고 하여 양지주체가 소멸되는 것은 아니다. 단지 개체 욕망이 양지주체를 가림으로서 양지주체가 온전하게 감응 작용을 하지 못할 뿐이다. 따라서 양지주체를 가리는 개체 욕망을 깔끔하게 제거하면 양지주체가 온전하게 회복되어,[48] 양지주체의 감응과 감통 작용은 온전하게 진행된다. 양지주체의 회복은 자신이 마주한 타자와의 감응 작용, 즉 시비 판단, 의지

負之意, 彼此藩籬之形, 而況於天下之大, 民物之衆, 又何能一體而視之? 則亦無怪於紛紛籍籍, 而禍亂相尋於無窮矣."

47 『傳習錄』(中), 「答顧東橋書」, 139조목, "但惟聖人能致其良知, 而愚夫愚婦不能致, 此聖愚之所由分也." 및 『傳習錄』(中), 「答陸原靜書」, 165조목, "若無有物欲牽蔽, 但循著良知發用流行將去, 即無不是道. 但在常人多爲物欲牽蔽, 不能循得良知."

48 『傳習錄』(下), 「黃直錄」, 222조목, "人心是天淵. 心之本體無所不該, 原是一個天. 只爲私欲障碍, 則天之本體失了. 心之理無窮盡, 原是一個淵. 只爲私欲窒塞, 則淵之本體失了. 如今念念致良知, 將此障礙窒塞一齊去盡, 則本體已復, 便是天淵了."

발동, 실천으로의 이행 등 일련의 감응 작용 모두를 포함한다.[49] 이기적 자아에게 있어 참된 주체가 되기 위한 방안, 즉 양지주체의 회복과 실현을 위한 전제 조건은 바로 개체 욕망의 제거라고 할 수 있다. 개체 욕망의 제거로 인한 양지주체의 회복과 실현은 참된 주체가 타자와의 감응을 통해 타자와 진정으로 한 몸이 되기 위한 전제 조건이자 실현 방안이다.

3) 친민을 통한 타자와 한 몸 짜기

양지주체의 본 모습에서 보았듯이, 양지주체를 실현한다는 것은 타자와 무관한 것이 아니라 반드시 타자와의 관계, 실제적인 실천 행위를 수반하는 감응 작용을 통해서만 가능하다. 따라서 양지주체의 실현이란 타자의 생명 살림과 보살핌으로 귀결되는바, 이를 '양지주체의 타자와 한 몸 짜기'라 칭하고자 한다. 타자와 한 몸 짜기를 가장 잘 보여주고 있는 내용이 바로 왕수인의 '친민설(親民說)'이다.

왕수인은 먼저 "명덕(明德)과 친민(親民)은 하나이다. 옛 사람들이 그 민(民)을 친애하는 것으로써 명덕을 밝혔기 때문에 친민이 곧 그 명덕을 밝히는 것이 된다. 그러므로 명명덕(明明德)은 본체가 되고 친민은 작용이 된다."[50]고 하여, 『대학(大學)』에서 말하는 '명명덕'과 '친민'을 하나의 일로 규정하고 있다. 그런데 앞에서 살펴본 바와 같이 명덕은 '큰 사람(大人)'의 본질적 마음, 즉 모든 존재물을 한 몸으로 삼는 인심

---

49 『傳習錄』(中), 「答顧東橋書」, 137조목, "心者身之主也, 而心之虛靈明覺, 即所謂本然之良知也. 其虛靈明覺之良知應感而動者謂之意. 有知而後有意, 無知則無意矣. 知非意之體乎? 意之所用, 必有其物, 物即事也. 如意用於事親, 即事親爲一物, … 凡意之所用, 無有無物者, 有是意即有是物, 無是意即無是物矣. 物非意之用乎?"

50 『王陽明全集』 권8, 「書朱子禮卷」, 281쪽, "明德親民, 一也. 古之人明明德以親其民, 親民所以明其明德也. 是故明明德, 體; 親民, 用也."

(仁心)이자[51] 참된 나(眞吾), 즉 양지주체의 다름 아니다.[52] 따라서 명덕을 밝힌다는 '명명덕'은 곧 양지주체를 실현한다는 '치양지(致良知)'의 다름이 아니며, 명명덕과 하나인 '친민' 또한 치양지의 다름 아니라고 할 수 있다. 그럼 참된 주체가 타자와 한 몸이 되는 양지주체의 실현과 관련하여 명명덕과 친민에 대해 살펴보자.

왕수인에게 있어 '지선(至善)'은 당위의 규범이 아닌 명덕이자 양지이다.[53] 나아가 왕수인은 인(仁)을 명덕으로 규정하고 있는 바,[54] 왕수인에게 있어서는 '지선'='명덕'='양지'='인'이라는 도식이 성립된다. 왕수인이 말하는 인(仁)의 본질은 타자(천지만물)를 한 몸으로 삼는 데 있다. 그러므로 인심(仁心)의 발현, 즉 명덕을 밝히는 명명덕(明明德)은 타자와 무관한 개체 차원에서의 내적 수양으로 국한되지 않는다. 명명덕은 참된 주체가 타자와 실제로 감응하면서 그들의 아픔을 어루만지고 그들의 고통을 자신의 고통으로 느끼면서 타자를 보살피고 돌보는 일로 귀결된다. 그렇기 때문에 왕수인은 "어진 사람은 천지만물을 한 몸으로 삼으니, 가령 하나의 사물이라도 마땅한 자리를 잃는다면, 이는 나의 인(仁)에 아직 다하지 않은 곳이 있는 것이다."[55]라고 말하고

---

51 『王陽明全集』 권26, 「大學問」, 968쪽, "大人之能以天地萬物一體也, 非意之也, 其心之仁本若是, 其與天地萬物而爲一也. … 是其一體之仁也, 雖小人之心亦必有之. 是乃根於天命之性, 而自然靈昭不昧者也, 是故謂之明德."

52 『王陽明全集』 권26, 「大學問」, 969쪽, "天命之性, 粹然至善, 其靈昭不昧者, 此其至善之發見, 是乃明德之本體, 而即所謂良知也."

53 『王陽明全集』 권26, 「大學問」, 969쪽, "天命之性, 粹然至善, 其靈昭不昧者, 此其至善之發見, 是乃明德之本體, 而即所謂良知也.", 『傳習錄』(中), 「答顧東橋書」, 137조목, "心之虛靈明覺, 即所謂本然之良知也.", 傳習錄』(中), 「黃直錄」, 228조목, "至善者, 心之本體."

54 『傳習錄』(上), 「陸澄錄」, 89조목, "明德是此心之德, 即是仁.."

55 『傳習錄』(上), 「陸澄錄」, 89조목, "仁者以天地萬物爲一體. 使有一物失所, 便是吾仁有未盡處."

있는 것이다. 명명덕은 개체 차원의 수양이 아닌 양지주체가 타자와 한 몸 짜기 하는 것을 의미한다.

왕수인에게 있어서는 명명덕과 친민은 모두 타자와의 감응 관계 속에서 한 몸 짜기를 통해 양지주체를 실현하는 한 가지 일이다. 왕수인은 친민(親民)의 친(親)은 『대학』의 "어진 사람을 어질게 대하고 친한 사람을 친하게 대한다.", "어린아이를 보호하듯이 한다.", "백성이 좋아하는 것을 좋아하고, 백성이 싫어하는 것을 싫어한다."는 물론 맹자가 말한 "친한 사람을 친하게 여기고 백성을 어질게 대한다."와 공자가 말한 "내 몸을 닦아서 백성들을 편안하게 한다."는 의미를 내포한다고 주장한다. 친하게 대한다는 '친지(親之)'는 어질게 대한다는 '인지(仁之)'를 의미하는바, 친민은 사회 구성원 누구나 친민의 주체가 되어 타자를 친밀함과 사랑으로 보살피고 돌보고 편안하게 해주는 것을 의미한다. 그렇기 때문에 친민은 서로가 주체가 되어 타자를 길러주는 양육의 의미를 함께 내포하게 된다.[56] 친민에 있어 사람들은 타고난 신분의 높고 낮음에 상관없이 모두가 감응과 감통의 주체가 되어 서로가 서로를 보살피고 돌보고 치유하는 과정, 즉 한 몸 짜기 과정을 통해 전체생명인 한 몸을 건강하게 유지해 나갈 수 있는 바, 주체와 타자는 결코 둘이 아닌 하나이며, 친민과 명명덕(치양지) 또한 선후본말의 관계를 지닌 두 가지 일이 아닌 한 가지 일이 된다.

왕수인이 말하는 친민(親民)의 대상으로서의 민(民)은 친민의 주체가

---

56 『傳習錄』(上), 「徐愛錄」, 1조목, "作新民之新, 是自新之民, 與在新民之新不同, 此豈足爲據? 作字卻與親字相對, 然非親字義. 下面治國平天下處, 皆於新字無發明, 如云君子賢其賢而親其親, 小人樂其樂而利其利, 如保赤子, 民之所好好之, 民之所惡惡之, 此之謂民之父母之類, 皆是親字意. 親民猶孟子親親仁民之謂, 親之卽仁之也. … 又如孔子言修己以安百姓, 修己便是明明德, 安百姓便是親民. 說親民便是兼敎養意, 說新民便覺偏了."

보살피고 돌봐야 할 모든 존재물들을 포함한다. 가까운 혈육과 다른 사람들은 물론 동물과 식물, 나아가 무생물 모두를 포함한다.[57] 그러므로 친민의 주체는 자신의 아버지와 형제만을 사랑으로 보살피고 돌보는 것이 아니라 남의 아버지와 형제도 사랑으로 보살피고 돌보고 나아가 자신이 관계 맺고 있는 다양한 사람들은 물론 동물과 식물들까지도 미진함 없이 잘 보살피고 돌볼 때 비로소 자신의 명덕이 세상에 밝혀졌다, 즉 실현되었다고 말할 수 있다.[58] 이러한 친민을 통한 명명덕은 만물일체의 인심(仁心)을 실현하는 일이자 진정으로 천지만물을 한 몸으로 삼는 일이다.[59] 이렇듯 참된 주체의 모든 존재물에 대한 친애의 활동, 즉 '타자와 한 몸 짜기'가 바로 명명덕이요 친민이며, 명명덕과 친민은 주체가 타자가 진정으로 하나 되는 하나의 일인 것이다.

이렇듯 왕수인이 말하고자 하는 참된 주체는 단자화된 개체, 이기적 자아가 아닌 타자와 하나 된 존재이며, 주체와 한 몸을 이루고 있는 타자를 잘 보살피고 돌보는 것이 참된 주체의 역할이다. 여기서 중요한 점은 양지를 실현하는 주체는 소수의 특권층이나 타고난 재질이 뛰어난 사람에 국한되는 것이 아니라 세상 모든 사람들이 양지 실현의 주체가 된다는 점이다. 인간 누구나 사사로운 이기적 욕망을 제거하고 양지 실현의 주체가 되어서 타자를 편안하게 해주고 길러줌으로써 모두가 한 몸이 되는 대동사회를 구현해 나갈 수 있다는 것이다.[60]

---

57 『王陽明全集』권7, 「親民堂記」, 251쪽, "人者, 天地之心也; 民者, 對己之稱也; 曰民焉, 則三才之道擧矣."

58 『王陽明全集』권7, 「親民堂記」, 251쪽, "是故親吾之父以及人之父, 而天下之父子莫不親矣; 親吾之兄以及人之兄, 而天下之兄弟莫不親矣. 君臣也, 夫婦也, 朋友也, 推而至於鳥獸草木也, 而皆有以親之, 無非求盡吾心焉以自明其明德也. 是之謂明明德於天下."

59 『王陽明全集』권26, 「大學問」, 968~969쪽, "君臣也, 夫婦也, 朋友也, 以至於山川鬼神鳥獸草木也, 莫不實有以親之, 以達吾一體之仁, 然後吾之明德始無不明, 而眞能以天地萬物爲一體矣."

4) 한 몸 짜기의 귀결처

마지막으로 양지주체 실현의 귀결처이다. 왕수인은 "군자의 학(學)은 오직 그 마음을 구하는 것으로서 비록 천지를 세우고 만물을 양육하는 데 이르더라도 내 마음 밖으로 벗어나는 것이 없다."[61]고 전제하면서, "어버이에 대해서는 자식이 자신의 마음의 인(仁)을 다하고, 임금에 대해서는 신하가 자신의 마음의 의(義)를 다하는 것과, 자신의 마음의 충신(忠信)을 말하고, 자신의 마음의 독경(篤敬)을 행하는 것과, 마음의 분노를 징계하고, 마음의 욕망을 막고, 마음의 선함을 실천으로 옮기고 마음의 그릇됨을 고치는 등과 같은 사물을 처리하는 일은 가는 곳마다 내 마음을 다함으로써 스스로 만족함을 구하는 것 아닌 것이 없다."[62]고 주장한다. 자신이 마주한 타자를 잘 보살피는 일이나 자신이 마주한 일을 성실하게 처리하는 것이나 자신의 부정한 마음을 바로 잡는 일 등은 모두가 '스스로의 만족(自慊)'을 구하는 것으로 귀결된다.

왕수인의 "세상의 군자가 오직 양지를 실현하는 데 힘쓰기만 한다면, 저절로 시비(是非)를 공유하고 호오(好惡)를 함께하며, 남을 자기와 같이 보고 나라를 한 집안처럼 보아서 천지만물을 한 몸으로 여길 수 있다."[63]라는 주장에서 알 수 있듯, 양지주체 실현의 귀결처는 바로

60　『傳習錄』(中), 「答聶文蔚」, 183조목, "共明良知之學於天下, 使天下之人皆知自致其良知, 以相安相養, 去其自私自利之蔽, 一洗讒妒勝忿之習, 以濟於大同, 則僕之狂病, 固將脫然以愈, 而終免於喪心之患矣, 豈不快哉!"

61　『王陽明全集』 권7, 「紫陽書院集序」, 239쪽, "是是故君子之學, 惟求得其心. 雖至於位天地, 育萬物, 未有出於吾心之外也."

62　『王陽明全集』 권7, 「紫陽書院集序」, 239쪽, "是故於父, 子盡吾心之仁, 於君, 臣盡吾心之義; 言吾心之忠信, 行吾心之篤敬; 懲心忿, 室心欲, 遷心善, 改心過; 處事接物, 無所往而非求盡吾心以自慊也."

63　『傳習錄』(中), 「答聶文蔚」, 179조목, "世之君子, 惟務致其良知, 則自能公是非, 同好

타자와 하나 됨에 있다고 할 수 있다. 양지주체의 감응을 통해 나와 타자는 한 몸을 이루기 때문에 양지주체는 타자의 옳고 그름, 타자의 좋아하고 싫어함을 함께 하며, 타자의 선행을 보고 마치 자기로부터 나온 듯이 여기고, 타자의 악행을 보고 마치 자기가 악에 빠진 것처럼 여기게 된다. 또한 타자의 굶주림과 쇠약함을 마치 자기의 굶주림과 쇠약함처럼 여기고, 한 사람이라도 온전하지 못한 상태에 놓여있게 되면 마치 자신이 그를 도랑에 밀어 넣은 것처럼 여기게 된다. 그러므로 타자를 돌보고 보살핌으로써 타자의 고통과 아픔을 치유할 수 있게 된다. 이는 의도적으로 그렇게 하여 세상 사람들이 자기 자신을 믿어주기를 바랐기 때문에 그런 것이 아니다. 자신의 양지주체를 실현함으로써 '스스로 만족함'을 구하는 데 힘썼을 따름이라는 것이다.[64] 즉 양지 실현의 귀결처는 바로 '타자와 한 몸'이 되고 '스스로 만족'을 느끼는 데 있다.

5. 나오는 말: 소비문명에서 생태문명으로

서론에서 전 지구적인 기후변화는 지난 수 세기 동안 진행된 소비문명에 의해 가속화되었으며, 소비문명의 밑바탕에는 개인에게 궁극적 실재성을 부여하고 인간을 고립된 개체로서 자신의 욕망을 추구하고 충족시키고자 하는 존재로 규정하는 개인주의가 자리 잡고 있다고 하는 것을 살펴봤다. 그리고 계몽이성에 근거한 개인, 주체는 타자를

惡, 視人猶己, 視國猶家, 而以天地萬物爲一體, 求天下無治, 不可得矣."

64　『傳習錄』(中),「答聶文蔚」, 179조목, "古之人所以能見善不啻若己出, 見惡啻若己入, 視民之飢弱, 猶己之飢弱, 而一夫不獲, 若己推而納諸溝中者, 非故爲是, 而以蘄天下之信己也, 務致其良知求自慊而已矣."

정복의 대상으로 여기고, 주체는 타자에 대해 억압과 배제와 폭력을 행사하며, 이러한 계몽이성을 바탕으로 한 개인주의를 근간으로 한 소비사회는 공생과 상생의 장이 아닌 경쟁과 투쟁과 갈등과 소외와 지배와 억압의 장, 즉 살림의 장이 아니라 죽임의 장이라는 내용 또한 함께 살펴봤다. 현재 인류는 경쟁과 갈등의 소비문명에서 공생과 상생의 생태문명으로의 전환이 요청되고 있다. 결론에서는 본론의 내용을 간략히 정리하면서 생태문명으로의 전환에 있어 양명학의 의의에 대해 이야기하고자 한다.

2장에서 살펴본 바와 같이 왕수인은 우주자연을 하나의 생명체로 보고 인간은 자연만물과 한 몸임을 주장한다. 그리고 인간은 개인주의에서와 같이 다른 존재물들과 분리 독립된 욕망의 주체가 아닌 우주자연의 생명 창출 및 양육 과정을 주체적으로 이끌어 가는 우주자연의 중추적 존재로 규정하고 있다. 이렇듯 천지만물을 한 몸으로 삼는 사람을 '대인(大人)'과 '참된 나(眞吾)'로 규정하는 반면, 이기적 욕망으로 인해 나와 너를 나누고 자신의 이익을 위해 경쟁하고 투쟁하는 사람을 '작은 사람(小人)', '사사로운 나(私吾)'로 규정한다. 전자가 왕수인이 말하고자 하는 '참된 주체'라면 후자는 참된 주체의 본질에 어긋나는 왜곡되고 질곡 된 이기적 자아이다. 사사로운 나를 극복하고 참된 나를 회복하는 일은 내 가족과 인류, 나아가 자연존재물을 보살피고 돌봄으로써 자신과 한 몸을 이루고 있는 천지만물을 건강하게 유지시켜 나가기 위해 꼭 필요한 일이다.

그리고 3장에서 살펴본 바와 같이 참된 주체의 생명 본질은 바로 '양지(良知)'에 있다. 양지는 신분의 고하나 기질상의 차이에 상관없이 인간 누구나 갖고 태어나는 것으로 역사적 보편성과 영속성을 지닌다. 인간은 누구나 양지를 실현하면 참된 인간이 될 수 있는 바, 양명학에서 말하는 참된 주체를 '양지주체'라고 칭할 수 있다. 양지주체는 천지만물과의 감응과 통각의 주체인 바, 양지는 다른 존재물들, 즉 타자의 고난과 생명 손상을 자신의 절실한 고통과 아픔으로 느낄 뿐만 아니라 그들의 상처를 치유하고 보살피고 돌본다. 양지주체의 통각과 감통 작용은 가족 나아가 인간사회에 국한되는 것이 아니라 자연만물로 확대된다. 양지주체의 입장에서 본다면, 계몽이성에서와 같이 나와 분리된 타자, 내 욕망의 대상으로서의 타자, 지배와 배제의 대상으로서의 타자는 존재하지 않는다. 양지주체의 입장에서 타자는 나와 한 몸을 이루고 있는 모든 존재물이다. 타자는 내가 그들의 생명 손상을 아파하고 그들의 상처를 치유하고 건강하게 생명을 유지할 수 있도록 보살피고 돌봐주어야 할 전체생명의 한 부분이다.

그렇다면 인간은 누구나 참된 주체가 될 수 있는 양지주체를 선천적으로 내재하고 있음에도 불구하고 현실에서 참된 주체가 되지 못하고 단자화된 사사로운 내가 되는 이유는 무엇 때문일까? 4장에서 살펴본 바와 같이 그것은 인간의 후천적인 외부 사물에 대한 '물욕', 즉 '사욕'에서 찾을 수 있다. 사욕은 인간 자신을 천지만물과 분리시켜 개체화함으로써 극단적으로 자신의 개체 이익만을 충족시키고자 하는 개체 욕망이다. 사욕은 양지를 가리고 덮어버림으로써 타자와의 자연한 감응과 감통 작용을 가로막는다. 사욕에 물든 사사로운 나에게 있어 타자는 나의 욕망 충족을 위한 하나의 도구로 간주되며, 사사로운 나와 타자는 경쟁과 갈등과 투쟁의 관계가 된다. 사사로운 나와 타자는 무한한 개체 욕망 충족을 위해 갈등하고 투쟁하는 과정에서 서로를 죽음으로까지 몰아갈 수 있으며, 종국에는 모두가 공멸에 이를 수도 있다.

그렇다면 현실 세계에서 개체 욕망에 물든 '작은 사람', '사사로운 나'로부터 본질적 인간인 '큰 사람', '참된 나'를 회복하는 방법은 무엇일까? 참된 나를 회복한다는 것은 곧 양지주체를 회복하는 것을 의미하며 참된 내가 되기 위해서는 양지주체를 실현해야 하는 바, 양지주체를 실현하기 위해서는 양지를 가로막는 개체 욕망을 제거하고 양지주체를 회복하는 노력인 수양(修養)이 필요하다. 개체 욕망의 제거와 양지주체의 회복은 참된 주체가 모든 존재물과의 감응을 통해 타자와 진정으로 한 몸이 되기 위한 전제 조건이자 실현 방안이다. 양지주체를 실현한다는 것은 타자와 무관한 것이 아니라 반드시 타자와의 관계, 즉 감응과 감통 작용을 통해서만 가능하다. 따라서 양지주체의 실현이란 타자의 생명 살림과 보살핌으로 귀결된다. 그 구체적 방식이 바로 친민(親民)이다. 친민은 인간 누구나 자신이 주체가 되어 서로를 사랑과 친밀함으로 대하는, 즉 서로 배려하고 돌보고 보살피고 길러주는 '상보적 양육'의 의미를 내포한다. 따라서 주체와 타자는 결코 둘이 아닌 하나이며, 친민은 곧 명명덕(明明德=致良知)의 다름 아니다. 그리고 '친민'의 대상인 '민'은 자신의 혈육으로부터 인류, 나아가 동·식물과 같은 자연존재물 모두를 포함하는바, 친민은 천지만물을 한 몸으로 삼는 나의 인(仁), 즉 양지를 실현하는 일이며, 진정한 의미에서 내가 천지만물과 한 몸이 되는 것을 말한다. 친민은 타자를 보살피고 돌봄으로써 그들의 아픔과 고통을 치유하는 한 몸 짜기, 즉 양지 실현은 내면적으로 자신의 불안하고 불편한 마음에서 '스스로의 만족'과 '참된 즐거움'에 이르는 길이자 우주자연의 모든 존재물들과 간격 없이 진정으로 한 몸이 되는 '상생'과 '공생'의 길이다.

  우리가 나아가야 할 새로운 문명은 인간과 인간은 물론 인간과 자연이 건강하게 상생하고 공생하는 생태문명이다. 탐욕과 경쟁과 갈등과 억압과 지배와 소외가 지배하는 소비문명에서 배려와 돌봄과 조화와 공생이 핵심인 생태문명으로 전환해야 한다. 단자화된 이기적 욕망의 개체인 소비주체에서 돌봄과 공생의 생태주체로 전환해야 한다. 왕수인이 말하는 '작은 사람(小人)'과 '사사로운 나(私吾)'는 단자화된 이기적 욕망의 자아라면, '큰 사람(大人)'과 '참된 나(眞吾)'는 모든 존재물을 한 몸으로 삼는 생태주체에 해당한다. 참된 주체, 즉 생태주체의 본질은 '양지주체'에서 찾을 수 있다. 양지주체에 있어 나와 모든 존재물은 한 몸이기 때문에, 나와 분리된 타자란 존재하지 않는다. 부득이 나와 관계 맺고 있는 존재물들을 타자라 칭한다 하더라도 그 타자는 소비주체에 대응하는 타자, 즉 경쟁과 갈등과 투쟁과 지배의 대상으로서의 단자화된 타자가 아니다. 양지주체에 있어 타자는 내가 그들의 아픔과 고통을 나의 아픔과 고통으로 느끼면서 보살피고 돌봐야할 타자이며, 주체이든 타자이든 우리 모두는 한 몸 짜기의 진정한 주체인 참된 주체인 것이다. 이러한 양지주체를 생명 본질로 하는 참된 주체가 바로 오늘날 우리가 찾는 생태주체인 것이다. 양지주체의 회복과 실천을 통해 인류는 기후 위기에서 벗어나 공생과 상생의 길로 나아갈 수 있는 기반을 마련할 수 있을 것이다.

명明과 15개 부정제이국不征諸夷國의 관계
: 섬라暹羅를 중심으로

임상훈

1. 들어가며

1368년, 明을 건국한 洪武帝는 元의 大都를 함락하였고, 중국에는 다시금 漢族王朝가 들어섰다. 이민족 몽골이 남긴 잔재를 청산하기 위해 홍무제는 건국 직후부터 '漢唐舊制'로의 복귀를 천명하였다. 그는 여러 방면에서 몽골족의 '胡風'을 제거해나갔으며, 국제질서 역시 한족 중심으로 재구축하려 심혈을 기울였다. 이를 위해 홍무제는 즉위하자마자 주변국에 사신을 보내 원명교체의 사실을 알리며 그들과 새로운 관계를 맺길 희망하였다. 홍무제의 이와 같은 노력에 부응하여 高麗·安南·琉球 등을 비롯한 많은 주변 국가들이 명과 국교를 수립하며 밀접한 관계를 맺기 시작하였다.

홍무제는 특히 국제관계가 명의 존망에 지대한 영향을 끼친다고 판단하여 이를 국정운영의 핵심으로 삼았으며, 후대의 황제들도 이에 주의하도록 명문화하였다. 즉, 홍무 28년(1395) 홍무제는 자신의 통치 경험과 철학을 담은 『皇明祖訓(이하 조훈)』을 집필하였고, 이 책의 첫머리에 바로 명과 주변국의 관계에 대한 자신의 생각을 '15個 不征諸夷國'으로 요약·정리하였던 것이다.[1]

사방의 제이들은 모두 산과 바다로 막혀 있고, 한 구석에 있다. 그 땅을 얻어도 供給에 부족하고, 그 백성을 얻어도 부리기 부족하다. 만약 그들이 자신의 능력을 모르고 와서 우리의 변방을 소란스럽게 한다면, 그들에게 복(祥)이 되지 않을 것이다. 그들이 중국의 患이 되지 않는데, 우리가 군대를 일으켜 가벼이 정벌한다면 역시 복이 되지 않을 것이다. 나는 후세 자손들이 중국의 부강함에 기대고 一時의 戰功을 탐하여 無故하게 군사를 일으켜 인명을 해할까 두려우니 결코 해서는 안 된다. 그러나 胡戎과 西北 변경은 서로 매우 가까워 대대로 전쟁이 일어났기에, 반드시 장수를 精選하고 병사를 훈련시켜 時時로 그들을 신중히 경계해야 한다.

지금 정벌해서는 안 될 여러 夷國을 각각 뒤에 나열한다.

東北: 朝鮮國
正東偏北: 日本國
正南偏東: 大琉球國, 小琉球國
西南: 安南國, 眞臘國, 暹羅國, 占城國, 蘇門答刺, 西洋國, 爪洼國, 湓亨國, 白花國, 三佛齊國, 渤泥國[2]

상술한 바와 같이 『조훈』은 홍무제가 말년에 친히 집필한 책으로, 그의 수십 년간 통치의 결정체라고 할 수 있다. 書名에서 볼 수 있듯이 『조훈』은 홍무제 자신이 직접 경험했던 통치의 성패 및 교훈을 후대의 황제에게 물려주기 위해 저술한 것으로, 명을 안정적으로 통치하도록

---

1   『황명조훈』의 성격 및 15개 부정제이국 등에 대한 내용은 林常薰, 「明代 國際 關係의 기틀: 洪武帝의 15個 不征諸夷國 構想과 그 形成 過程」, 『韓中關係研究』 6~3(2020) 참고.
2   朱元璋 撰, 『明朝開國文獻』(學生書局, 1966).

후손들에게 남긴 일종의 '家訓'적인 성격의 책이다. 후대 황제들이 『조훈』의 훈계를 엄수하도록 '한 글자도 고쳐서는 안 된다'라며 엄포하였고, 그 내용 역시 후대 황제들에게 전하는 국가 통치에 관한 조언과 훈계가 주를 이룬다. 15개 부정제이국은 바로 이와 같은 성격의 『조훈』서두에 명시되어 있으며, 홍무제의 국제관계에 대한 중요도와 인식 및 방침 등 여러 가지 내용을 엿볼 수 있다. 더욱 중요한 것은 앞서 언급한 『조훈』의 '가훈'적인 성격과 '祖宗成憲'을 중시했던 명의 특징으로 볼 때, 후대의 명 황제들이 홍무제가 정한 15개 부정제이국에 대한 훈계를 완전히 무시하지는 않을 것으로 생각한다. 이러한 점에서 볼 때 15개 부정제이국은 일정 정도 명대 국제관계와 정책 등에 영향을 끼쳤을 것이다. 과연 명과 15개 부정제이국의 실제 관계는 어떠했는지, 홍무제의 훈계대로 '정벌'은 없었는지, 명의 멸망까지 이들과의 관계는 어떻게 전개되었는지 등등 여러 궁금증을 자아낸다.

이러한 중요성에 착안하여 근래 중국 학자들을 중심으로 부정제이국에 관한 연구가 일부 진행되었지만, 대부분 홍무제의 대외 인식이나 이념 등에 관한 연구에 치중하고 있다.[3] 이처럼 여전히 연구가 미진한 상황에서 본고는 홍무제의 15개 부정제이국에 대해 試論的인 성격으로 접근해보고자 한다. 먼저 15개 부정제이국 중 이미 연구가 상당 부분 진행되어온 명과 조선·일본·안남·류큐를 제외하고 西南諸國, 즉 동남아 국가들 중 명과 가장 밀접한 관계를 맺었던 暹羅(현 泰國)와의 관계[4]를 각종 사료를 통해 정리해 보고자 한다.

---

3   萬明, 「明代外交觀念的嚴謹——明太祖找零文書縮減之天下國家觀」, 『古代文明』2(2010); 「明太祖"共享太平之福"的外交理念與實踐」, 『人民論壇』10(2017); 安藝舟, 「十五"不征之國"新論——兼談明太祖的地緣政治理念」, 『東南亞研究』05, 2015; 鄭寧, 「"不征之國"與明初國際秩序的構建」, 『延邊大學學報(社會科學版)』05(2016); 羅山, 「朱元璋的十五不征之國——名朝朝貢體系外交的基礎」, 『國家人文歷史』17(2020).

상술한 바와 같이 본고의 목표는 명과 15개 부정제이국과의 관계에 대한 초보적인 단계로 서남제국 중 섬라와의 관계를 분석하였으며, 관련 사료의 정리를 통해 명과 섬라 간에 진정으로 '不征'의 관계가 이어졌는지를 살펴보는 것이다. 그리하여 본고는 명·섬라간의 전문적인 교류사라기보다는 명의 15개 부정제이국 중 하나로서 명과 섬라 사이의 전반적인 관계를 살펴보며 대강의 특징을 알아보는 데 주안점을 두었다는 것을 미리 언급한다.

2. 不征諸夷國 暹羅와의 國際關係 形成과 展開

본고에서 다루고자 하는 暹羅는 현재 태국의 전신인 시암(태국어 : สยาม(샴), 영문 : Siam)의 첫 번째 왕조인 아유타야(1351~1767, 태국어 : อยุธยา, 영문 : Ayuthaya)를 가리킨다.[5] 명에서는 홍무 10년에 '시암'이라는 이름을 중국어로 音譯하고, '暹羅國王之印'을 特賜하며 정식으로 '暹羅'(중국 발음 : xiān luó(셴뤄))로 명명하였다.[6] 양국의 관계는 홍무 3년(1370),

---

4   명과 섬라의 관계에 관한 연구는 주로 화교 등에 초점을 맞추어 중국에서 많이 진행하고 있다. 명과 섬라의 관계를 중점적으로 논한 연구성과로는 아래와 같다. 施榮華, 『中泰文化交流』(雲南美術出版社 , 1997); 何愛國, 「明代中泰關係鉤沉」, 『東方研究』1(2002); 何愛國, 『明代中泰外交關係研究』, 雲南師範大學碩士學位論文(2002); 唐開建·田渝, 「明清時期華人向暹羅的移民」, 『世界民族』6(2006); 曲明東, 「試論明朝與暹羅的關係」, 『泰山學院學報』5(2004); 張文德, 「從暹羅館的設立看明朝後期與暹羅的文化交流」, 『東南亞縱橫』11(2009).

5   현재 泰國의 정식명칭은 '타이 왕국'(태국어 : ราชอาณาจักรไทย, 영문 : Kingdom of Thailand)이지만, 이전에는 '시암'이라는 이름을 사용하였다. 1350년 아유타야 왕조의 개창 이후부터 시암으로 명명하였다가, 1939년 '타이'(태국어 : ประเทศไทย, 영문 : Thai, '자유'를 의미)로 개명하였다. 제2차 세계대전 후 잠깐 시암으로 복귀하였지만, 그 후 바로 타이로 개칭하여 현재에 이르고 있다.(『두산백과(두피디아)』에서 「타이」·「시암」·「아유타야 왕조」로 검색, 검색일 : 2021. 09. 10.) 본고에서는 편의상 '섬라'로 통일하여 기술하겠다.

명의 최초 섬라 出使로부터 시작하여, 명 멸망 직전 해인 崇禎 16년
(1643)까지 이어져갔다. 명이 설정한 국제질서에 편입한 섬라는 명과
매우 빈번하면서도 우호적인 관계를 보인다. 양국간의 사신 왕래의
수에서도 총 135회(명: 25회, 섬라: 110회)라는 적지 않은 수를 보이고 있
다.[7] '조그만 나무판자조차 바다에 띄우는 걸 엄금'[8]할 정도로, 바다를
통한 왕래를 금지하던 海禁 정책을 강력히 실시했던 명에서 바다를 통
해 섬라와 이 정도의 빈번한 왕래를 보인 것은 매우 드문 일일 것이다.

 명과 섬라의 첫 교류에 관한 내용으로는 嚴從簡의 『殊域周咨錄』과
羅日褧의 『咸賓錄』 등의 기록에 따르면, 홍무 초에 大理少卿 聞良輔
를 보냈고, 섬라곡국의 왕 參烈昭昆牙가 사신을 파견해 조공을 바치
며 시작했다는 기록이 있다.[9] 하지만, 엄종간 본인조차 스스로 다른
志 속의 내용을 예를 들어 문량보가 명의 첫 번째 공식 사신으로 섬라
에 갔다는 기록을 의심하고 있다.

 다른 志의 기재에 따르면, "永樂 初에 해외 諸國이 와서 복속하길 청
 하였다. (聞)良輔가 명을 받들고 가서 宣諭하였는데, 暹羅・爪哇로부터
 西洋古里까지였다."라고 기록되어 있다. 즉 (문)량보가 어찌 그 나라에
 두 번 사신으로 갔겠는가?[10]

『명실록』이나 『명사』 등의 사료에서 홍무 초 문량보의 섬라 파견에
관한 내용은 찾아볼 수 없으며, 더욱이 그 기록과는 완전히 달리 呂宗

---

6   『明 太祖實錄』卷115, 洪武 10年 9月 乙酉條.

7   후술하는 '表1. 明과 暹羅의 交流 一覽表' 참고.

8   『明史』卷205 「朱紈傳」.

9   嚴從簡 著・余思黎 點校, 『殊域周咨錄』卷八 「暹羅」(中華書局, 2000), 279쪽; 羅日褧
    著・余思黎 點校, 『咸賓錄』卷6 「南夷志・暹羅」(中華書局, 1983), 148쪽.

10 嚴從簡 著・余思黎 點校, 앞의 책, 279쪽.

俊이 최초의 사신으로 갔다는 기록이 존재한다.

(홍무 3년(1370) 8월 5일) 呂宗俊 등을 暹羅國에 보내 招諭하였다.[11]

(홍무 4년(1371) 9월 22일) 呂宗俊이 暹羅國에서 돌아왔다. 그 왕 參烈昭毘牙가 그 신하 昭祿孤蠻 등을 (여)종준과 함께 오게 하여 길들인 코끼리와 발이 6개 달린 거북 및 方物을 바치니, 詔書를 내려 그 국왕에게는 織金紗羅文綺를, 사신에게는 옷을 한 벌씩 하사하였다.[12]

洪武 3年(1370), 사신 呂宗俊 등에게 명하여 詔諭를 가지고 그 나라 (暹羅)에 가게 하였다. (洪武) 4년(1371), 그 왕 參烈昭毘牙가 (여)종준 등과 함께 와서 길들인 코끼리와 발이 6개 달린 거북 및 方物을 바치니, 詔書를 내려 그 왕에게 錦綺를, 사신에게는 幣帛을 차등하게 하사하였다.[13]

사실 문량보의 외국 출사는 영락 연간에 일어난 일이었으며, 그 대상 역시 섬라가 아닌 爪哇·西洋·蘇門荅剌였다.

按察副使 聞良輔와 行人 甯善[14]을 爪哇·西洋·蘇門荅剌에, 給事中 王哲과 行人 成務를 暹羅에 사신으로 보낸다.[15]

위와 같이 섬라에 최초의 사신으로 간 이에 관해서 일부 史書에서 '홍무 초의 문량보'라는 두리뭉실한 기록이 있지만, 여러 정황상『명실록』과『명사』의 '홍무 3년의 여종준'이라는 기록이 맞을 것이라 생

---

11 『명 태조실록』권55, 홍무 3년 8월 辛酉條.
12 『명 태조실록』권68, 홍무 4년 9월 辛未條.
13 『명사』권324「섬라전」.
14 『명사』권324「섬라전」.
15 『明 太宗實錄』卷22, 永樂 元年 8月 癸未條.

각한다.

이렇듯 홍무 3년(1370)년부터 시작한 명·섬라 간 교류는 명의 첫 방문과 섬라의 답방으로 시작하였으며 매우 우호적인 성격을 띠었다. 첫 번째 교류 이후 홍무 5년(1372)에는 섬라에서 먼저 사신을 보내 조공을 바치며 명의 국제질서에 편입해왔고, 그 이후 두 국가는 빈번한 교류를 이어갔다.

> 暹羅斛國에서 그 신하 寶財賦 등을 보내 表를 올리며, 검은 곰·흰 원숭이·蘇木·후추 및 丁香 등 물건을 바치니, 詔書를 내려 국왕에게는 織金紗羅文綺를, 사신과 通事 李淸 이하에게는 각각 衣物을 차등하게 하사했다.[16]

먼저 명과 섬라의 관계에 관한 내용을 중국 측의 여러 사료에서 정리하자면 아래와 같다. 관련 사료는『明實錄』과『明史·暹羅傳』을 주로 참고하였으며, 이 외에도 명말에 전문적으로 명대 외국 관련 내용을 기록한 엄종간의『殊域周咨錄』[17]·나일경의『咸賓錄』[18] 등을 더하였

---

16 『명 태조실록』권71, 홍무 5년 정월 壬戌條.

17 엄종간(?-?)의 字는 仲可, 號는 紹峰으로 浙江 嘉興 출신이며, 嘉靖 말에 進士에 급제하여 行人司의 行人을 除授받았다. 비록 행인으로서 외국에 출사한 경험은 없지만, 외국과의 교류 전담 부서인 행인사에 있으며 각종 외국 관련 기록을 참고할 수 있었고, 이를 통해 명대 외국과의 교류사를 담은『수역주자록』을 집필할 수 있었다. 총 24권으로 이루어진 본서는 萬曆 2년(1574)에 완성되었다. 명과 관계를 맺었던 외국을 東夷·西戎·南蠻·北狄으로 구분하여 이들의 풍토·지리 및 중국과의 왕래 등 다양한 내용을 기록하였다. 淸을 세운 滿洲族의 前身인 女眞을 '東北夷'로 구분하여 청대에는 禁書가 되었고,『四庫全書』에도 실리지 못하였다.(嚴從簡 著·余思黎 點校, 앞의 책, 1~4쪽(前言))

18 나일경(?-?)의 字는 尙之로 江西 南昌 출신이며, 만력 13년(1585)에 擧人에 급제한 것 이외에 잘 알려지지 않았다. 나일경은 명말의 혼란한 상황 속에서 다시금 명의 부흥을 기원하며 '모든(咸)' 외국이 '손님으로서 순종한다(賓)'라는 의미로『함빈록』을 지었다고 한다. 본서의 완성 시기는 未詳이나 만력년간에 출판된 것으로 보이며,

다. 각 책들의 내용 중 연도의 차이나 상충하는 부분은 『명실록』의 것을 따랐다. 명대 섬라와의 사신 파견에 관한 내용을 정리하자면 아래의 '表1. 明과 暹羅의 交流 一覽表'와 같다.

表1. 明과 暹羅의 交流 一覽表[19]

回	年度	使臣		内容	出處	備考
		明朝	暹羅			
1	3년 1370	呂宗俊		섬라국 초유	『明 太祖實錄』卷55, 洪武 3年 8月 辛酉條 『明史』卷324 「暹羅傳」	명의 최초 사신
2	4년 1371		昭宴孤蠻	여종준과 함께 섬라 사신이 답방	『명 태조실록』권68, 홍무 4년 9월 辛未條 『명사』권324 「섬라전」	섬라의 최초 사신
3	5년 1372		寶財賦	조공	『명 태조실록』권71, 홍무 5년 정월 壬戌條 『명사』권324 「섬라전」	
4	洪武 6년 1373		未詳	섬라 국왕의 누이 參烈思獰이 金葉表(금박을 한 표문)을 中宮에 바치나 거절	『명 태조실록』권85, 홍무 6년 10월 辛巳條 『명사』권324 「섬라전」	섬라 국왕의 비정상적인 교체
5			昭委直	進表와 朝貢	『명 태조실록』권85, 홍무 6년 10월 庚寅條	
6			柰文隷囉	섬라 국왕의 누이 參烈思獰이 다시 中宮에 방물을 바치나 또 거절	『명 태조실록』권86, 홍무 6년 11월 癸丑條 『명사』권324 「섬라전」	
7			柰思俚儕剌識悉替	금엽표와 방물을 바치며, 국왕 參烈昭毘牙가 유약하여 나라사람들이 그 伯父 參烈寶毘牙口思哶哆囉祿에게 國事를 맡김을 보고	『명 태조실록』권86, 홍무 6년 11월 庚申條 『명사』권324 「섬라전」	

총 8권으로 「北虜志」 1권·「東夷志」 1권·「西夷志」 3권·「南夷志」 3권으로 구성되어 있다. 명과 관계를 맺었던 여러 외국의 민속·복식·특산물 등 많은 귀중한 내용을 기록하고 있다.(羅日褧 著·余思黎 點校, 앞의 책, 5~7쪽(前言))

19 『명실록』·『명사·섬라전』·『殊域周咨錄』·『咸賓錄』 참고.

	연도		사신	내용	출전	비고
8			柰昭罈哆囉等	謝恩의 表와 방물을 바침	『명 태조실록』권86, 홍무 6년 윤11월 庚寅條 『명사』권324「섬라전」	
9			婆坤岡信	국왕 參烈寶毘牙口思口思 哩哆囉祿이 金表를 보내 正旦을 축하하며 방물과 지도를 바침	『명 태조실록』권86, 홍무 6년 12월 乙丑條 『명사』권324「섬라전」	
10	7년 1374		沙里拔	작년에 풍랑을 만나 해남에 표류, 남아있던 蘇木·降香·兆羅綿 등을 바치나, 홍무제가 사신이 아닌 番商으로 여겨 거절 각국 사신이 너무 빈번하게 조공하자 고려만 3년에 1번, 나머지 나라는 너무 자주 오지 않도록 명령	『명 태조실록』권88, 홍무 7년 3월 癸巳條 『명사』권324「섬라전」 『殊域周咨錄』卷8 「暹羅傳」	
11			昭悉里直	王世子 蘇門邦王 昭祿群膺이 皇太子에게 箋文과 방물을 바침	『명 태조실록』권94, 홍무 7년 11월 丁丑條 『명사』권324「섬라전」	
12	8년 1375		未詳	조공	『명 태조실록』권96, 홍무 8년 정월 丁亥條 『명사』권324「섬라전」	
13			婆坤岡信	금엽표문을 바침	『명 태조실록』권101, 홍무 8년 10월 丁酉條	
14			柰暴崙	이전 明臺王의 世子 昭勃羅厮가 금엽표문과 방물을 바침	『명 태조실록』권102, 홍무 8년 11월 丁卯條 『명사』권324「섬라전」	
15	10년 1377		昭祿群膺	섬라 왕의 아들 昭祿群膺이 금엽표와 코끼리·상아·후추·소목을 바침	『명 태조실록』권115, 홍무 10년 9월 乙酉條 『명사』권324「섬라전」	
16		王恒		섬라 국왕에게 조서를 내리며'暹羅國王之印'特賜	『명 태조실록』권115, 홍무 10년 9월 乙酉條 『명사』권324「섬라전」	정식으로 섬라라 명칭
17	11년 1378		昭直班	進表와 조공	『명 태조실록』권117, 홍무 11년 3월 癸酉條	
18			未詳	조공	『명 태조실록』권121, 홍무 11년 12월 辛亥條	
19	12년 1379		亞剌兒文智利	진표와 조공	『명 태조실록』권121, 홍무 12년 10월 乙酉條	
20	13년 1380		未詳	조공	『명 태조실록』권132, 홍무 13년 6월 甲申條	

21	14년 1381	陳子仁	진표와 조공	『명 태조실록』권135, 홍무 14년 2월 丙寅條	
22	15년 1382	班直三	조공	『명 태조실록』권146, 홍무 15년 6월 甲午條	
23		未詳	조공	『명 태조실록』권151, 홍무 16년 정월 己巳條	
24	16년 1383	未詳	勘合文冊 하사, 중국에 이르는 사신은 반드시 감합이 서로 같아야 입국 가능	『명 태조실록』권153, 홍무 16년 4월 乙未條 『명사』권324「섬라전」 『수역주자록』권8「섬라전」	占城·眞臘과 함께 감합 무역 시작
25		未詳	織金文綺와 磁器 하사	『명 태조실록』권156, 홍무 16년 8월 乙未條	
26	17년 1384	未詳	진표와 조공	『명 태조실록』권159, 홍무 17년 정월 乙亥條	
27		昭祿李靄觀	진표와 조공	『명 태조실록』권164, 홍무 17년 8월 己卯條	
28	18년 1385	未詳		『명 태조실록』권170, 홍무 18년 정월 癸亥條	
29	19년 1386	昭依仁	후추·蘇木·乳香 등을 바침	『명 태조실록』권177, 홍무 19년 2월 甲辰條	
30		冒羅	진표와 조공	『명 태조실록』권179, 홍무 19년 9월 辛未條	
31	20년 1387	坤思利濟刺試職替	후추 1만근·소목 10만근	『명 태조실록』권183, 홍무 20년 7월 乙巳條 『명사』권324「섬라전」 『수역주자록』권8「섬라전」	
32		未詳	답례품 하사	『명 태조실록』권184, 홍무 20년 8월 庚申條 『명사』권324「섬라전」	
33	21년 1388	未詳	코끼리 30마리·방물·番奴 60명을 바침	『명 태조실록』권193, 홍무 21년 8월 壬寅條 『명사』권324「섬라전」	
34	22년 1389	冒羅	王世子 蘇門邦王 昭祿羣膺이 사신을 보내 말·蘇木·丁香 등을 바침	『명 태조실록』권195, 홍무 22년 정월 丙戌條 『명사』권324「섬라전」	
35		未詳	조공	『명 태조실록』권196, 홍무 22년 6월 辛亥條	

回	年度	明朝	暹羅	内容	出處	備考
36			思利檀剌兒思諦	表와 番馬·象牙·硫黃·후추·降香 등을 바침	『명 태조실록』권197, 홍무 22년 10월 辛亥條	
37	23년 1390		思利檀剌兒思諦	表와 蘇木·후추·降眞 등 171,880근을 바침	『명 태조실록』권201, 홍무 23년 4월 甲辰條 『명사』권324 「섬라전」	
38	24년 1391		李奈名	象牙 40개·玳瑁 2개를 바침	『명 태조실록』권208, 홍무 24년 4월 戊午條	
39	26년 1393		李三齊德	금엽표와 方物을 바침	『명 태조실록』권224, 홍무 26년 정월 丁未條	
40			冒勾	朝貢	『명 태조실록』권230, 홍무 26년 12월 庚寅條	
41			柰婆郎直事剃	嗣王 蘇門邦王 昭祿群膺이 父王 參烈寶毘牙口思哩哆囉祿의 喪을 고함	『명 태조실록』권243, 홍무 28년 11월 甲申條 『명사』권324 「섬라전」	
42	28년 1395	趙達 朱福 宋福		故王 參烈寶毘牙口思哩哆囉祿을 제사지내고, 勅諭를 내려 王世子 蘇門邦王 昭祿群膺의 왕위 계승 인정	『명 태조실록』권243, 홍무 28년 12월 戊午條 『명사』권324 「섬라전」 『수역주자록』권8 「섬라전」	명과 관계를 맺은 167개국 중 '暹羅爲最近'이라 강조
43	30년 1397		柰婆郎直事悌	진표와 조공	『명 태조실록』권254, 홍무 30년 8월 辛丑條	
44			奈斯勿羅者	진표와 조공	『명 태조실록』권255, 홍무 30년 10월 丁未條	
45	31년 1398		未詳	정단 축하	『명 태조실록』권256, 홍무 31년 정월 乙卯條	
46			奈斯勿羅者	조공	『명 태조실록』권257, 홍무 31년 5월 丙寅條	
計: 總 46回		6回	40回	명과 섬라의 교류 시작 홍무 31년간 사신 파견 46회(명 6, 섬라 40), 연평균 1.5회 10년(1377) 정식으로 '暹羅國王之印'을 하사하며, '섬라'라 명칭 16년(1383) 감합무역 시작		

回	年度	使臣		内容	出處	備考
		明朝	暹羅			
47	建文 4년 1402	未詳		永樂帝의 卽位 宣布	『明 太宗實錄』卷12, 建文 4年 9月 丁亥條 『명사』권324 「섬라전」 『수역주자록』권8 「섬라전」	

48			未詳	섬라 등 각국 사신 宴會	『명 태종실록』권17, 永樂 元年 2월 壬子條 『수역주자록』권8 「섬라전」	
49			未詳	국왕 昭祿群膺哆羅諦剌에게 詔諭하며 駝紐鍍金銀印(낙타 모양 도금 은인) 하사	『명 태종실록』권17, 영락 원년 2월 甲寅條 『명사』권324 「섬라전」	새로운 인장 하사
50		元年 1403	楊春	洪武帝의 諡號 頒布	『명 태종실록』권21, 영락 원년 6월 戊午條 『명사』권324 「섬라전」	
51			王哲 成務	비단 하사	『명 태종실록』권22, 영락 원년 8월 癸丑條 『명사』권324 「섬라전」	
52			奈靄劑剌	섬라 사신에게 물품 하사	『명 태종실록』권23, 영락 원년 9월 乙未條	도착 시기 미상
53			李興	섬라 국왕을 위로하며 일전에 온 섬라 사신단과 함께 떠남	『명 태종실록』권23, 영락 원년 9월 己亥條 『명사』권324 「섬라전」	
54	永樂	2년 1404	奈必	璽書와 慰勞에 대한 謝恩의 表와 象牙 등을 바치자 『列女傳』, 度量衡을 하사	『명 태종실록』권34, 영락 2년 9월 辛亥條 『명사』권324 「섬라전」	
55			奈靄納亨剌	조공	『명 태종실록』권36, 영락 2년 11월 乙丑條	
56		3년 1405	三吾良疊	섬라 등 각국 사신 宴會	『명 태종실록』권40, 영락 3년 3월 癸亥條	도착 시기 미상
57			曾壽賢	조공	『명 태종실록』권44, 영락 3년 7월 丙午條	
58			奈婆郎直事剌	조공	『명 태종실록』권48, 영락 3년 11월 癸巳條	
59		4년 1406	奈必	말과 방물을 바침	『명 태종실록』권52, 영락 4년 3월 壬辰條	
60			虎都卜的毛那那	조공	『명 태종실록』권59, 영락 4년 9월 乙丑條	
61		5년 1407	奈婆川直事剌	길들인 코끼리·앵무·공작 등을 바침 占城·蘇門答剌·滿剌加의 사신들이 섬라의 포악무도함을 고발하자 영락제가 칙서를 내려 책망	『명 태종실록』권72, 영락 5년 10월 辛丑條 『명사』권324 「섬라전」	

62		張原		勅諭를 내리며 표류한 섬라인 字黑 송환	『명 태종실록』권82, 영락 6년 8월 壬辰條 『명사』권324 「섬라전」	
63	6년 1408	鄭和		勅書 하사	『명 태종실록』권83, 영락 6년 9월 癸酉條	정화의 7차 대항해 중 섬라가 명확히 기재된 것만 표기
64		虎都無霞昧奈義霞侍		칙서 하사에 대한 감사와 영락 5년의 일에 대한 사죄의 표를 바침	『명 태종실록』권86, 영락 6년 12월 庚辰條 『명사』권324 「섬라전」	
65	7년 1409	柰使賴卒		서황후 조문	『명 태종실록』권87, 영락 7년 정월 甲子條 『명사』권324 「섬라전」 『수역주자록』권8 「섬라전」	
66		坤文琨		朝貢 표류한 중국인 何人觀 등을 송환하고 앞으로 망명자를 받지 말도록 선유	『명 태종실록』권97, 영락 7년 10월 己亥條 『명사』권324 「섬라전」 『수역주자록』권8 「섬라전」	
67	8년 1410	曾壽		말과 방물을 바치고 중국 망명자를 송환	『명 태종실록』권111, 영락 8년 12월 戊午條 『명사』권324 「섬라전」 『수역주자록』권8 「섬라전」전	
68		張原		위로의 칙서와 물품 하사	『명 태종실록』권111, 영락 8년 12월 戊午條 『명사』권324 「섬라전」 『수역주자록』권8 「섬라전」	
69	9년 1411	奈義使		조공	『명 태종실록』권121, 영락 9년 11월 壬申條	
70	10년 1412	坤文琨		조공	『명 태종실록』권135, 영락 10년 12월 甲子條 『수역주자록』권8 「섬라전」	
71		洪保		물품 하사	『명 태종실록』권135, 영락 10년 12월 甲子條 『명사』권324 「섬라전」	
72	14년 1416	柰世賢		왕세자 三賴波磨剌札的賴이 국왕 昭祿郡膺羅諦剌의 부고와 세습 요청	『명 태종실록』권176, 영락 14년 12월 壬辰條 『명사』권324 「섬라전」	

回	年度	明朝	暹羅	内容	出處	備考
73		郭文		섬라 故王 제사와 왕제자의 세습 조서 하사	『명 태종실록』권176, 영락 14년 12월 壬辰條 『명사』권324 「섬라전」	
74	15년 1417		奈吡	故王의 제사와 세습 조서에 대한 사은의 표를 바침	『명 태종실록』권195, 영락 15년 12월 癸未條 『명사』권324 「섬라전」	
75	16년 1418		未詳	조공	『명 태종실록』권200, 영락 16년 5월 癸亥條	
76	17년 1419	未詳		섬라의 滿剌加 침략에 대한 문책	『명 태종실록』권207, 영락 17년 10월 癸未條 『명사』권324 「섬라전」	
77	18년 1420		奈嚲納	조공	『명 태종실록』권224, 영락 18년 4월 庚申條	
78	18년 1420	楊敏		섬라 사신단 호송	『명 태종실록』권224, 영락 18년 4월 庚申條 『명사』권324 「섬라전」	
79	19년 1421		奈懷	滿剌加 침략에 대한 사죄와 방물을 바침	『명 태종실록』권224, 영락 19년 4월 庚申條 『명사』권324 「섬라전」	
80	19년 1421		未詳	말을 바침	『명 태종실록』권224, 영락 19년 10월 癸巳條	
81	20년 1422		坤思利亦	조공	『명 태종실록』권250, 영락 20년 7월 庚午條	
82	22년 1424		坤梅	조공	『명 태종실록』권268, 영락 22년 2월 壬戌條	
計 : 總 36回		12回	24回	영락 22년간 사신 파견 36회(명 12회, 섬라 24회), 연평균 1.5회 원년(1403) 駝紐鍍金銀印 하사 2년(1404) 명의 도량형 하사 3년(1405) 정화의 7차 대항해(1405~1433) 시작 5년(1407) 占城·蘇門答剌·滿剌加가 섬라의 포악무도함을 고발, 영락제가 질책하는 칙유를 내림 17년(1419) 섬라가 滿剌加를 침략하자 책망하는 선유를 내림		
回	年度	使臣 明朝	使臣 暹羅	内容	出處	備考
83	宣德 원년 1426		亞烈陳琉	朝貢	『明 宣宗實錄』卷21, 宣德 元年 9月 癸卯條	
84	宣德 원년 1426		奈溫	금엽표와 방물을 바침	『명 선종실록』권22, 선덕 원년 11월 庚子條	

85	2년 1427		黃子順	조공	『명 선종실록』권28, 선 덕 2년 5월 乙巳條	
86	3년 1428		臣奈注德事剌	조공	『명 선종실록』권39, 선 덕 3年 3월 甲申條	
87			奈勾	조공	『명 선종실록』권42, 선 덕 3년 閏4월 丙申條	
88	6년 1431	鄭和		滿喇加 왕이 친히 來朝하고 자 하나 暹羅에 막혀 오지 못하자 暹羅를 문책하는 勅 諭 하사	『명 선종실록』권76, 선 덕 6년 2월 壬寅條	
89	8년 1433		坤思利弗	조공	『명 선종실록』권106, 선덕 8년 9월 丙戌條	
90	9년 1434		坤思利刺者萬直	조공	『명 선종실록』권110, 선덕 9년 5월 癸未條	
91	正統	원년 1436	奈三鐸	선덕 4년(1429) 섬라 사신 奈三鐸이 占城 新州港에서 占城人들에게 약탈과 감금 당한 사실을 듣고 占城王에 게 돌려주도록 勅諭	『明 英宗實錄』卷17, 正 統 元年 5月 庚寅條 『명사』권324「섬라전」	도착 시기 미상 明이 暹羅 와 占城을 仲裁
92		2년 1437	奈靄納亭剌	풍랑에 배가 행방불명, 通事 麻沙 등 입국 후 바로 귀국	『명 영종실록』권34, 정 통 2년 9월 丙午條	
93		3년 1438	羅漸信	표와 말 및 방물을 바침	『명 영종실록』권39, 정 통 3년 2월 己卯條	
94			把總奈芯臨	공작과 방물을 바침	『명 영종실록』권40, 정 통 3년 3월 己亥條	
95			奈麻沙雲南孟璉	표와 말·象牙·犀角을 바침	『명 영종실록』권46, 정 통 3년 9월 乙巳條	
			奈麻沙雲南孟璉	占城에게서 약탈한 사람과 배, 재물을 돌려주도록 勅諭	『명 영종실록』권47, 정 통 3년 10월 壬戌條 『명사』권324「섬라전」	明이 暹羅 와 占城을 仲裁
96		9년 1444	坤沙群	진표와 조공	『명 영종실록』권113, 정통 9년 2월 甲午條	
				勅書를 내려 불타 없어진 鍍 金印과 勘合을 하사	『명 영종실록』권114, 정통 9년 3월 庚申條	
97		11년 1446	奈三鐸買	조공	『명 영종실록』권139, 정통 11년 3월 癸巳條 『명사』권324「섬라전」	
98			坤普論直	조공	『명 영종실록』권146, 정통 11년 10월 丁酉條	

99		12년 1447		坤普論直	진표와 조공	『명 영종실록』권157, 정통 12년 8월 辛未條	
100		3년 1452		坤罷悅	진표와 조공	『명 영종실록』권224, 景泰 3년 12월 戊午條	
101	景泰	4년 1453	劉洙 劉泰		故王 波羅摩剌劄的剌의 제 사와 왕세자 囉藍米孫剌의 세습 조서 하사	『명 영종실록』권224, 경태 4년 정월 丁丑條 『명사』권324「섬라전」	
102		6년 1455		坤罷悅	조공	『명 영종실록』권253, 경태 6년 5월 壬申條	
103	天順	6년 1462		坤普倫直	조공	『명 영종실록』권344, 天順 6년 5월 壬申條 『명사』권324「섬라전」	
104	成化	9년 1473		坤烈者捧沙	조공 및 이전 감합이 벌레 먹어 새 것으로 교환	『明 憲宗實錄』卷116, 成化 9年 5月 甲午條 『명사』권324「섬라전」	
105		11년 1475		柰英者捧沙	진표와 조공, 冠帶 하사	『명 헌종실록』권139, 성화 11년 3월 己未條	
106		13년 1477		坤怗謝提 群謝提素英 必美亞	朝貢과 冠帶 하사에 대한 謝恩 必美亞는 본래 福建 汀州 士 人 謝文彬으로 소금을 팔러 바다에 갔다가 풍랑으로 섬 라에 표류, 후에 嵒坤(學士) 에 오름	『명 헌종실록』권165, 성화 13년 4월 辛亥條 『수역주자록』권8 「섬 라전」	엄종간은 외국 사신 중 대부분 이 망명한 중국인이 라고 설명
107		16년 1480		柰剌捧沙	코끼리와 방물을 바치자, 蟒龍紅羅를 하사	『명 헌종실록』권205, 성화 16년 7월 乙巳條 『명사』권324「섬라전」	
108		18년 1482		坤望群謝提	册封 요청과 조공	『명 헌종실록』권229, 성화 18년 7월 己卯條 『명사』권324「섬라전」	
109			林霄 姚隆		王世子 國隆勃剌略坤息利尤 地를 국왕으로 책봉하는 조 서 하사	『명 헌종실록』권229, 성화 18년 7월 庚辰條 『명사』권324「섬라전」	
110		23년 1487		坤江悅	금엽표문과 방물을 바침	『명 헌종실록』권292, 성화 23년 7월 庚申條	
111	弘治	4년 1491		坤貼謝提	금엽표문과 방물을 바침	『明 孝宗實錄』卷54, 弘 治 4年 8月 庚午條	
112		6년 1493		悶圍那貼	조공	『명 효종실록』권79, 홍 치 6년 8월 癸未條	

번호	연호	연도		사신명	내용	출전	비고
113		10년 1497		坤明齋	조공 四夷館에 暹羅國譯字官이 없어 金葉表文 해석 불가, 暹羅語 가능자 1~2명 기용	『명 효종실록』권129, 홍치 10년 9월 壬子條 『명사』권324 「섬라전」	
114		16년 1503		坤帖米的利	조공	『명 효종실록』권200, 홍치 16년 6월 戊申條	
115	正德	10년 1515		坤思禮	금엽표문과 방물을 바침 四夷館에 暹羅語를 아는 자가 없어 섬라 사신단 중 1~2명 기용 홍무초의 수많은 통사들이 현재는 수만 많음을 비판	『明 武宗實錄』卷132, 正德 10年 12月 甲戌條 『명사』권324 「섬라전」 『수역주자록』권8 「섬라전」	도착 시기 미상
116		16년 1521	未詳		佛朗機가 滿剌加를 멸망시키자 暹羅 등 남해의 명 조공국에 사신을 보내 서로 협력하도록 선유	『明 世宗實錄』卷4, 正德 16年 7月 己卯條	嘉靖帝 卽位
117		5년 1526		坤思悅喇　者來 的利	조공	『명 세종실록』권71, 嘉靖 5年 12月 戊辰條	
118	嘉靖	32년 1553	未詳		조공품인 흰코끼리가 도중에 죽자 珠寶로 象牙를 장식하고 金盤에 올려 꼬리와 함께 바침	『명사』권324 「섬라전」 『수역주자록』권8 「섬라전」	도착 시기 미상
119		33년 1554	未詳		금엽표문과 방물을 바침	『명 세종실록』권414, 가정 33년 9월 壬戌條	
120		37년 1558	未詳		금엽표문과 방물을 바침	『명 세종실록』권462, 가정 37년 閏7月 丁酉條	
121		38년 1559		坤應命的類	朝貢	『명 세종실록』권476, 가정 38년 9월 乙酉條	
122		원년 1573	未詳		東牛國의 공격으로 불탄 印信과 勘合의 재발급 요청	『明 神宗實錄』卷11, 萬曆 元年 3月 甲申條 『명사』권324 「섬라전」	『명사』에서는 '隆慶年間' '東蠻牛'로 기록
123	萬曆	3년 1575	未詳		조공	『명 신종실록』권39, 만력 3년 6월 己巳條	
124		6년 1578	未詳		暹羅國王印 하사	『명 신종실록』권80, 만력 6년 10월 乙酉條	
125		10년 1582		握悶辣	暹羅國王印信 하사	『명 신종실록』권125, 만력 10년 6월 戊申條	

126	20년 1592	未詳		섬라 사신 연회	『명 신종실록』권252, 만력 20년 9월 乙亥條	도착 시기 미상
127	21년 1593	傳檄		壬辰倭亂이 발생하자 暹羅 가 바다로 日本을 공격하겠 다고 제의하나 明에서 거절 하는 宣諭	『명 신종실록』권256, 만력 21년 정월 辛酉條 『명사』권324「섬라전」	
128	39년 1611	握坤喇柰邁低釐			『명 신종실록』권490, 만력 39년 12월 戊子條	
129	45년 1617	未詳		금엽표문과 방물 14800근· 공작 3쌍을 바침	『명 신종실록』권562, 만력 45년 10월 己未條	
130	46년 1618	未詳		표를 金盤에 담아 바침	『명 신종실록』권571, 만력 46년 6월 癸未條	
131	47년 1619	未詳		섬라국 왕비가 孔雀·象牙· 降香 등을 바침	『명 신종실록』권585, 만력 47년 8월 戊午條	
132	天啓 2년 1622			금엽표문과 방물을 바침	『明 熹宗實錄』卷29, 天 啓 2年 12月 甲子條	
133	天啓 3년 1623	未詳		방물을 바치며 등극을 축하	『명 희종실록』권31, 천 계 3년 2월 戊寅條	
134	崇禎 7년 1634	未詳		조공	『明 崇禎實錄』, 崇禎 7 年 閏8月 己丑條	
135	崇禎 16년 1643	未詳		조공	『명 숭정실록』, 숭정 16 년 3월 甲午條 『명사』권324「섬라전」	명(1368~ 1644) 멸 망 1년 전
計 : 總 53回		7回	46回	홍희 원년(1425)~숭정 17년(1644) 220년간 사신 파견 53회, 연평균 0.24회 선덕 6년(1431), 滿喇加 왕이 친히 來朝하고자 하나 暹羅에 막혀 오지 못하자 暹羅를 문책하는 勅諭 정통 원년(1436), 섬라 사신 柰三鐸이 占城 新州港에서 占城人들에게 약탈과 감금당한 사실을 듣고 占城王에게 돌려주도록 勅諭 정통 3년(1438), 占城에게서 약탈한 사람과 배, 재물을 돌려주도록 勅諭 정통 9년(1444), 勅書를 내려 불타 없어진 鍍金印과 勘合을 하사 성화 9년(1473), 朝貢 및 이전 감합이 벌레 먹어 새 것으로 교환 홍치 10년(1497), 四夷館에 暹羅國譯字官이 없어 金葉表文 해석 불가, 暹羅語 가능자 1~2명 기용 정덕 10년(1515), 四夷館에 暹羅語를 아는 자가 없어 섬라 사신단 중 1~2명 기용 정덕 16년(1521), 佛朗機가 滿剌加를 멸망시키자 暹羅 등 남해의 명 조공국에 사신을 보내 서로 협력하도록 선유		

			만력 10년(1582), 東牛國의 공격으로 불탄 印信과 勘合의 재발급 만력 21년(1593), 壬辰倭亂이 발생하자 暹羅가 바다로 日本을 공격하겠다고 제의하나 明에서 거절하는 宣諭 숭정 16년(1643), 몀 멸망 직전 해까지도 명과 교류

3. 宗藩秩序 下의 暹羅와 東南亞 國際秩序

명대(1368~1644) 277년간, 명과 섬라는 전반적으로 매우 우호적이며 밀접한 관계를 보였다. 실제로 명·섬라 간의 교류는 개국 초기인 홍무 3년(1370)부터 시작하여 멸망 1년 전인 숭정 16년(1643)까지 시종 끊이지 않고 이어져왔다. 南中國海를 사이에 두고 해상으로 이루어진 양국간의 사신 왕래의 수 역시 총 135회(명 : 25회, 섬라 110회)로서, 명과 그 최우방국인 朝鮮과의 사신 왕래가 757회였음[20]을 감안한다면 명·섬라간의 왕래가 상당히 빈번했음을 짐작할 수 있다.

이러한 밀접한 관계 속에서 본고에서 살펴보고자 했던 양국간의 무력 충돌은 전혀 없었던 것을 확인했다. 오히려 섬라는 모든 왕들이 다 그러했던 것은 아니었지만, 여러 차례 명이 바랐던 대로 조공과 책봉을 이행하여 명의 환심을 사기도 했다.

暹羅斛國 왕이 그 아들 (王世子) 昭祿群膺을 보내 金葉表(금박을 입힌 표문)와 코끼리 및 상아·호추·소목 등을 바쳤다. 上(洪武帝)이 禮部員外郎 王恒에게 詔書 및 印綬를 가지고 가서 하사하라 命하시며, 말씀하길 "…… 사신을 보내 宣諭하고 暹羅國王之印 및 옷 한 벌을 특사한다. 너는 마땅히 邦民을 잘 어루만져 영원토록 복을 누려야 할 것이다."라고 하였다.[21]

---

20   김한규, 『한중관계사 Ⅱ』(마르케, 1999), 633쪽.

暹羅斛國 嗣王 蘇門邦王昭祿群膺이 그 신하 柰婆郎直事剃 等을 보내 表와 함께 貢物을 바치고 國王 參烈寶毘牙口思哩哆囉祿의 喪을 고하였다.[22] …… 內使 趙達·朱福 等을 暹羅斛國에 보내 故王 參烈寶毘牙口思哩哆囉祿을 제사지냈다. … 勅諭하길 "짐은 즉위 이래 사방으로 사신을 보내었다. 발이 닿은 곳이 36, 귀에 소리가 들린 것이 31이다. 풍속이 매우 다른 大國이 18, 小國이 149이다. 지금에 이들을 비교하니 暹羅가 가장 가깝다."라고 하였다.[23]

(영락제의 즉위를 축하하러 사신이 다녀가자) 사신을 보내 섬라국왕 昭祿群膺哆羅諦剌에게 조유하고 駝紐鍍金銀印을 하사하였다.[24]

상기한 史料에서 볼 수 있듯이 명초 섬라는 홍무제가 원했던 전통적인 조공책봉관계를 잘 이행했으며, 이에 따른 답례로 홍무제 역시 국왕의 印章과 함께 명과 여러 나라의 관계 중 '섬라가 가장 가깝다(暹羅爲最近)'라고 극찬하였다. 영락제 역시 비정상적인 등극으로 정통성 확보를 위해 여러 나라에 즉위 조서를 보냈고, 이를 축하하러 온 섬라국에 낙타 모양의 도금 은인(駝紐鍍金銀印)을 하사했던 것이다.

또한 명은 섬라를 '征伐'하기보다는 자신의 국제질서에 편입한 섬라를 적극 활용하여 오히려 서남제국의 안녕과 명 자신의 변경 안정을 도모하기도 하였다.

그 (占城) 왕에게 칙유하길 : "…… 근자에 섬라국 사신이 상주하길 "선덕 4년 본국에서 보낸 사신과 번반남부 100여 명이 배에 방물을 싣고 (점성) 신주 항구에 이르렀는데, 나라사람들에 의해 잡혔습니다."라

---

21 『명 태조실록』권115, 홍무 10년 9월 乙酉條.
22 『명 태조실록』권243, 홍무 28년 11월 甲申條.
23 『명 태조실록』권243, 홍무 28년 12월 戊午條.
24 『명 태종실록』권17, 영락 원년 2월 甲寅條.

고 하였다. …… 칙서가 도착하는 대로 왕은 즉시 원래 섬라국 사람과 방물을 모두 돌려주어라.”라고 하였다.[25]

그 (暹羅) 국왕 㟈里麻哈賴에게 칙유하길 : “…… 왕은 즉시 대대적으로 坤須末㟈 등이 노획한 占城 사람·배·재물을 파악하여 돌려보내 각자의 편안한 삶을 누려라.”[26]

正德年間 海夷 佛朗機가 滿剌加 國王 蘇端媽末을 몰아내고 그 땅을 차지하였다. …… 병부에서 의론하여 청하길 “…… 섬라 諸夷에게 이웃을 돕는 의로움으로 (滿剌加를) 돕게하게 하소서.……”라고 하자, 上(嘉靖帝)이 이를 따랐다.[27]

위의 두 사료는 섬라와 만랄가 사이에 분쟁이 일어나자 명이 중재하는 내용으로, 둘 다 명의 국제질서에 편입한 국가였다. 여기에서 흥미로운 점은 명이 종주국의 입장으로 어느 하나에 편중하지 않고 최대한 공정하게 사안을 해결하려는 모습이다. 세 번째 사료는 명의 국제질서에 새로운 세력이 끼어들어 이 질서를 흔들었을 때의 대응을 보여주고 있다. 1511년, 佛朗機[28]가 명의 국제질서 속에 있는 만랄가를 멸망시키는 사건이 발생하였다. 불랑기는 멸망시킨 만랄가를 거점으로 삼으며 명과 교류를 원하였으나, 명은 불랑기가 조공 명단에 있는 국가가 아니라는 점과 명에서 인정한 조공국 만랄가를 함부로 멸망시켰다는 점에서 이들의 요청을 거부하였다. 또한 명에서 직접 병사를 일으켜 불랑기를 공격하지는 않았지만, 만랄가와 인접한 섬라와 같은 조공국들

---

25 『明 英宗實錄』卷17, 正統 元年 5월 庚寅條.
26 『명 영종실록』권47, 정통 3년 10월 壬戌條.
27 『明 世宗實錄』卷4, 正德 16年 7月 己卯條.
28 명대 포르투갈과 스페인을 혼용해서 부르던 용어로, 사료에서 나오는 불랑기는 믈라카 왕국을 멸망시킨 포르투갈을 뜻한다.

에게 칙유하여 불랑기를 몰아내고 만랄가를 돕도록 권고하였다.

이처럼 명과 섬라의 관계는 전반적으로 매우 우호적으로 이루어졌고, 명은 자신의 변경과 서남제국의 안녕을 위해 섬라를 적극 활용하였다. 그러나 이러한 명과 섬라의 관계 속에서도 명의 국제질서를 어지럽히는 사안에 관해서 명은 단호하게 섬라를 질책하기도 하였다.

> (국왕) 昭祿羣膺哆羅諦剌에게 칙유하길, "占城·蘇門答剌·滿剌加와 너는 모두 조정의 명을 받았고, 어깨를 나란히 하고 있다. 너는 어찌 홀로 강함에 기대어 그 朝貢 使臣을 가두어 그 誥命과 印信을 빼앗는가! 하늘에는 명확한 도의가 있어 선한 자에게는 복을, 음한 자에게는 화를 내린다. 안남의 黎賊 父子(胡季犛·胡漢蒼)를 쓰러진 앞 수레(覆轍在前)라는 거울로 삼을 수 있을 것이다."[29]

영락 연간, 섬라가 세력을 확장하며 인근의 점성·소문답랄·만랄가를 공격하고 명에서 보낸 고명과 인신을 강탈하는 사건이 발생하였다. 이에 영락제는 공격한 섬라와 공격당한 점성·소문답랄·만랄가를 다 같은 명의 조공국으로 바라보며, 명의 국제질서를 흔들었던 섬라를 심하게 질책하였다. 영락 5년(1407)은 영락제가 安南을 멸망시켰던 해로 위 칙유의 내용은 단순히 말로 위협하는 정도로만 끝나지 않았을 수도 있었을 것이다. 다행히 이듬해 섬라에서 사죄 의사를 밝히는 등의 이유로 실제 명의 섬라 원정으로까지 이어지진 않았다.[30]

비록 한 차례 심각한 위협으로까지 양국 관계가 냉각되기도 했지만, 대체적으로 명과 섬라의 관계는 우호적으로 전개되었다. 심지어 명에 원군을 보내겠다고 자진한 경우도 있었다. 임진왜란(1592) 발발

---

29 『명 태종실록』권72, 영락 5년 10월 辛丑條.
30 『명 태종실록』권86, 영락 6년 12월 庚辰條.

이듬해인 만력 21년(1593), 위기에 빠진 조선에 명이 원군을 보내자 섬라에서도 원군을 보내겠다고 제의하였다.

> (만력) 20년(1592) 일본이 조선을 공파하자, 섬라에서 몰래 군사를 보내 바로 일본을 공격하고 그 후방을 견제하길 청하였다. 中樞 石星이 따르자고 하였지만, 兩廣督臣 蕭彦이 不可하다 버티어 이내 그쳤다.[31]

당시 명은 寧下의 役(1592)이 한창으로 조선에의 원군에 적지 않은 부담을 가졌을 것으로 생각한다. 이러한 상황에서 섬라의 조선에의 원군을 자청한 것은 명에게는 매우 의외이자 기쁜 소식이었을 것이다. 그러나 위의 기사에서도 볼 수 있듯이 명 내부에서 섬라의 참전에 대해 갑론을박이 일어났고, 결국 '오랑캐의 속셈은 예측하기가 어렵다(夷心叵測)'라는 이유로 명에서 섬라의 원군을 거절하여 성사되지 않았다. 비록 섬라의 바다를 통한 일본 본토의 직접 공격은 실현되지 못했지만, 일부 섬라군이 명군을 따라 전쟁에 참전했던 것으로 보인다.

> 上(宣祖)이 이르길, "劉綎 역시 南人인가?"라고 하자, 尹根壽가 말하길 : "山西 사람입니다. 泗川、貴州의 병사 및 暹羅國 사람이 모두 왔습니다."라고 하였다.[32]

4. 明의 不征諸夷國 暹羅 – 結論을 代替하여

상술한 내용들에서 볼 수 있듯이 명대 277년간, 명과 섬라의 135차례의 사신 왕래 속에서 단 한 차례의 무력 충돌도 일어나지 않았다.

31　『명사』권324 「섬라전」.
32　『宣祖實錄』卷37, 宣祖 26年 4月 戊子條.

이는 홍무제가 『조훈』에서 '부정제이국'의 하나로 섬라를 설정한 것을 후대의 황제들이 명말까지 끝내 지켜낸 것도 중요하지만, 이보다는 명과 섬라 사이의 우호적인 관계의 산물이라고 보는 것이 더 타당할 듯하다.

명과 섬라의 관계가 우호적으로 전개될 수 있었던 것은 여러 이유가 있겠지만, 명의 국제질서 구축과 섬라의 정치·경제적 이익이라는 각자의 이해관계가 들어맞았기 때문일 것이다. 앞선 여러 사료에서 볼 수 있듯이 명은 섬라를 통해 서남제국 간의 관계를 조정하며 변경을 안정시키고 자신이 구축한 국제질서를 유지할 수 있었다. 섬라 역시 명과의 조공과 감합무역을 통해 막대한 경제적 이득을 취할 수 있었다. 이러한 관계 속에서 굳이 상대를 자극하여 기존의 共生關係를 깨뜨릴 필요는 없었을 것이다. 그 결과는 곧 '섬라가 가장 가깝다(暹羅爲最近)'이라는 명의 극찬과 섬라의 110차례에 이르는 빈번한 왕래로 이어졌던 것이다.

물론 조공책봉관계 속의 宗主國과 藩屬國이라는 틀 속에서, 종주국 명이 정한 국제질서를 번속국 섬라가 어지럽힐 경우 바로 회유나 경고했던 사례를 몇 차례 볼 수 있었다. 섬라가 같은 명의 조공국과 갈등이 있을 경우 명은 이들 사이를 중재하는 역할을 하는가 하면, 섬라가 명백히 잘못이 있을 경우에는 단호하게 과오를 고치도록 명하였다.

영락 5년(1407), 명과 섬라의 관계는 위험한 상황까지 치닫긴 하였지만, 이듬해 섬라에서 사죄의 사신을 보내는 등 조치를 취해 정벌로까지 이어지지는 않았다. 하지만 영락 5년은 명에서 안남을 멸망시킨 해였다는 점에서 영락제의 칙유 중 안남을 '쓰러진 앞 수레의 거울로 삼을 수 있다'라는 말이 단순히 허황되지만은 않았을 것이다.

이 밖에 외부 세력이 명의 조공국을 공격했을 경우에 대한 명과 섬라의 대처 역시 눈길을 끈다. 1511년, 불랑기가 명의 조공국 만랄가를 공격하여 멸망시킨 사건이 발생하자, 명은 섬라를 비롯한 명의 인접국이자 명의 조공국들이 합세하여 만랄가를 돕고 불랑기를 몰아내도록 권고하였다. 명의 국제질서에 속한 공동체들이 외부 세력에 대항하는 모습으로 볼 수 있을 것이다.

　마지막으로 조선에서 임진왜란이 발생하자, 섬라가 원군을 보내 일본 본토를 직접 공략하겠다고 자청한 것은 매우 흥미롭다. 명의 거부로 결국 성사되지는 않았지만, 일부 섬라군이 육군으로 임진왜란에 참전한 내용이 보이며, 이 역시 명과 섬라의 우호적인 관계의 단편적인 모습일 것이다.

　본고는 이렇게 명이 설정한 15개 부정제이국 중 하나인 섬라와 명의 관계를 살펴보기 위해 양국 간의 사신 교류에 대해 살펴보았다. 이를 통해 본래 목적인 명대 277년간 섬라에 대해서 실제로 '부정'했는가에 대한 답을 찾을 수 있었고, 결국 홍무제의 바람대로 명이 섬라를 정벌한 적은 없었다는 만족할만한 결과를 얻을 수 있었다.

　필자는 평소 명과 그 최우방인 조선과의 매우 빈번한 관계를 연구하며, 명과 저 멀리 남중국해 섬라와의 관계가 얼마나 밀접했겠는가라고 내심 가볍게 보았다. 명·섬라 관계에 관한 사료를 수집·정리하면서, 양국의 밀접하고 빈번한 관계와 방대한 사료를 알게 되었고, 곧바로 왜 이런 어리석은 생각을 했는지 후회하였다. 나름『명실록』·『명사·섬라전』의 正史 외에도『수역주자록』·『함빈록』등 개인 文集을 통해 사료를 수집·분석한다고 하였지만, 필자의 역량 부족으로 미처 보지 못한 중국과 태국의 사료와 다루지 못한 내용이 있을 것이라고 분명히 생각한다. 이 점에 대해서는 너그러운 양해를 바라며, 후속 연구에서 더 보완할 것을 약속한다.

송대 해로를 통한 일본과의 교류
: 송전의 외류가 일본화폐경제에 끼친 영향을 중심으로

宋代通过海路与日本交流: 宋钱外流对日本货币经济的影响为中心

정일교

1. 绪论

　　8世纪中叶以后以阿拉伯商人开通了东西时间连接的海路，因此，在东亚地区也兴盛了海上贸易。除了文献记载以外，特别是随着新安海底船发掘和修复，可以证明了贸易物品的内容和贸易船的规模。研究这时代的贸易史不仅仅重视文献记载，而且重视考古文物。尤其是在贸易商品中，宋钱早就一起了人们的关注。宋钱是宋代铸造的铜钱，而且宋朝内部有着支付手段功能。当时宋朝与周边国家贸易的时候流出到周边国家，而且铜钱在周边国家里担当了货币功能。

　　在日本学术界，早就提出了宋钱流入日本以后对日本货币经济有着积极的作用。

　　目前在日本对宋钱的研究，桑原骘藏研究认为宋代海外贸易发展，所以宋钱流入到周边国家与阿拉伯地区的情况。在日本从藤原时代末开始大量流入宋钱，到镰仓、足利时期把宋明的货币利用日常货币。并且通过文献记载的研究证明了，在东亚的爪哇、巨港等地区里交易中使用了宋钱。而且在马来半岛的新加坡、南印度地区以及非洲东部沿岸挖掘了宋钱，这可证明了宋钱外流的范围和对宋朝周边国家的影响力。[1]

在东亚和西亚地区发觉了大量的宋钱，这可说明宋朝是海上贸易兴盛的朝代。在8世纪中叶，阿拉伯商人利用海路进行贸易是中国商人8世纪以前以丝绸之路的陆路贸易为中心的对外贸易的一个重要转折点。例如，唐朝开元年间在泉州设置的市舶司是为了管理到中国进行贸易的阿拉伯商人。到宋代在南中国沿岸地区连续设置了市舶司，这说明宋朝的海外贸易已经达到了一定的水平。因此，随着宋朝的海外贸易发展，宋钱流出到周边国家，而且在周边国家里承担了货币的功能。

在日本对宋钱外流的研究，曾我部静雄对南宋与金之间的货币交流情况进行研究，而且论证南宋时期铜钱外流情况。金朝占领北中国以后直接使用宋钱，后来发行铜钱和交钞。但是金朝境内没有铜产地，不得不停铸铜钱而发行交钞。曾我部静雄认为由于金超是一个进口过剩的国家，因此，不仅仅是宋朝向金朝提供的银，而且金朝流通的铜钱也是流入到宋朝。[2]

曾我部静雄又分析南宋铜钱外流情况以及在日本出去的铜钱。北宋是以铜钱和铁钱为主的货币体制。南宋时期也边境地区使用铁钱，其他地区使用铜钱。但是南宋时期铜钱铸造量与北宋相比大大减少了，而且使用了北宋时期铸造的铜钱，发行纸币充当了铜钱不足的部分。并且曾我部静雄分析了在日本发掘的宋钱。在日本发掘的铜钱当中绝大部分是北宋钱，而且其中大部分是在熙宁和元丰年间铸造的铜钱。这说明了铜钱流入到日本的时期就是在南宋时期。因此，他提出了宋

---

1 桑原隲藏, 『唐宋時代に於けるアラブ人の支那通商の概況，殊に宋末の提擧市舶西域人蒲壽庚の事蹟』，岩波書店, 1935. 본고에서는 馮攸譯, 『中國阿剌伯海上交通史』，pp.41~46, 商務印書館, 1971, 台北.

2 曾我部靜雄, 「宋金貿易史上に於ける銅錢の問題」，『文化』4~6, 1937.

钱流入到日本的时候宋朝出现了钱荒现象的结论。[3]

森克己对在高丽与日本内宋钱流通的情况进行研究。他提到从南宋孝宗时期开始宋钱流入到高丽和日本，而在高丽和日本宋钱变成为政治化问题。[4]

日比野丈夫对日本出土的宋钱进行研究，他在论文中提到在日本长野县出土了15万枚钱，除了少数日本钱、高丽钱与安南钱，以外大部分是中国钱。而中国钱当中大部分是宋钱尤其是北宋钱。[5]

日本发掘的中国铜钱有三种，其一是在祭祀遗址出土的"奉纳钱"，其二是为了祀愿的目的在坟墓里出土的"六道钱，其三是为了保管放在陶器的"備蓄錢"。其中最早的是前汉时期铸造的四铢半两钱和五铢钱，最晚的是明朝的洪武通宝，其中北宋钱占了80%。大多数是小平钱，而且大钱极少了。目前在日本出土的铜钱大约361万枚，重量大约13吨。

2. 日本货币铸造情况与宋钱流通情况

日本模仿了开通元宝铸造了12种古代钱(皇朝十二钱)，其后1636年江户时代铸造了宽永通宝。大约600多年间未铸造货币，而且进口了中国钱使用了。其期间日本虽然未铸造自国钱，但是日本学界认为当时日本大的货币经济非常发达了。在12世纪日本对钱货的流通需求增加

3　曾我部靜雄:《宋金貿易史上に於ける銅錢の問題》,《文化》, 1937,《南宋行使の銅錢について》,《社會經濟史學》, 1943。

4　森克已:《續續日宋貿易の研究》, 國書刊行會, 1975年。

5　日比野丈夫:《宋代銅錢問題に關する新見解--わが國における發掘錢より出發して》,《東方學報》, 195年。

了，所以需要进口大量的宋钱。可以说日本内部为了满足货币的需求而进口大量的宋钱。

日本铸造了12种古代钱，始于708年在日本采了铜以后，模仿了中国的开元钱铸造了和同开珎。从起到958年铸造的乾元大宝，一共铸造了12种货币。在10世纪末叶日本以钱和米作为支付手段，到11世纪只使用米。

7世纪后叶在日本出现了无纹银钱、富本钱等初期阶段的货币。其后从在708年铸造了和同开珎到958年铸造的乾元大宝一共250年间铸造了12种铜钱、两种银钱、一种金钱。这可以说，日本是在中国周边国家当中最早最早铸造了金属货币的国家，[6]但这并不意味着古代日本货币经济发达。

从11世纪末开始出现迹象，在12世纪后半叶开始中国的铜钱流入到日本，其中大多数是宋钱。当时日本自己发行的货币公允价值远高于金属价值，而且加上铸造成本价值。通过强制使用国家性支付手段，打算建立一个能够维持巨大财政收益的体系。但是当时日本内部农村经济不如与中国，因此，接受货币的农村经济根本不成熟。然而，日本勿忘发行货币的因为是当做货币本身代表王权的稳定和加强、国家的支配和权威的标志以及对外宣传国家的成熟度。[7]在没有任何民间经济的支持的情况下，模仿中国货币的日本铸造的货币不得不在社会和经济上被淘汰了。[8]因此，古代日本的货币流通在10世纪末开始衰落，在11世纪初不流通自国钱。到12世纪后半年才开始流入宋钱而在

6　栄原永遠男, 前述论文「錢貨の多義性−日本古代錢貨の場合−」.

7　江草宣友, 「古代日本における錢貨の成立−富本錢の検討−」, 『国学院雑誌』102～4, 2001; 同, 「藤原仲麻呂政権下の錢貨発行と新羅征討計画」, 『国史学』182, 2004.

8　足立啓二, 前述论文「東アジアにおける錢貨の流通；鈴木公雄, 「出土錢貨研究の展望」, 『季刊考古學』78, 雄山閣, 2002.

日本国内流通。

从11世纪末开始铜钱流入到日本。北宋时期铸造了大量的铜钱，大量的宋钱流入到高丽、日本和东南亚等周边国家。其中流入到日本的宋钱数量最多。建立南宋政权以后，南宋与金朝之间频繁的发生战争。为了进行与金朝的战争，需要大量的军费。宋朝在财政上出现了赤字财政，在南宋时期增加了军费，南宋朝廷不得不采取了新的货币政策。南宋朝廷发行了大量的纸币，其中会子是在南宋时期代表性的纸币。在市场上会子的流通量增加，而且吸收了铜钱的货币地位。因此，减少了对铜钱的市场上的需求。随着对铜钱的需求减少，其余的铜钱流出或熔化做铜器。南宋朝廷大量发行铜钱，这促进了铜钱外流。当时南宋朝廷为了财政收入增加采取了促进海外贸易的政策，而且日本放宽了对对外贸易的控制。因此，兴盛了宋日之间贸易，而且通过宋日贸易大量的铜钱流入到日本。[9]

那么到底多少铜钱流入到日本，通过文献记载证明流通到日本的铜钱量是不可能的。但是在1975年在韩国发掘了新安海底船，通过考古学的研究，这船是为了京都东福寺修建，在1323年从日本出港到当时的庆元(明州)进行贸易后回日本博多的寺刹造营船。[10] 这船里载了许多中国产品和28吨的中国铜钱。从12世纪后半叶至14世纪期间利用庆元与博多之间的航线每年大约20～30艘商船往来。[11]

9　大田由紀夫，「渡来銭と中世の経済」，荒野泰典等『日本の対外関係　4倭寇と「日本国王』，吉川弘文館，2010, pp.165～166.

10　14世纪前半期，旨在以贸易利润筹措大规模寺院与神社营建经费的"寺刹造营船"现象集中出现。其具体运作方式在于：日本政治权力对于往返于元与日本之间的中国贸易船只，在限定为日本→中国→日本的一次往返航行范围内，赋予其"寺社造营料唐船"的名义村井章介，「寺社造営料唐船を見直す-貿易·文化交流·沈船-，歴史学研究会編『シリーズ港町の世界史　1港町と海域世界』，青木書店，2005.2.

11　橋本雄，「中世日本の銅銭 -永楽銭から「宋銭の世界 を考える-」，井原弘編『宋銭の世

　　大量的宋钱外流到日本和在日本宋钱的流通可分为如下三个阶段。[12]

　　第一阶段，从11世纪末至12世纪初，宋钱外流到日本有些地方的时期。自古以来在日本最茂盛的国际港九州博多港里在11世纪已经建立了宋商到日本以后长期住的唐坊和唐屋。[13] 宋商长期住唐坊，进行贸易和参与多方面的社会文化活动而进行了所谓说的"住蕃贸易"。[14] 当时流入到博多的宋钱数量极少，可能是宋商之间贸易的时候使用。这时期宋钱外流到日本流通不是全国性的，而是有些地方出现的。另一方面，在以京都为中心的大城市地区，从10世纪中叶的货币逐渐失去了其价值显示功能，米、丝等现货作为主要交易媒介发挥了积极作用。但是使用现货货币必然出现各种现货之间复杂的转换关系。因此，人们通过历史经验，已经认识到金属货币便于携带和耐久性而具有相对稳定价值。人们已经被迫希望出现一种易于转换的新铜钱。

　　第二阶段，12世纪末，大量的宋钱外流到日本的时期。从1160年代在京都出现徒弟价格作为铜钱的土地卖券。当时日本大部分地区包括畿内地区，仍然用于米谷和布帛类作为代价的土地卖券。[15] 1179年代

界」，勉誠出版，2009.21

12　大田由纪夫, 前述论文《渡来钱与中世经济》，第163页。以下本文凡引用大田相关论述之处，均逐一标注脚注。

13　"唐坊"是指以中国人为中心的外国人群体居留地之地名，近年来在日本中世对外关系史研究中受到关注。其中最为著名者，即本文所提及的博多宋商居留地。近年来，在九州各地以及本州南端亦陆续发现多处相关地名。大概可以认为，这是宋代经济发展的波动影响及于日本列岛的结果，因而以博多为先导，随后在其他地区亦相继形成。列岛内部的"唐坊"，则由于以元朝入侵为转折点的中日贸易体制变化以及日本国内政策的调整等因素而逐渐消亡。以上论述参见柳原敏昭：《中世前期南九州的港口与宋人居留地的一项试论》，《日本史研究》448, 1999年；同氏：《唐坊与唐人町》，载荒野泰典等编《日本的对外关系4: 倭寇与"日本国王"》，吉川弘文馆，2010年，第204-212页。

14　亀井明德, 「日宋貿易関係の展開」，『講座日本通史』6，岩波書店，1995.

15　大田由纪夫, 上述论文「渡来銭と中世の経済」，p.164.

以后，利用西日本水军力量赢得政权的平清盛在宾库的福原开港促进了对宋贸易。因此，大量的铜钱外流到日本，而且以京都为中心流通宋钱。也许当时通过与宋商贸易接触过高质量的宋钱的商人和在宋留学过的僧侣促进了在日本宋钱的流通。1179年在日本宫廷史料上出现"钱病"，当时宫廷记载上出钱了"钱"字，这可证明当时宋钱在日本普遍的使用。[16] 有些日本研究者提到了，因为在日本宋钱的流通量扩大影响到以米谷和布帛类为主的中央财政，所以朝廷和国衙的购买力下降导致对宋钱的负面态度放映出来。[17]

由于日本朝廷担心畿内地区的物价混乱，一开始不承认宋钱在畿内流通。而且12世纪末颁布了禁止宋钱流通的禁令。[18] 但是宋钱的再流通是应对时代要求的自然现象，禁止宋钱流通是实际上不可能的事情。随着镰仓幕府成立以后宋钱流入到日本情况促进了在日本民间货币流通。

第三阶段，13世纪宋钱在日本成为主要货币而正式流通的时期。这时期存在1210年代和1279年代两次转换点。首先，1210年代由于在畿内土地买卖契约上以铜钱为基准的情况较频繁，这可说明当时在畿内宋钱的流通量增加了。然后，1220年代后期，在此之前，主要以米谷、布帛类以及各种现物交纳的庄园年贡开始钱纳化。[19] 在1270年代除了畿内以外的地方也是土地买卖的时候普遍地使用宋钱，而且在日本全国出现储藏或祈愿的目的埋藏铜钱的现象。[20] 另外，随着货币流

---

16 橋本雄，上述论文「中世日本の銅錢-永楽錢から「宋錢の世界 を考える-」．「百練(錬)抄」，『新訂増補国史大系』．

17 桜井英治，「中世の貨幣・信用」，桜井英治・中西聡編『新体系日本史』12 流通経済史，山川出版社，2002.

18 井上正夫，「一二世紀末の宋銭排除論とその背景」，『社会経済史学』70-5, 2005.

19 本郷恵子，「社会構造の転換」，『全集日本の歴史 6京・鎌倉ふたつの王権』，小学館，2008, pp.290.

通变得更加普遍，年贡的钱代纳方位扩大更广泛的范围，甚至大多数包括货币在内的社会关系都被转化为货币。[21] 其结果，从第三阶段起，宋钱迅速削弱了现货货币具有的交换手段的功能，并成为中世纪在日本具有统一尺度的标准货币。

在13世纪开始大量的铜钱流入到日本的对外原因与当时宋朝内部情况有相当的关系。南宋时期铸造铜钱的主要原料铜的产量大大减少了，所以南宋朝廷采取了禁止铜钱外流的一系列的措施。在南宋时期已经以纸币为基准通货以后，1210年代金朝发行了钞，为了钞的流通禁止了铜钱的流通。元朝初，1279年代颁布了在长江下流地区也禁止铜钱流通的禁令。元朝的纸币专用政策继承到明朝初期。但是发行成本太低，与保证全国流通的王权之间的团溪不可避免地比铜钱更深，所以以中国以外的地区纸币的流通根本不能保证。结果，在当时中国内部多铜钱的需求减少了，不得不宋钱外流到周边国家，其中中世纪日本是宋钱大量外流的重要地区之一。在1270年代爪哇、越南等东南亚各地的经济体系转化为以宋钱为中心的经济体系。可以说，宋钱外流对东亚地区社会经济的影响极大。

3. 古代中国货币对日本社会经济的影响和作用

唐朝之前，就是日本货币制度的产生、商品货币经济的发展和商品货币经济萌芽时期，中国货币外流到日本的数量并不多。其实当时在中国王朝里铸造的金属货币数量也不多。所以宋钱外流到日本以前，

20　大田由紀夫，「十二～十五世紀初頭東アジアにおける銅銭の流布–日本·中国を中心として–」，『社会経済史学』61-2, 1995.

21　本郷恵子，上述论文「社会構造の転換」，pp.290～295.

中国货币对日本社会经济的影响不大。当时在日本贸易当中以布、米等实物当成支付手段，还未进入货币经济体制。到了唐朝以后，唐朝的文化传入到日本，引起了唐朝与日本频繁的交流，而且唐朝与日本之间兴盛了贸易往来。在两国之间贸易当中唐朝的货币外流到日本。从此，对日本社会经济引起了比较大的变化。

在708年，奈良朝廷时期，唐朝的货币制度设置了催铸钱司，而且模仿唐朝的年号钱"开元通宝"，铸造了"和同开珎"。和同开珎有银钱和铜钱两种，银钱在709年不铸造。日本从此至平安朝年间，铸造了"皇朝十二钱"。皇朝十二钱包括"万年通宝、神功开宝、隆平永宝、富寿神宝、承和昌宝、长年大宝、饶益通宝、贞观永宝、宽平大宝、延喜通宝、乾元大宝、和同开珎"等12种货币。铸造皇朝十二钱是表现出当时日本朝廷要建立货币经济体制的意图。

日本为了促进货币使用和同开珎的流通，和同四年(711)发布了蓄钱叙位令。其规定。从六品以下者，如蓄钱10贯文以上，赐晋升官位一级，蓄20贯文以上者，晋升两级，初位以下者，亦可赐予从八品的官位。接着又颁布了律令，其规定：上纳政府的庸、调，必须以货币交付，各级官吏的奉禄以货币形式发放；民间的房宅、土地买卖皆以货币支付气由于政府以奖励及法律手段强制推行货币。通过这些规定的实行，铜钱逐渐流通于商品贸易市场。从12世纪开始大量的宋钱流入到日本，在日本国内流通的中国金属货币也增加了。不仅民间买卖、官市交易都使用铜钱，而且当时在日本铜钱成为主要支付手段。因此，在12世纪日本的商品货币经济迅速发展起来。

日本铸行皇朝十二钱以后，日本政府在贸易市场推行皇朝十二钱和流入日本的中国铜钱一起使用。但是由于日本铜钱铸造工艺粗糙，质量低劣，无法与中国铜钱比价。不得不在958年停止铸行本国货币。从此至1636年日本朝廷基本上未铸造本国钱而使用从中国流入到的中国铜钱。大约700多年在日本中国铜钱成为日本商品贸易市场上的主要交换媒介物。12世纪以后流入到日本的宋钱成为财富的象征。因为当时的宋钱比日本本国钱质量优、信誉高，所以许多日本人贮藏宋钱钱。当时宋钱在日本不仅具有价值尺度、流通手段和支付手段的职能，而且还具有贮藏手段的职能。

宋钱流入到日本引起了在日本由实物地租向货币地租转化，而且8世纪推行和同开珎，日本朝廷规定了缴纳庸、调等租税一定用货币缴纳。这规定意味着日本从实物地租向货币地租转化。但是12世纪以前流入造日本的中国货币数量并不多，因此，在12世纪以前，在日本货币地租转化程度未达到货币经济体制。在12世纪，随着大量的宋钱流入到日本以后，日本商品货币经济的发展起来。宋钱大量流入到日本的情况向当时日本提供了货币地租转化的良好条件，从此以后货币地租逐渐推广到全国。宋钱大量流入到日本而广为流通，因此，中国货币尤其是宋钱对日本封建地租形式的转化起着至关重要的作用。

4. 小结

在中世时期日本货币经济依靠宋钱。除了後醍醐天皇时期的发行纸币和铜钱铸造计划以外，当时在日本内未出现铸造自国钱的货币政策。为什么日本中世时期统治者未发行自己的货币？在这方面，利用货币不进行全国性的大建设和大规模战争，而且货币作为单纯的交换手段，换句而言，如果国家财政不需要通过货币发行来得大量收入，就只利用从外部流入的货币可能可以运用国家经济。但是从8世纪到10世纪屡次铸行金属货币，不是为了增加国家财政。而且当时日本中央政权未缺乏铸造铜钱的技术和原铜，因为日本已经铸造过多种金属货币。甚至当时日本有的时候出口原铜而进口宋钱。

日本在中世时期未铸造铜钱的根本原因节能当时日本执政者没有货币发行权和对货币流通的控制力。[22] 换句而言，当时在日本内部未成立铸造大量货币而流通的政权体制。[23] 相对于中央集权的中国历代王朝的国家物流系统，在基础于分化、多元化的政权体制的日本政权基本上未能力流通而铸造货币。在这种情况下，国家铸造的货币根本得不到老百姓信任。因此，根据中国经济的先进地位，每个阶层的领主都很自然地接受在东亚各地作为共同货币的宋钱功能。因此，在当地分配并与首都京都连接的中世纪主财政只能通过全国范围流通宋钱。

在日本对12世纪大量的宋钱流入到日本的内部原因有很多观点，有些人提到由于当时日本重视庄园的年贡的钱代纳，因此，为了使用货币缴纳庄园的年贡对宋钱的需求增加。[24] 在庄园公领制下，领主所需要的物资分配到自己所有的庄园，为了解决难以当地采购的物资和运输到京城的时间、费用采取了年贡的钱代纳。但是已经上述了，12世纪末庄园制推行全国时期，钱代纳还未在全国实行。进入13世纪以后流入到大量的宋钱影响到年贡的钱代纳，而且年贡钱代纳推行全国以后对宋钱的需求增加了。

研究宋钱流入量增加与庄园制的关系应该在12世纪后期在京都市场的发展中发现。庄园制扩大导致了上供物品分配到的领主住在京都和畿内。其中大多数是依赖在市场分配的上供物品与生活用品交换生存

22　川戸貴史,「室町幕府明銭輸入の性格」,『歴史評論』700, 2008.

23　東野治之, 上述论文『貨幣の日本史』.

24　佐々木銀弥,「荘園における代銭納制の成立と展開」,『中世商品流通史の研究』, 法政大学出版会, 1972; 滝沢武雄,「鎌倉時代前期の貨幣」, 竹内理三博士古稀記念会編『続荘園制と武家社会』, 吉川弘文館, 1978.

下去。京都市场通过为这些人们提供交换场所而扩大了其经济实力。[25]

　庄园制达到高峰时期的12世纪末，在京都人们喜欢比米谷和布帛类便利的宋钱，而当时宋钱作为支付、交换手段。然而，不容忽视的是，此时接受宋钱局限于政权中心的京都的一种孤立的现象。这点当时高丽的情况类似，高丽使徐克所编的《宣和奉使高丽图经》里记载当时在高丽铜钱未普遍使用，而且在1120年代药材交易的时候使用流入到高丽的宋钱。但是从此以后在高丽宋钱除了特殊品目的贸易以外，未成为广泛的经济活动中的交换手段。相反，宋钱在日本在1270年以后以京都为中心推向到全国。[26] 因此，在13世纪末，京都成为在日本最大的消费城市，而且在地方兴盛了正规市场。这说明当时日本的商品经济繁荣，逐渐影响到中世世纪日本的社会经济发展。但是在这时期并不是所有的商业都以铜钱为媒介。大量的交易和远程交易通常通过金融机构进行。[27] 最近在日本提出了一种假设，就是到平安时期在日本未产铜，因此，宋钱用来利用原铜，而其余部分将逐渐被用作货币。[28] 其实，在1150年随着在日本要做佛教的经筒原铜的需求量增加，有些铜钱熔化为使用经筒的原料。类似的现象出现当时的宋朝、高丽和越能北部。但是如上所述，考虑到子11世纪末以来，宋钱已经在博多地区使用过地域性货币，因此，难以断定当时在日本宋钱的性质。

25　桜井英治, 앞의 논문「日本中世における貨幣と信用について；동, 앞의 논고「中世の貨幣・信用」

26　大田由紀夫, 앞의 논고「渡来銭と中世の経済」, p.164.

27　关于高额交易及远距离交易中金融业者的介入问题，可参见本乡惠子《社会结构的转型》(前述论文)，第290页。

28　飯沼賢司, 「銭は銅材料となるのか-古代～中世の銅生産・流通・信仰-」, 小田富士雄 외 편『経筒が語る中世の日本』, 思文閣出版, 2008.

한대 악무 화상석 도상의 종교미학 연구

중국汉代乐舞画像石图像的宗教美学研究

멍원궈孟文果 · 량융펑梁永峰

1. 绪论

1) 研究缘起

汉代[1]是中国画像石盛行的时代。所谓汉画像石，是指汉代在修筑地下墓室、祠堂、墓阙及庙阙等丧葬或祭祀建筑过程中所使用的、表面雕刻有各类纹饰与图像的建筑石构件。这些建筑大多属于丧葬礼仪的设施，因此从根本上看，汉画像石可被视为一种用于祭祀和丧葬活动的艺术形式[2]。汉画像石是"地下宫殿"的艺术载体，乐舞图像集中体现儒道交融的宗教观与生死观。作为汉代丧葬艺术品的画像石，其主要的文化内涵便是体现"人神关系"。乐舞是"人"、"神"之间架起"沟通之桥"的重要中介，是汉画像石中的精品，在汉画像石上占有很高的位置。唐代张鷟所著《朝野金载》中提到，河南府的立德坊与南市西坊均设有祆教祠庙，每年皆以牲畜为祭，并伴以琵琶鼓乐与纵情歌舞，作为酬神祈愿的仪式。在汉代"事死如事生"的观念影响下，乐舞逐渐被纳入祭祀体系，成为一种具有特殊意义的礼仪符号，也成为人与神灵之间交流的重要媒介。如陆贾《新语》："乐以象天，礼以法地"。乐舞作

---

1   汉朝是继秦朝以后历史上一个大一统的朝代，分为"西汉"(公元前202年—公元9年)与"东汉"(公元25年—公元220年)两个历史时期，后世史学家亦称两汉。

2   秦臻(2014)，汉代画像中的乐舞形式，《文史知识》，33～39.

为"礼乐教化"与"娱神通灵"的双重工具，是解读汉代宗教美学的视觉密码。在汉代乐舞画像石中，乐舞造型样式繁多，"盘鼓舞"、"建鼓舞"、"巴渝舞"、"袖舞"、"巾舞"等是经常出现的题材内容。事神与祭祖是中国古老信仰文化的重要特征，古代人祭祀通常借助于各种乐舞表演，寄托人的一种精神慰藉。作为古老艺术形式之一的乐舞，既是一种具体的社会存在形态，同时也折射出特定历史阶段的社会现实与思想观念。同时，乐舞在当时不仅构成了人们日常娱乐生活的重要部分，同时也是汉代礼乐制度中不可或缺的组成要素。汉代人借助画像石的乐舞图像将地下墓室转化为灵魂"永恒"的象征性空间，它将不同的神话图形排列组合，将墓葬空间转化为"天人感应""得道升仙"的物理环境。汉画像石中乐舞图像伴随不同的人物背景、图案、道具(如建鼓、七星盘、竖琴)等均具宗教象征，使特定时期宗教观念与艺术表现结合体具有独特价值。这些镌刻于石头上的乐舞场景，不仅是汉代艺术成就的体现，更是理解汉代人精神世界、宗教信仰和宇宙观念的媒介。汉代画像石乐舞图像秉承先秦艺术写实风格和宗教特征，不仅呈现了自身的美学功能，也折射了"娱神"与"娱人"哲理关系。它们生动反映了汉代"事死如事生"的丧葬观念和"生不极养，死乃崇丧"的厚葬风气，同时反映了儒家"天人感应"[3]与道家"求仙飞升"的神仙思想的融合，对研究中国早期宗教美学思想的形成与演变具有不可或缺的意义。

2) 先行研究

汉代画像石在中国艺术史上占有重要的地位，目前，学界关于画像

---

3   天人感应，指天意与人事的交感相应。是中国古代哲学术语，是中国哲学中关于天人关系的一种唯心主义学说。古人认为天能影响人事、预示灾祥，人的行为也能感应上天。这一理念源自西汉学者董仲舒的《春秋繁露》，深入探讨了天与人的关系.

石中乐舞题材的研究已积累了一定成果。这些研究主要集中在以下几个方面: 首先, 对汉代乐舞画像石的地理分布及其区域特点的探讨。中国对各地区汉代画像石乐舞图像的研究, 主要包括山东地区、南阳地区、徐州地区、四川地区、陕北地区等画像石的主要产区[4]。江苏徐州出土了大量汉代乐舞画像石, 其乐舞百戏题材的画像石尤为突出, 成为汉代艺术的重要代表之一[5]。河南南阳是中国较早发现汉代墓葬画像艺术的地区之一。其藏量大, 内容丰富, 风格独特, 且具有明确的分期和较完善的体系。并指出南阳汉代乐舞画像石对音乐文化在汉代社会文化生活中所处地位[6]。其次, 关于汉代乐舞画像石图像分类与内容的研究。汪法萍将乐舞图像分为袖类舞蹈和鼓类舞蹈两大类, 并将其总体特征概括为技艺高超、舞蹈与杂技双向结合, 舞种兼容、舞蹈形式变化多样, 意象鲜明、注重神仙思想的表达等三个方面[7]。汉画像中的代表种类长袖舞的舞姿形态、结合类型、风格审美较为特色, 以及艺术嬗变轨迹具有多样性[8]。王孟秋的《南阳画像石中乐舞研究》对南阳汉画像石中常见的几种乐舞形式进行了探讨, 讲述了它们各自的舞蹈艺术特点[9]。在汉代舞蹈研究领域, 建鼓舞、七盘舞(或称盘鼓舞)、袖舞及巾舞等类型构成了主要研究对象。目前学界关注的核心问题之一, 是这些舞蹈名称与实际形态之间的对应关系, 该议题至今仍存在较多争议。同时, 研究也需厘清汉代文献语境中"舞"的具体内涵, 以及如何准确判定图像中所呈现的舞蹈动作标准[10]。再次, 关于汉代乐舞画

---

4 郑亚萌(2020), 汉代乐舞研究现状与反思, 北京舞蹈学院学报, 41~46.

5 吴梅, 傅兴(2025), 徐州铜山区汉代乐舞百戏画像石的特征分析, 天工, 8~11.

6 李荣有(2001), 南阳汉墓砖(石)画中的音乐艺术形象, 黄钟, 武汉音乐学院学报, 29~34.

7 汪法萍(2017), 论南阳汉画像石中的舞蹈艺术, 黄河之声, 113~114.

8 张宇晓(2008), 汉画像中的长袖舞研究, 文化艺术研究, 29~34.

9 王孟秋(2011), 南阳画像石中乐舞研究[J], 时代教育(教育教学), 19~20.

像石社会文化内涵的研究。冯宇光在《从汉画像看汉代舞蹈艺术的审美内涵》一文的相关研究不仅细致勾勒出汉代乐舞所独具的审美特征，也对其背后所反映的美学思想进行了系统而深入的阐释[11]。在《汉代乐舞百戏概论》这部著作中，作者对汉代时期的雅乐、民间俗乐、舞蹈艺术、百戏表演及器乐演变等方面的文化内涵，均进行了较为系统和详细的梳理与阐述[12]。陕北绥德地区西王母主题乐舞汉画像较多，三汉宫室文化深受楚地传统文化习俗的影响，延续楚巫[13]乐舞之风[14]。第四，关于汉代乐舞画像石综合知识的研究。信立祥所著的《汉代画像石综合研究》，对汉画像石进行了综合论述，涵盖题材、内容、历史背景、构图方法、思想文化、艺术价值等方面，并结合考古学等多学科方法进行了描述[15]。文物出版社出版的《汉代乐舞百戏艺术研究》，对汉代画像石中有关乐舞百戏的图像资料进行研究，且搜集大量汉画像石资料作为理论支撑[16]。

汉代乐舞画像石研究已经取得了丰硕的成果，让我们更加全面地认识汉代文明的历史地位和文化价值。梳理文献发现，尽管对汉代乐舞画像石研究丰富，但针对乐舞与宗教美学关系的研究较为薄弱，尤其从图像学角度分析汉代乐舞的宗教信仰与美学表现研究较少。因此本文拟在已有研究的基础上，并通过图像学方法探讨乐舞图像特定形式

---

10 郑亚萌(2020), 汉代乐舞研究现状与反思, 北京舞蹈学院学报, 41~46.

11 冯宇光(2007), 《从汉画像看汉代舞蹈艺术的审美内涵》, 南都学坛, 23~24.

12 季伟(2009), 汉代乐舞百戏概论, 中国文联出版社, 378.

13 楚巫, 指古代楚地以歌舞迎神的巫觋, 楚巫文化以巫术为特色, 形成"楚人崇巫"的民俗传统。《郁离子》记载楚巫曾通过预判诉讼结果获取民众信任, 甚至超越官府权威。该文化与儒、释、道元素融合, 衍生出湘潭油鼓舞等地方文化形态。

14 陈婧雅(2019), 陕北绥德地区西王母主题乐舞汉画像研究(下)[J], 寻根, 59~64.

15 信立祥(2000), 汉代画像石综合研究, 文物出版社, 6~16.

16 萧亢达(2010), 《汉代乐舞百戏艺术研究》, 文物出版社, 1~290.

语言与特定宗教意涵的关联性、探讨舞者身体(细腰、长袖、腾跃、旋转)的视觉表现，如何被赋予超越物理肉身的宗教意味，成为表达"升仙"[17]、"通神"、"祈禳"等宗教体验和宇宙观念的美学媒介。

2. 历史语境: 汉画像石中经典的乐舞题材

汉代画像石乐舞图像不仅继承了先秦艺术特点，且形成了独具面貌，表现在画像石图像中常见的剧目有"盘鼓舞"、"建鼓舞"、"巾舞"、"巴渝舞"等。这些乐舞形象各具特色，不仅反映了汉代的社会与丧葬文化风俗，也映射了时代的宗教信仰与审美特征。

1) "北斗天象"的高难度乐舞: 七盘舞

七盘舞也称"盘鼓舞"，表演者站在鼓上或者踩在盘子上，或舞蹈或歌舞伴随，这种舞蹈形式在汉代较为流行。七盘舞是技艺极高的俗舞。地上排列盘或鼓、或鼓盘并列，舞人踏鼓盘而舞，既要有技巧，又要有乐感。七盘舞只是一种舞蹈的名称，不一定都是七只盘，使用的盘、鼓数量根据舞者的需要而定，有八盘一鼓、七盘二鼓、一盘一鼓等，其中七盘最为常见。盘鼓数量最多的为陕西神木柳仓村的"神木柳苍墓门右立柱"像: 双人盘鼓对舞，每人十盘二鼓[18]。张衡有《七盘舞赋》，傅毅在《舞赋》中描绘了《盘鼓舞》的神形:"于是蹑节鼓陈，舒意自广。游心无垠，远思长想。[19]"手持兵器的乐舞或武艺表演，在汉代画像砖石中有大量刻绘，计有《舞剑》、《舞棍》、《舞刀》、《干舞》、《戚

---

17 丧葬习俗: 汉代墓葬中天禄、辟邪等瑞兽的配置，被考证为"升仙之座骑"的实物见证，反映古人"死后羽化"的生死观。

18 刘建, 田丽萍, 沈阳(2011), 汉画像舞蹈图像的表达[M], 北京: 民族出版社, 37.

19 刘峻(1996), 东方人体文化[M], 上海:上海文艺出版社, 283.

舞》等多种，鸿门宴上项庄、项伯舞剑的故事，在河南南阳画像石上有生动刻绘，四人神态各异，性格突出，可说是汉画像中的佳作。乐舞经常用"七盘两鼓"作为道具。舞者们穿着长袖和独特的珠鞋，飞腾，跳跃，踢踏和移动鼓身，仿佛在天际间遨游。《易传》有云"天数七，地数六"，但在汉代画像石中，鼓与盘的数量常见一至九不等，这一现象实则关联汉代的北斗信仰。西汉司马迁《史记》天宫书中称：北斗为帝车之象。《汉书·地理志》记载琅哪郡不其县还有"太一、仙人祠九所"。尽管当时很少提及北斗七星，在学者朱磊《从考古资料看秦汉时期的北斗信仰》研究中，当时人们相信"斗有九星"，并将各星与天帝、人君或"太一"等神格相对应。汉武帝时，"太一"神[20]被尊为至高神祇，亦与北斗相联，并衍生出多种化身。北斗观念在汉墓图像中常以符号化形式呈现，这也为解释盘鼓舞中舞具数量不固守"六"这一律数提供了宗教思想层面的依据[21]。

从图像内容来看，盘鼓舞图像具有诸多共同的形制特征，皆在图像中表现有丰富的乐舞艺术内容：四川彭州出土"长袖盘鼓舞舞伎与弄丸俳优对舞图像"、四川广汉出土的汉代"盘鼓舞画像"、山东武氏祠"乐舞、庖厨、升鼎画像石"、四川成都杨子山1号汉墓的"宴舞百戏画像石"等。1956年，四川彭县太平乡一处东汉砖室墓(见图1)中出土了一块画像砖。砖左侧呈现"掷倒案伎"场景，一名女伎在叠起的十二案之上进行倒立表演；中部为盘鼓舞伎，地面摆放六盘，一舞者左手扬巾前挥，右手曲置于腰际，长巾向后飘展，正踏鼓跃动，翩然起舞；右侧则为跳丸伎，手中熟练抛接三丸，展现出精湛的杂技技艺[22]。舞者形态

20　先秦时期，《吕氏春秋》云："万物所出，造于太一"。中国传统神话中的天神。汉代国家祭祀的天帝、至高神。

21　王静(2023)，人神交互: 南阳画像石中的汉代乐舞符号，新建艺术(汉文)，15～21.

细腰、长袖，姿态婀娜多姿，不仅呈现了画面的视觉美感，其舞蹈的腾跃、旋转动势及韵律、节奏引证了汉代丧葬仪式特征，体现了生者对死者的祭祀与神灵的信仰。这类乐舞的形式与当时汉代的审美取向和意识形态密切相关。四川广汉出土的汉代"盘鼓舞画像砖"，左边叠有七案，且有一掷倒案者，右侧有一盘鼓舞者，双袖翻飞，中央有跳丸者，呈有三丸，和彭县出土画面内容较为接近。

2)"通神达灵"的表演性乐舞: 建鼓舞

建鼓起源于古代祭祀巫舞，当时人们用来迎神辟邪，祭祀天地鬼神，祈愿神灵庇护的乐舞形式。建鼓舞的动作造型多维延展，包括站立式、跪坐式、踞座式、踢鼓式等。表演形式最大的特点是，鼓位于中间，形成以鼓为主体，辅以其他表演形式的乐舞百戏。《吕氏春秋·有始》载:"自民之南，建木之下，日中无影，呼而无响，盖天地之中也"。汉代时期，建鼓舞在乐舞百戏中发展并普遍表演，各地出土的汉画像石中优许多建鼓舞的形象。汉代人认为建鼓舞可以"通神达灵"，舞者有鼓有舞，边鼓边舞，以鼓沟通天地人鬼神，是汉代最富有粗犷豪放之美的乐舞之一，广泛应用于天地献祭仪式、宫廷仪式、军令、丧葬管理、宴会和娱乐活动。

建鼓舞顶天立地，"一鼓立中国"，"建"即树的意思。建鼓以木柱置鼓腰部，将鼓树立，柱下有纵横十字形四足架，柱上施华盖和羽葆流苏，顶上有鸟饰。[23]《周礼》:"'将军执晋鼓'。建，谓为楹而树之。"汉代张衡《东京赋》:"鼓路鼓，树羽幢幢。"引证了这点。鼓最初起源于军事活动，其后逐渐应用于宫廷礼仪及祭祀场合，并从早期的单纯击打

---

22 秦臻(2014), 汉代画像中的乐舞形式,《文史知识》, 33~39.

23 建鼓舞–中国宫廷文化–专业词典, 知识贝壳. https://www.zsbeike.com/cd/43022142.html.

伴奏，发展为结合舞蹈动作的乐舞表现形式。《九歌·礼魂》中亦有"成礼兮会鼓，传芭兮代舞"的记载，反映出鼓在古仪中与舞蹈相配合的运用。河南郑州出土的"建鼓舞画像砖"(图2)，是"通神达灵"建鼓舞的典型图像，画面中心有一鼓，且鼓中心有一经幡接连天地神灵，鼓的两旁各有一击鼓者，蓄力张臂，呈击打状。鼓下方有一虎形动物，尾巴翘起，回头望天。鼓上方则是华盖和两条经幡，华盖上方立有两只小鸟，两条经幡边上空中飞翔两只小鸟，鼓身、虎身等均有祥纹图样，整幅图像充满了神话般幻想，充分表现了建鼓舞"通神达灵"的神秘色彩。四川新都出土的汉代"骆驼载乐画像砖"中，可见骆驼背上承载一名乐舞者，其长袖挥扬，正在击奏建鼓。骆驼建鼓这一表演形式原本源自西域，而该文物在远离西域的四川地区被发现，表明西域乐舞不仅已传入中原，也被西南民众所接纳，并且实现了中原建鼓舞与西域骆驼载乐两种艺术形态的融合[24]。

3) "军武礼制"的集体乐舞: 巴渝舞

巴渝舞起源于古代被称为"板楯蛮夷"的族群，其舞蹈内容多表现战争场面。该舞因舞风刚健、气势勇猛，被汉高祖刘邦誉为"武王伐纣之歌"。此后，朝廷命乐官学习并引入宫廷，逐渐推广为宫廷乐舞之一，成为一种用来歌颂帝王功德和表演军旅战斗场面的"军武礼制"乐舞。后来被纳入雅乐体系后，其刚健之气逐渐收敛，转而成为宫廷与民间皆普遍盛行的一种舞蹈形态。图3呈现的是较为典型的巴渝舞表演形象，图中人物横向一字排列，身着铠甲，手持弩剑，动态强健，气势威猛，很充分地体现了军武礼制的风格。后来，巴渝舞在贵族和富商

---

24 王克芬(2016), 中国乐舞发展史[M], 上海:上海人民出版社, 2014:104.

中间流行，并不断演化，后被推行到祭祀中以"武舞"而流行，并改名为"宣武舞"和"昭武舞"。汉代宗庙朝廷之舞，都是沿用古代的，只有巴渝舞是创新的[25]。"巴俞之人刚勇好舞，初高祖用之克平三秦，美其功力，使乐府习之，因名巴俞舞。[26]"据郭茂倩所考：巴俞舞即鞞舞，《隋书·乐志》曰，鞞舞，汉巴俞舞也；又称鞞扇舞，《古今乐录》曰，鞞舞，梁谓之鞞扇舞，即巴俞舞是也[27]。

自汉代起以此种乐舞并施于享宴。郭氏又云："《宋书·乐志》曰，鞞舞未详所起，然汉代已施于宴享矣，傅毅、张衡所赋，皆其事也。[28]""今按傅毅《舞赋》中所谓："蹑节鼓陈，舒意自广……浮腾累跪，跗蹋摩跌。"张衡《舞赋》中所谓："拊者啾其齐列，般鼓焕以骈罗，抗修袖以翳面兮，展清声而长歌。"都可于画像中领会意境，而上引桓宽所谓鸣鼓巴俞，尤可令人想见鼓舞并作，与画像诸景符合。此种乐舞汉魏时当极盛行，自宫廷以至上流贵人之家，皆铺张陈设，用以娱乐。曹植《鞞舞歌序》："汉灵帝西园鼓吹有李坚者，能鞞舞，遭乱西随段颎，先帝闻其有旧技，召之，坚既中废，兼古曲多谬误。"《三国志·魏志》卷二十五：杨阜为武都太守，会马超来寇，"曹洪置酒大会，女倡著罗縠之衣，蹋鼓，一坐皆笑"。

4) "物我合一"的婉约乐舞：袖舞、巾舞

(1) "袖舞"图像

"袖舞"和"巾舞"是并存的，但稍有不同。"袖舞"是汉代乐舞中代表

25　沈宁(2003)，《滕固艺术文集》[M]，上海：上海人民美术出版社，290.

26　《汉书》卷五十七《司马相如传》第二十七上.

27　《乐府诗集》·卷五十三　舞曲歌辞二.

28　于东新，张茁(2016)，舞曲歌辞之类型考论，《乐府学》12~31.

性的种类, 许多文献的文字中它生动地描述了长袖乐舞的优雅, 广袖乐舞的宽阔, 垂直袖乐舞的沉重, 窄舞的嬉戏性、套袖舞的花式更新。不同类型的袖子采用不同的技术, 它结合表演、技术技巧、视觉、美学、感性等等, 创造了中国古典乐舞"物我和一"的独特风味。四川省内江市出土的汉代画像石"长袖舞图"(图4), 左边有四人并排坐, 为舞者伴奏, 右边有一舞伎细腰长裙, 梳高髻、着飘带长袖飞扬舞衣, 舞姿曼妙, 后跟2人正在跳丸。成都羊子山墓左壁画像石上"宴饮图", 周边为宾客, 后方和侧方各有拱手站立的侍者, 中间有乐舞杂耍, 其中舞伎着束腰拖地长裙, 两手弯曲, 摇曳着宽大的袖子, 虽置于乐舞百戏愉悦的宴饮场中, 但仍不失庄重。四川彭州太平乡所出东汉时期的"长袖舞画像砖", 砖心可见两位戴冠者相对起舞。舞人着地长袍, 双袖轻扬齐眉, 姿态飘逸。其中右侧一人长裙曳地, 应为女伎。画面左右各立一人, 手执便面, 似为伴从或观者。("便面"是用以遮面的扇状物, 见《汉书·张敞传》:"白以便面拊马。"颜师古注:"便面, 所以障面, 盖扇之类也。不欲见人, 以此自障面, 则得其便, 故日便面, 亦日屏面。"秦汉时期开始使用, 魏晋以降, 便面流行于风雅名士间, 唐宋以后逐渐被折扇所取代)。《韩非子·五蠹》有云:"长袖善舞, 多财善贾。"其舞姿娴雅从容, 意态舒展自如, 更能增添宴饮场合的欢愉气氛。我们观看河南郑州汉画像"长袖舞图"(图5)中的舞者, 细腰、长袖、腾跃、旋转, 其优雅、柔美、舞姿曼妙也可见一斑。

　　总的来说长袖舞活泼、优雅、自然, 常与盘鼓舞相结合, 创造出日月星辰、出无与伦比的感觉；广袖乐舞, 仪态端庄, 举止文雅从容, 在乐舞百戏中常起到"乐而不淫"效用。

图1 四川彭州出土东汉画像砖"盘鼓舞舞伎与弄丸俳优对舞图"

图3.巴渝舞画像砖拓片 源自《秦臻:
汉代画像中的乐舞形式》

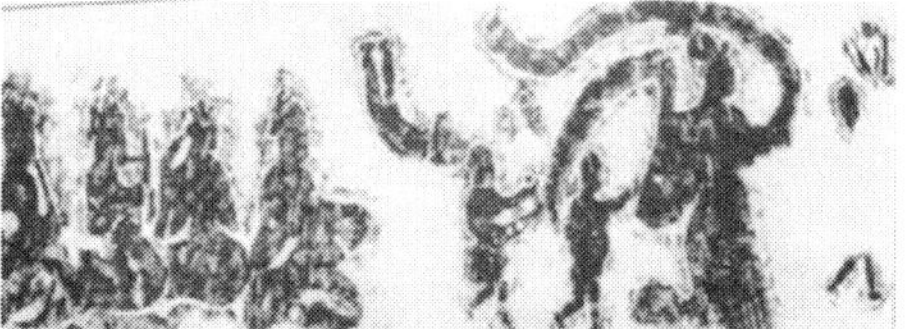

图2.河南郑州出土的"建鼓舞画像砖"拓片　　图4.四川省内江市出土的汉代画像石"长袖舞图"

图5.山东省滕州市滕州汉画像石馆藏品 建鼓乐画像石

(2) "巾舞"图像

"巾舞"是袖舞的延伸和发展，"巾舞"是舞者手持长巾，随舞蹈者舞动手臂和手腕，将长巾飘杨。巾的长度也有不同规格，巾的长短也决定了表演者舞技的把握，长的巾相对要求技术难度高。巾舞较能呈现出女子的柔美妖娆，长巾的飘扬伴随着女子的窈窕身姿的舞蹈，"细腰长袖、"翘袖折腰"便成为了巾舞突出的特征。巾袖的飘摇旋转，舞伎身姿的柔软度，二者合二为一，伴随着音乐，具有较强的视觉美感，非常有韵味。因其复合性和组合性又可称为"套袖舞"。主要有两种形式：一种是"延袖"。它是从广袖延伸出来的长袖，外观上类似于舞袖的延续，好似手持长巾，保持着较好的一体性。第二种是"螺旋袖"，它也是一种两件套袖，因为它的延伸袖口有螺旋花边，将各层分开，就像螺旋状，得此名。我们从成都羊子山墓出土《宴乐》图"长巾螺旋袖舞"可以感受巾舞之美。(图5)

3. 图像分析: 乐舞图像的宗教信仰与美学表现

学者王诗晓指出，在艺术史领域，学者们对形象(image)的持续关注，逐渐弱化了"独立艺术作品"与"整体礼仪环境"之间原有的学科界限。这一转变使得图像及相关器物的研究，得以逐渐摆脱西方早期"形式主义学派[29]"(formalist scholarship)所设定的分析范式，重新回到对其观念与意义在"象征性框架[30]"(symbolic framework)内的深入解读[31]。笔

29　数理逻辑和数学基础研究中的一个学派，主要代表为德国数学家希尔伯特。认为数学的真理性体现在它的不矛盾上。只须证明由数学公理出发永远推不出矛盾，数学便是可信赖的了。为此，主张数学系统公理化，公理和规则都用形式符号表示对这些形式符号不赋予任何内容。

者结合文献并若干延伸阅读之后思考： 若要理解早期画像石艺术的图像结构与文化意义，必须回溯其背后的宇宙观。巫鸿教授在关于墓葬艺术方法论的探讨中曾指出，墓葬壁画或雕刻所呈现的图像程序，往往承载并体现出若干特定的"象征性框架[32]"。汉画像石并非单纯的装饰艺术，而是"藏礼于器"的丧葬建筑构件，是汉代"事死如事生"丧葬观念与彼岸世界想象的物质性呈现。其中的乐舞图像，超越了世俗娱乐的表象，深刻地镶嵌在汉代的宗教思想体系之中，便从凡俗之乐转变为一种具有通神、娱神、仿仙功能的宗教性语言。

1)"天人感应"的天象信仰与美学表现

汉代画像石乐舞图像作为一种集礼仪、信仰与艺术于一体的视觉文化载体，再现了当时社会生活的形态也折射出汉人独特的宗教观念与美学理想。根据贺西林先生的相关统计，汉代墓葬中宴饮乐舞题材的图像遗存数量相当可观。以东汉晚期为例，在目前已发现的38座壁画墓内，有11座均出现了此类宴乐场景的描绘。[33]"天人感应"是这些乐舞图像宗教信仰的重要方面。汉代人认为"人死后，灵魂离开身体，上升于天"，墓葬也被视为一个微缩的宇宙。在汉代思想体系中，董仲舒"天人感应"学说成为主流意识形态的重要支撑，其核心在于天与人之间存在着相互感通的关系。死者的灵魂能在墓室这个"地下家园"里继

30　象征性框架是基于符号系统及其符号逻辑的学习框架之一。它能够超越显而易见和理性的范畴。符号赋予潜意识意义，并被内心所感知。用符号来表达感受、归属感和价值观，从而引导思考和决策。

31　王诗晓(2025)，原境视域下丝路墓葬祆神歌舞图像的象征、营造与汉文化接受，《民族艺术》，13~44.

32　(美)巫鸿(1954)，《时空中的美术——巫鸿古代美术史文编第二集》，梅玫等译，生活·读书·新知三联书店.

33　贺西林(2001)《古墓丹青——汉代墓室壁画的发现与研究》，陕西人民美术出版社，37.

续与宇宙和谐共处，与天道沟通。"生死"观念包含着灵魂的延续，躯体死亡而灵魂并未死亡，生命是永恒不变的"现在时"，因此以乐舞形式的"生命永恒"而以墓室图像化形式呈现。表现了汉代人的以舞"厚葬"以取"天人感应"仪式，这从大量的汉画像砖石的刻绘中可以得到形象的物证。汉代厚葬信仰中存在着死后在彼岸世界构建一个永不谢幕的盛宴有相似，汉人信仰中有着"事死如事生"的观念，人的表现"上通神灵"。例如，汉高祖开始"甚重祠而敬祭"[34]。此后，汉文帝作渭阳五帝庙，并向贾谊"问鬼神之本"[35]，汉武帝更是掀起了大规模求仙运动，搞得"海上燕齐之间年，莫不扼腕而自言有禁方，能神仙"，"上疏言神怪奇方者以万数"[36]，汉宣帝用刘向言化沙炼丹，汉成帝因无嗣颇好鬼神，汉哀帝博征方士。

由"天人感应"的宗教信仰思想体系必然会在丧葬艺术领域里得到表达。汉人的生死观念有着多种的视觉表现形式，在画像石图像"乐舞"图像中，人间与天上的画面层出不穷。"七盘舞"的盘子与北斗七星，建鼓舞的天地通连，都是"天人感应"画面表现。例如，山东嘉祥等地的画像石中，常见乐舞与凤凰、麒麟、龙等祥瑞瑞兽同现。凤凰鸣叫被视为"天籁之音"，是太平盛世的象征。人间乐舞与祥瑞并列，意在表明墓主的德行感天动地，其地下世界得到了上天的各类鬼神的福佑，秩序和谐，祥瑞纷呈。在包含日月星辰、伏羲女娲等宇宙元素的画像石中出现的乐舞，是"天人合一"理想境界的听觉化、视觉化表达，部分乐舞图像与祥瑞动物、天文星象共同出现，体现了其作为宇宙和谐之音的内涵；另一方面乐舞图像作为墓葬空间的隐喻符号，指

34　司马迁(1962)，《史记·卷二十八·封禅书》，1378页，北京，中华书局.

35　同上。

36　同上。

向墓室空间已经是汉人心中的"天堂"。山东省滕州市滕州汉画像石馆的藏品《建鼓乐舞祠堂后壁画像石》(图5)图像主题是两个不同姿势的人物表演建鼓舞，画面丰富饱满，建鼓舞中间有一条竖立的柱子，柱子上方的飞龙一样的飘带则把画面分为上下两端。下端象征人间，上端象征天上。人间画面则是击鼓、跳舞、弹奏、戏耍……，形象各异，这些呈现的乐舞场景并非单纯的世俗娱乐，而是以礼仪为背景、以祭祀"天上"为核心的象征性再现。天上画面有玄武鸟、凤、双兔、灵魂一样的鬼神等，形成了人世与天界交汇的视觉结构。这种构图不仅反映了汉人对于"天神"的信仰，更体现出他们对于宇宙秩序与社会秩序之间和谐统一的追求。换言之，乐舞并非单纯的艺术表现，而是宗教美学意义上的"天人感应"与"天人合一"之道的形象化表达，以及"事死如事生"的墓室宇宙观念(礼制、空间与象征)充分体现，表达了生者与天之间的道德感通。

2) "乐舞礼制"的祖先崇拜与美学表现

在中国古代社会中，乐舞礼制不仅是政治礼仪的重要组成部分，更是祖先崇拜的集中体现与宗教美学的艺术化表达。西汉司马相如在《子虚赋》中对汉代乐舞进行了这样的描述："于是乎游戏懈怠，置酒乎昊天之台，张乐乎粤葛之宇。撞千石之钟，立万石之簴，建翠华之旗，树灵凤之鼓，奏陶唐氏之舞，听葛天氏之歌。千人倡，万人和，山陵为之震动，川谷为之荡波，巴俞宋蔡，淮南干遮……。"展现了汉代乐舞的盛大场面和丰富内容，包括乐器的演奏、乐舞的表演以及乐舞所营造出的"乐舞礼制"氛围，体现了同时代统治阶级期望与天和合的政治感通。

　　在汉武帝"罢黜百家、独尊儒术"的儒家孝道思想影响下，"孝"不仅表现在生前奉养，也在死后的丧礼和祭祀上得以表现。在汉代丧葬仪式中，乐舞仪式是一种唤起神圣行为的方式，以乐舞礼制表演取悦神明在世界范围内具有普遍性。汪小洋指出，墓室内的宴饮乐舞图像可被视为国家宗教行为的一种普及化呈现，其图像内容深刻反映了"在传统礼制规范下所形成的礼仪实践[37]"。最有名的是四川成都羊子山东汉墓出土的《丸剑宴舞画像砖》上面既画有宴会后管乐齐鸣的"雅舞"及杂舞的表演，左上方还有一人弄丸，七丸翻飞，一人舞剑，并用肘顶瓶；右下方一女子在做《巾舞》，手所持似小棒，棒端飘起长巾，舞人头梳双鬟髻，细腰，回首望着左方那个赤膊的男子表演，旁有乐人吹排箫击鼓伴奏。关于这个赤膊男子的表演，乐舞史学家认为是"舞鼗"。《汉书·礼乐志》载："盖乐者，先王之所以饰喜也…故听其雅、颂之声，志意得广焉。"墓葬中的乐舞，正是为了塑造一个喜悦、祥和的神圣空间取悦墓主之灵。例如，山东嘉祥武氏祠画像石(祭祀图)，表现祭天祀祖，乐工和舞者列队而舞，象征礼乐秩序与"以德配天"。最终，乐舞礼制图像的终极宗教目的超越了单纯的享乐，指向了对"永恒"的追求。死亡意味着人世享乐的终结，而汉人则通过金石铭刻的方式与之对抗。他们将最渴望永恒的瞬间——盛宴的极致欢愉——凝固下来，试图战胜时间的流逝与肉体的消亡。因此，画面上永恒的钟鼓齐鸣、长袖飞舞，本质上是一种对抗死亡的巫术性行为，是生者希望通过象征性的图像力量，为死者永久留住人间至乐。在这一层面上，世俗的宴饮乐舞被彻底转化和升华为一种宗教性的保障，确保了墓主在彼岸世界能永享此世的繁华，从而完成了从"世俗享乐"到"宗教永恒"的深刻

37　汪小洋(2008)，《汉代墓葬绘画"宴饮图"考释》《艺术百家》，第72～77+85页。

转变。

3) "羽人升仙"的仙道信仰与美学表现

升仙信仰是汉代丧葬信仰中最富时代特色的部分，受黄老思想[38]和神仙方术的影响，人们渴望超越死亡，得到成仙，长生久视。《山海经·海外南经》说："羽民之国在东南，其为人长头，身生羽。"楚辞《远游》说："仍羽人于丹丘兮，留不死之旧乡。"王逸注说："因就众仙于明光也。

图6.山东历城出土汉画像石拓片局部：盘口朝上的七盘舞

《九怀》曰：'夕宿乎明光。'明光即丹丘也。《山海经》言有羽人之国，不死之民。或曰，人得道而身生毛羽也。"洪兴祖补注："羽人 飞仙也。[39]"东汉画像石中的羽人形象是比较普遍的。山东沂南县就出现了羽人舞蹈的形象，该羽人四肢带有羽毛翅膀，身体呈倒立状，目视前方四肢展开犹如飞翔，宛如一只人形大鸟。羽人的四周有飞龙盘旋，祥云围绕。在河南南阳麒麟岗也发现羽人画像石，人形手脚与鸟类脚趾类似，身上有许多类似羽毛的白色斑点。另外，许多羽人图像伴随

38　黄老思想也称黄老之学或黄老学派，为黄帝之学和老子之学的合称，是战国时期形成的一个思想流派，是道家学派的一个分支，以黄帝、老子为祖师，基本内容是无为而治，道法兼容。

39　(宋)洪兴祖(1983)，《楚辞补注》第167页，中华书局.

着各种祥禽瑞兽，如鸟、龙、虎、鹿，穿插着祥云，或飞翔升腾，或跳跃游走，形象各异，衬托了"仙境祥瑞"之状。从宗教信仰角度来看，舞蹈中的羽人图像反映了"升仙"愿望，体现了汉代道家修仙思想。《庄子·刻意》有言："吹呴呼吸，吐故纳新，熊经鸟申，为寿而已矣(《庄子集解》[40])"，并称此类导引之术乃"养形之人[41]"如彭祖等寿考者所习。类似记载亦见于《淮南子·精神训》，其述"吹呴呼吸，吐故内新，熊经鸟伸，凫浴蝯躩，鸱视虎顾"，皆属"养形"之法。《后汉书·华佗传》则进一步将导引与五禽戏相联系，言"古之仙者为导引之事，熊经鸱顾，引挽腰体，动诸关节，以求难老"，华佗更创虎、鹿、熊、猿、鸟五禽之戏，以祛疾强身，代之行导[42]。至晋葛洪《抱朴子内篇》，于《杂应》篇列举龙导、虎引、熊经、龟咽、燕飞、蛇屈、鸟伸、猿据、兔惊等多种术式；《微旨》篇则强调"行气"与"导引"之别，谓"明吐纳之道者，则曰唯行气可以延年矣；知屈伸之法者，则曰唯导引可以难老矣[43]"。值得注意的是，在这一象征系统中，汉代认为"乐"可通天地，调和阴阳。张衡在《西京赋》中描写到："巨兽百寻，是为曼延。[44]"乐舞呈祥寄托了汉代人的精神追求和审美愿望，他们幻想中的"仙境"是一种祥云瑞兽与人共生的世界，人死后将进入的是一种分升成仙的美好时空，更是一种美好享乐的仙界。另一方面乐舞升天是仪式性的接引与狂欢，墓主的灵魂需经历一段旅程才能抵达上天。山东历城出土汉画像石局部：盘口朝上的七盘舞图，舞者图像表现犹如一位挂上翅膀、长有鸟形尾巴的羽人，朝向天上飞升的乐舞动势的表演，具有强烈的飞天仪式导

40　(清)王先谦(1954)，《庄子集解》第4页，《诸子集成》(第三册)，中华书局，第96页.

41　(汉)《淮南子》(1954)，《诸子集成》(第七册)，中华书局，105.

42　(南朝·宋)范晔(1965)，《后汉书》，中华书局，第2739～2740页.

43　王明(1985)，《抱朴子内篇校释》(增订本)，第15页，中华书局，1985年。第274页.

44　龚克昌(2003)，《全汉赋评注》，花山文艺出版社，1125.

向性，它既是对核心主神的献礼与崇拜，也为亡魂指引了方向。其乐舞动作往往夸张、奔放(如建鼓舞、长袖舞)，音乐演奏热烈激昂，营造出一种迷狂的宗教氛围。这种狂欢式的表演，旨在通过模拟仙界的欢愉，激发亡魂的向往，并借助其飞升的仪式能量，协助墓主灵魂突破生死界限，最终完成从"魄"的安葬到"魂"的飞升这一过程。此外，乐舞既可用于"娱神"(契合道家、神仙家)，也可用于"礼教"与"宴飨"(契合儒家)，其在画像石中的呈现，体现了神圣性与世俗性的结合。其最终目的就是为了死后与仙界相连，实现生命的永恒，从而通过图像造就一个幻化的美丽仙界。仙道信仰引证了汉代生者希望永生或成仙，死后灵魂进入仙境的美好幻想。

4)"神仙庇佑"的祈禳信仰与美学表现

通过对汉代宗教脉络的梳理，可知西王母被视为执掌冥界庇佑、引导永生的神祇。秦汉以前，我国宗教的神灵显得比较零散，秦以后，以西王母为中心的神仙世界成为

图7.东汉西王母仙庭画像石拓片(局部)
山东嘉祥宋山出土，山东石刻艺术博物馆藏

汉代人的信仰，西王母被人们誉为神威至上的神仙。她的形象被赋予强大的守护功能，能镇守墓室抵御邪魅侵扰，引导灵魂升入仙境从而禳解死亡带来的最大灾祸。汉代人通过祭祀、祷告、祈求西王母祛除疾病、饥饿、兵乱等一切灾祸，赐予家族安康、长寿与福运。这种信

仰是对生命的渴望转化为对神仙的崇拜，通过祈求西王母的庇佑，达到对在世人的"千祥云集、百福并臻"慰藉与现实心理保障。汉代人的追求"神仙庇佑"，通过敬神获得祈福禳灾，祈禳仪式在汉画像石的图像上有最充分的反映。

"西王母神仙系"是汉画石创作的重要题材。从构图上看，画面西王母威严端坐于画面顶端或中心，伴有羽人、玉兔捣药、九尾狐、三足乌等仙境瑞兽；其正下方，常上演着宏大而热烈的乐舞百戏场面，建鼓矗立，长袖飞舞，伎人表演着弄丸、倒立等杂技。(图14)这一题材在墓葬中蕴含何种意涵与功用？美国学者詹姆斯(Jean M. James)提出，西王母被视作中国宗教最早且至高的神祇，乃汉代艺术中的唯一主神[45]。在西王母的仙境中，乐舞并非凡间艺术，而是仙界的永恒状态。玉兔捣药、三足乌、九尾狐等仙境瑞兽常与乐舞杂处，共同构成一个极乐无限的超现实空间。乐舞于此成为"仙境"的视觉标识和听觉想象。画像石表现：祭祀、斋醮性乐舞，人物手持幡幢、鼓乐齐奏，带有祈福和驱邪意味。河南南阳画像石(祭祀乐舞图)，其中的击鼓舞与吹奏，可能与道教早期的祈禳仪式相关。在这一时空中，西王母女神居于"中心"位置，庇佑"在场"的墓主灵魂在陌生的地方"万世"长生。画面中的乐舞身姿舒展、队列整齐，鼓瑟吹笙的乐人往往与羽人、神兽同场出现，形成了人世与天界交汇的视觉结构。图像构图营造了以西王母威严端坐龙虎宝座之上的视觉中心，强化了井然有序、稳定神圣的彼岸世界氛围，充盈着神秘瑰丽的美学意象。画面不仅反映了汉人通对称式画面的布局表达对神仙的崇拜，同时展现的图像也充分体现了丧葬的奢华、祭祖的神圣与超越美学表现，更体现出他们对于宇宙秩

45　Jean M. James(1995), An Iconographic Study of Xiwangmu During the Han Dynasty, *Atibus Asiae* vol. LV.1/2(1995), p.40。

序与社会秩序之间和谐统一的追求。

4. 汉画像石乐舞图像的宗教美学根源

汉画像石中的乐舞图像，呈现出一种独特的美学风貌： 它既是奔放热烈的感性狂欢，又是秩序井然的礼仪程式；它既描绘凡俗的宴饮享乐，又指向超凡的仙界永恒。这种看似矛盾的美学统一体，其根源深植于汉代复杂而交融的宗教哲学思想土壤之中。在《楚辞与南阳汉画像石刻》一文中，作者讨论汉代神仙观念时强调："神仙思想构成汉代道教信仰的重要支柱，而其根基则可追溯至楚文化中飞升成仙的传说。[46]"由此可见，汉代生死观的形成，深受儒道两家思想及楚地文化传统的共同影响，人们的生死观影响着墓葬艺术形式演变，这种艺术形式既是先秦美学思想的奠基与嬗变，又是汉代儒道美学思想的整合与重塑。

1) 源流之融: 先秦美学思想的奠基与嬗变

汉代乐舞图像的宗教美学，其根基深植于先秦文化的沃土之中，主要承袭自两大传统:

其一，西周"制礼作乐"的理性主义与仪式传统。周公"制礼作乐"，将乐舞纳入国家政治与宗法伦理的宏大体系之中，使其成为"通伦理"、"和人神"、"节民心"的治国之器。《礼记·乐记》所阐述的"乐者，天地之和也；礼者，天地之序也"的思想，确立了乐舞沟通天地、调和阴阳、规范秩序的崇高哲学定位。这一"礼乐相济"的理性传统，为汉

---

46 李宏(1987), 楚辞与南阳汉画像石刻[J], 江汉考古, 87~91.

画像石中的乐舞图像注入了庄严的仪式感、严谨的秩序性和服务于伦理目的的功利性。无论是祭祀礼仪中的钟磬之乐，还是宴饮场景中的程式化乐舞，其构图的有序、氛围的肃穆，皆可追溯至这一源头。乐舞在此首先是一种"礼"的视觉化呈现，是维系宇宙与社会双重秩序的仪式性行为，这种礼是秩序的，崇高的，作为墓葬礼制又使肃穆的。

其二，楚地巫风与《山海经》系统的原始想象与迷狂传统。与北方理性化的礼乐文化并行，南方楚文化以其炽烈的巫风、瑰丽的神话想象和充满生命"幻化"动感的艺术形式，提供了另一种美学资源。《楚辞》中《九歌》诸篇所描绘的巫觋以乐舞降神、人神杂糅的炽热场面，充满了对超凡世界的向往与迷狂的感性体验。同时，《山海经》所构建的奇诡博大的神话世界，充满了羽人、瑞兽、不死国度的想象。这一传统为汉画像石乐舞图像贡献了飞扬的动感、奇幻的意象和追求个体生命超越的强烈冲动。画像石中长袖舞的飘逸、建鼓舞的雄健、百戏的惊险，乃至羽人、麒麟、玉兔等仙禽瑞兽与乐舞杂处的超现实场景，无不洋溢着楚文化的浪漫主义精神与原始巫术的动能。

总之，在先秦美学思想的深刻影响下，汉画像石所呈现的艺术形象普遍体现出"肃穆""婉约"与"虚幻"等审美特征。李泽厚曾指出，汉代艺术形态虽显古拙，形体比例非常规，线条硬朗而少圆润，然这些特征非但未削弱其动态与力量的表现，反而强化了雄浑的气势；"古拙"恰恰成为此种审美风格不可或缺的要素[47]。由此可见，先秦审美观念深刻塑造了汉乐舞画像石中舞姿的"柔婉"特质；同时，"楚人飞升成仙"这一浪漫想象，也为其注入了充满"祥瑞仙境"意趣的艺术风格。

---

47 李泽厚(2002), 美的历程[M], 天津: 天津社会科学院出版社, 263.

2) 汉代之合: 儒道美学思想的整合与重塑

先秦的多元源流在汉代被整合进一个全新的、充满生命力的思想框架之中，并由此得以升华。其中，三种思潮起到了关键的熔铸作用: 首先，儒家孝道伦理为其提供了社会功能与合法性外壳。汉武帝"独尊儒术"后，"以孝治天下"成为基本国策。"孝"的核心体现之一即是"事死如事生"的厚葬之风。为父母营建墓室，刻绘其享用宴饮、乐舞、祭祀的场景，是子孙尽孝的极致表现。这使得乐舞图像的创作获得了强大的社会动力和伦理上的合法性。《后汉书·祭祀志》首次明确记录了祭祀仪式中舞乐的具体应用: "待陇、蜀两地平定，朝廷遂扩展郊祀之礼……乐舞部分演奏《青阳》《朱明》《西皓》《玄冥》，并舞《云翘》《育命》之舞。[48]"儒家的伦理观将乐舞图像的功能功利化和理想化: 其"美"的程度直接与"孝"的价值实现挂钩；其所描绘的并非现实，而是墓主在彼岸理应享受的、经过夸饰的理想化极乐生活。儒家思想为此类艺术提供了广泛的社会实践基础和目的论支撑。其次，黄老道家与神仙方术思想为其注入了终极关怀与核心主题。西汉初年奉行黄老之学，清静无为，休养生息，至东汉则与神仙方术紧密结合，形成了追求长生不死、羽化升仙的普遍社会信仰。西王母信仰体系的确立和普及，为人们描绘了一个具体可感的彼岸仙境。这为乐舞图像提供了最核心的宗教主题与终极目标——升仙。《论衡·道虚篇》中记载了汉代神仙思想的流行状况: "闻为道者服金玉之精，食紫芝之英，食精身轻，故能神仙"。该记载反映出，在当时社会普遍将老子所倡之"道"阐释为一种可助人飞升成仙的途径。[49]"乐舞的功能由此发生了质的飞跃: 从服务于

---

48   范晔(1965), 后汉书[M], 北京: 中华书局, 1182.

49   王充(1999), 论衡[M], 北京: 中国文史出版社, 1186.

现世秩序的"礼乐"，转变为引导个体灵魂飞向永恒仙界的仪式向导和仙界极乐本身的象征。乐舞图像的内涵从伦理性的"善"升华为了对生命永恒的"真"的追求。西王母仙境前的狂欢乐舞，正是这种信仰最集中的视觉表达。

最后，天人感应与谶纬神学为其构建了符号象征系统与宇宙论框架。董仲舒提出的"天人感应"学说认为，天与人同类相通，能相互感应。谶纬神学继而将这种感应关系具体化为大量的祥瑞符号和天文征兆。这套思想将整个宇宙变成一个充满意义的符号系统。在此影响下，乐舞图像中的元素被高度符号化和象征化。建鼓不再是乐器，而是"通天"的通道；长袖不再是衣饰，而是"羽化"的象征；乐舞的编排可能暗合阴阳五行；盘鼓舞的踏步或对应星斗方位。整个乐舞场景被视为微观的宇宙模型，其和谐有序的运行，象征着墓主世界与天道秩序的契合。至此，乐舞图像成为一种深奥的"宇宙语言"，其美学价值在于其能指背后所蕴含的宏大天意与宇宙法则。

上述多元文化的碰撞与融合，并非简单叠加，而是在汉代人解决生死问题的终极宗教诉求下，发生了深刻的"化学变化"，最终升华出一种独特的宗教美学特质：第一，功能性与象征性的统一。图像中的每一元素既承担具体的仪式功能(如建鼓通神)，又作为象征符号指向更宏大的哲学观念(如通天、阴阳)。这使得其美学形式具有深厚的意涵。第二，秩序性与迷狂性的共存。儒家礼制与天人感应带来了严谨的构图与秩序感(如中心对称、分层叙事)，而楚巫传统与神仙思想则注入了奔放的运动感与迷狂的激情(如舞袖的飞扬、百戏的惊险)。二者奇妙地融合，形成一种"寓动于静"、"秩序中的狂欢"的独特美感。第三，功利性与超越性的交融。创作动机始于儒家孝道的功利目的(佑护生者)，最终却抵达了道家羽化升仙的超越境界(永生)。这使得艺术同时扎根于现实伦理，又飞翔于幻想天界，兼具世俗的厚重与宗教的空灵。

5. 结论

汉画像石中的乐舞图像美学风貌：它既是奔放热烈的感性狂欢，又是秩序井然的礼仪程式；它既描绘凡俗的宴饮享乐，又指向超凡的仙界永恒。这种美学风貌的根源在于汉代思想文化下的审美意识，"天人感应"、"乐舞礼制""羽人升仙""神仙庇佑"的宗教信仰使汉代乐舞画像石图像极富浪漫主义色彩。这种美学特色不仅是西周"制礼作乐"的理性主义与仪式传统以及楚地巫风与《山海经》系统的原始想象与迷狂传统的延续，而且还是当时儒道哲学思想的艺术展现与文化重塑。

汉画像石乐舞图像，是现实题材与虚幻体裁的相互融合，这种极具浪漫色彩的墓室艺术文化充分体现了汉代人将生前现实欲望和死后升仙愿望赋予实物形式的可视化。同时，它即是一种时代艺术呈现，也是一种宗教理念和世俗观念的反映。马克思曾提出"宗教是世界的总理论，是其包罗万象的纲领"，此言彰显出宗教对艺术具有广泛而深远的影响。毋庸置疑，汉代就是这样的一个受到宗教理念与世俗观念影响的特定历史时期。汉代这种"天人感应"、"乐舞礼制""羽人升仙""神仙庇佑"的宗教信仰与"事死如事生""厚葬""拜祖求仙"等风俗习惯，无不在墓葬艺术文化上深深烙上深深的痕迹。这些影响不仅表现在普通大众身上，也侵蚀着同时期艺术家的心灵。"这些依据生命原型所塑造的神祇与鬼魅形象，既源于现实，又远超越现实存在。艺术家将内心强烈的情感贯注于创作之中，使其形象承载着超乎寻常的神性力量。[50]"。

---

50 徐华(2003), 两汉艺术精神嬗变论[M], 上海: 学林出版社, 97.

汉代乐舞画像石之所以成为人类艺术文化的瑰宝，因为它的内涵是多元，是叠加的，无穷无尽的，而且最重要的一点是饱含情感的，而不仅于哲学的思考。

马林诺夫斯基曾指出："不死的信仰，实为深切情感体验的产物，并通过宗教得以形式化；其根基在于情感，而非原始哲学。汉画像石乐舞图像包涵了"天人感应"(生者—天之间的道德—政治感通)、"魂魄及升天想象"(个体灵魂去处与修仙意涵)、"事死如事生"与墓室宇宙观(礼制、空间与象征)，是汉代人类对生命延续的坚定信念，是宗教最重要的馈赠之一。正是凭借这一信念，当个体面临生存渴望与消亡恐惧的对立时，自我保存的本能才倾向于选择'生命的继续'[51]"。在汉代人的观念中，墓葬绘画的创作核心在于表达"生命延续"的主题，其所达到的艺术高度，实则得益于宗教信仰所带来的深刻精神动力。汉墓绘画承袭并发展了既有的宗教艺术传统，从而提升了墓葬图像的宗教品质。

中韩两国文化渊源深厚，在宗教文化与艺术审美领域存在诸多共通性与关联性，汉代乐舞画像石所蕴含的宗教美学思想对理解东亚宗教艺术发展具有重要意义。因特此向贵刊《韩国宗教》投稿，以期为中韩两国宗教文化与艺术史研究的交流搭建桥梁，促进学术互鉴。

51　[英]马林诺夫斯基(李安宅译)(1986)，《巫术、科学、宗教与神话》，中国民间文艺出版社，第33页.

한국어의 모음조화 약화와 어족 계통적 귀속에 관한 연구*

朝鲜语元音和谐律松化与朝鲜语语系归属

자오화赵华 · 자오제赵杰

1. 绪朝鲜语语系归属研究史

朝鲜语的语系归属问题截至目前依然没有权威定论。澄清朝鲜语的语系归属，找到其原始祖语，不仅能够反映朝鲜民族的发展变迁，还能够确定其民族文化类型，是一项具有重大意义的研究工作。主张设立阿尔泰语系的学者假设突厥语、蒙古语、满—通古斯语、朝鲜语的原始祖语都是阿尔泰语，阿尔泰原始语的起源地在蒙古西部、中蒙边界的阿尔泰山脉。由于一直缺乏足够清晰的证据，朝鲜语的谱系归属一直没有权威的定论。19世纪后半叶，人们开始关注朝鲜语与阿尔泰语的比较研究，主要有四种观点。(1)19世纪末、20世纪初，西方传教士们比较了朝鲜语和少量印欧语词汇的形态特点，主张朝鲜语属于印欧语系。(2)一些西方传教士尝试比较朝鲜语和印度梵语，朝鲜语和德拉维达语后，提出朝鲜语属于南亚语系。(3)1972年哈特曼和斯托克在《语言与语言学词典》中设日—朝语谱系，理由是朝鲜语和日语在语法

* 已发表于《北方民族大学学报》2018年第5期

基金项目：天津市哲学社会科学规划课题"韩汉满三语语音对比、比较与韩语语系归属研究"(TJWW13－008)；新疆维吾尔自治区高校文科基地中亚汉语国际教育研究中心重点课题"吉尔吉斯斯坦教科书中的中国形象研究"(XJEDU040713C01).

结构上相似度极高。日本学者后来也深入比较了朝鲜语和 日语，赞成设立韩—日语系，但都缺乏足够的说服力，未能在学术界引起反响。

(4)朝鲜语属于阿尔泰语系。劳尼(Rosny)、达勒(Dallet)、劳斯(Ross)等人最早注意到乌拉尔—阿尔泰语和朝鲜语的类型相似性，温克勒(Winkler)在《乌拉尔—阿尔泰语系说》(1884年)一书中首次提出朝鲜语属于乌拉尔—阿尔泰语，20世纪初白鸟库吉开始较为具体地比较朝鲜语和阿尔泰诸语，但都未建立比较可靠的朝鲜语与阿尔泰语的语音、词汇对应关系。

朝鲜语谱系归属问题研究从芬兰学者兰司铁(Gustaf John Ramstedt)开始才有了实质性的进展，他分割了乌拉尔—阿尔泰语系，单独设立阿尔泰语系，将土耳其语、朝鲜语、蒙古语、突厥语、满—通古斯语归入其中，并找出了各语言的语音和词汇对应关系。

据推测，在大量汉语借词进入朝鲜语之前，朝鲜语已经从阿尔泰语系共同体内分化出去了，而其他语言还在阿尔泰原始族语内维持了相当长的一段时间。由于最早从阿尔泰原始族语中分离出来，其中又不断引进大量的汉语借词，导致同其他阿尔泰语系的语言相比，朝鲜语中只有少量的共同词汇以及共同成分。朝鲜语大概从满族祖语勿吉时代开始，从阿尔泰语系满—通古斯语族中分化出去，目前韩国、朝鲜两国语言学家对这一观点比较认可。韩国的大部分主流学者都认为，朝鲜语(韩国语)属于阿尔泰语系，理由是：中世朝鲜语中明显存在元音和谐规律；朝鲜语是SOV语序；现代朝鲜语有头音规则；朝鲜语属于粘着语，语法关系依靠粘着成分体现；印欧语中的前置词和冠词在朝鲜语中几乎没有，性范畴也几乎可以忽略；朝鲜语定语前置，终结语尾在句末表示句式以及语法意义。

国内学界对朝鲜语的谱系问题持中立观点的学者居多，往往以"语言系属不明，有人主张把它归入阿尔泰语系"一语带过。赵杰认为朝鲜语属于阿尔泰语系，明确提出"朝鲜语在发生学上属于阿尔泰语系"，"朝鲜语最早的土著语很可能完全具有阿尔泰系语言的特征，具有和其他阿尔泰诸语言相同的语法框架，并且带有南部通古斯语族的特点，只是在语音、词汇都比较简单的远古时代，移进了中国大陆南方的稻作民，不久又接受了中原华夏向东迁徙的移民，移民语也自然充实了半岛上固有的音系和词汇"[1]。这一提法沿用了历史比较法，发掘了一种极为特殊的东方语言接触现象。

2. 朝鲜语、满语元音和谐律的比较研究

阿尔泰语系中已发现相当数量的共同成分，其中与朝鲜语语言结构最接近的是满语，在研究语言系统论构拟共同祖语的过程中，厘清满语对朝鲜语语言结构的影响，对于朝鲜语的本体研究及系统论研究是有益的。探明朝鲜语的归属问题，一个重要的切入点就是朝鲜语与满语的比较研究。本文仅从音系和基本词汇层面比较满语和朝鲜语的元音和谐律，尝试推导两种语言的发生学关系。

1) 朝鲜语元音和谐模式及松化

满语对朝鲜语的影响多表现在语言底层。在音系和句法层面，满语对朝鲜语底层干扰的渗透程度要远比语言借用强烈。李基文早在1958年《满语和朝鲜语的比较研究》中就比较了236组朝鲜语和满语语汇和若干语法形态，并修正了西方语言学家的一些错误举例。李得春曾经

1　赵杰. 朝鲜语语系归属新探(下) [J]. 当代韩国, 1998(冬季号).

比较了41组朝满音义相同或相似的词汇，认为"一部分词汇确定是很早就从满语借入到朝鲜语的，但仅在朝鲜北部地区和我国延边地区使用，还有一部分源于满语的方言词，由于表达了朝鲜语标准语没有的概念或事物，所以被吸入朝鲜语标准语"[2]。对于一些从朝鲜三国时代沿用下来的朝鲜语词汇，李得春持谨慎态度："对于从三国时期开始沿用下来的这些词语，我们没有根据认为是借词。所以在没有找到足以证明是满语借词的确凿证据以前，我们只能认定上面的词语应是同源词。"[3]基于朝满语言发生学、汉语和阿尔泰语系语言接触的研究结果，赵杰提出："满语既和汉语接触最多，又和日本语、朝鲜语十分相似。满语或满—通古斯语族研究的深化很可能是这两大语言学难题(阿尔泰语系语言对汉语的影响以及朝鲜语、日本语的语系归属)的突破口，从这里或许能开拓一片科学研究的新天地。"[4]

在音系层面，满语对朝鲜语的底层渗透程度要远比朝满语言借用强烈。阿尔泰语系诸语言普遍存在元音和谐规律，尽管现代满语和现代朝鲜语中元音和谐律的松化现象都很严重，但是要想找到清晰的朝鲜语和满语语音对应关系，首先要证明朝鲜语中曾经存在严格的元音和谐法则，才能证明朝鲜语属于阿尔泰语系。阻碍研究进一步深入的因素有：中世朝鲜语之前的古代朝鲜语没有明确的历史文献记录和旁证资料，考察无据；中世朝鲜语的元音和谐律并不整齐、严格，现代朝鲜语中无论是词干与粘着成分的衔接，还是词根内部阳元音和阴元音的搭配都混淆不清。因此，目前仍有较多学者认为，没有足够的证据证明朝鲜语中存在元音和谐规律。

2　李得春. 朝鲜语的满语借词与同源成分 [J]. 民族语文, 1984(3).

3　李得春. 朝鲜语的满语借词与同源成分 [J]. 民族语文, 1984(3).

4　赵杰. 现代满语研究 [J]. 民族语文, 1989.

表 1: 中世朝鲜语与现代朝鲜语单元音系统对比图

		前元音		后元音	
		扁唇音	圆唇音	扁唇音	圆唇音
中世朝鲜语	高元音	ㅣ / i /		ㅡ/ ɯ/	ㅜ/ u /
	中元音			· / ʌ/	ㅗ/ o /
				ㅓ/ e/	
	低元音			ㅏ / a /	
现代韩国语	高元音	ㅣ / i /		ㅡ/ ɯ/	ㅜ/ u /
	中元音			ㅓ / a /	
	低元音			ㅏ / a /	

表 2：中世朝鲜语元音音位对立关系

阳性元音	· / ʌ/	ㅏ / a /	ㅗ / o /
阴性元音		ㅓ/ e/	ㅜ/ u /
中性元音	ㅣ / i /	ㅡ/ ɯ/	

　　中世朝鲜语元音和谐律首先体现在词汇内部，表现形式为：(1)同性同一元音的和谐，指词汇内部的各音节内的元音相同。不仅不能有异性元音，也不能有同性异元音。如：찰랑찰랑，아빠。

　　(2)同性异元音的和谐，指词汇内部的各音节内的元音在属性相同的前提下，可以是不同的元音，或者是阳性元音+中性元音。作为粘着语，朝鲜语名词与助词连接时，或谓词词干连接时、体、态语尾时，也会整齐、规律地体现元音和谐律。例如：와요，고와요，좋아요，먹어요。此类元音和谐律在现代朝鲜语中依然规律、整齐，有种自然和谐的韵律美。

　　从表1可以看出，从中世朝鲜语到现代朝鲜语元音体系最显著的变化就是[·] / ʌ/ 元音的消失。稳定的元音系统是阿尔泰语系元音和谐律的保证，元音的增加和减少，必然会影响元音的组合搭配，导致整齐、规律的元音和谐律逐渐松化直至消亡。中世朝鲜语元音和谐律在

《训民正音》中有明确体现：不仅规定元音有阳性、阴性、中性三类，并规定阳性元音与阳性元音组合搭配，阴阳异性相悖则互斥。但是到了中世朝鲜语后期，元音和谐律就开始松化，不仅词汇内部，谓词词干连接语尾时都出现了明显违背元音和谐律的现象。如：

되(다) + 여서 → 돼서

캐(다) + 여라 → 캐라

고맙(다) + 어요 → 고마워요

아름답(다) + 어요 → 아름다워요

中世朝鲜语词汇内部的元音交替严格适应元音和谐律，基本是一种常态化的语音交替。后来由于汉语的影响、音系结构的变化，元音和谐律逐渐松化，陆续出现很多异常的元音交替现象。

通过表 2 中由于元音和谐律松化导致的元音异常交替现象，我们可以清晰地描写中世朝鲜语元音[·]的分化路径，位于单词第一个音节的[·]变为[ㅏ]，第二个音节后的[·]变为[ㅓ]/[ㅗ]/[ㅡ]。如：가늘다(细)等。元音[·]的分化是元音和谐律逐渐瓦解的首要原因。

由于现代朝鲜语和满语一样，在语言发展史上都经历了音节短化、元音分化，直接导致元音和谐律的松化，现存的文献材料鲜少能够完整体现元音和谐律的全貌，但是我们可以通过观察朝鲜语助词和语尾的变迁，来追溯描写当时的元音和谐律。

根据金完镇的整理可以发现，中世朝鲜语中为了规律、整齐地遵守元音和谐律，同一格助词除了1个基本形外，异形态可以多达4个，阴性元音[ㅡ]与阳性元音[·]明显对立，并且分别还有适应开音节和闭音节的异形态[5]。例如汉字词连接目的格助词 -·ㄹ/-을：

阳性汉字词 + ·ㄹ:　자손·ㄹ　子孙　　지용·ㄹ　智勇
阳性汉字词 + 을:　백성을　百姓　　현군을　贤君
　　　　　　　　천명을　天命　　제업을　帝业

　　中世朝鲜语元音和谐律的松化，一方面是朝鲜语内部音系结构的变化引起的，还有一个重要原因就是汉语对朝鲜语的底层渗透，强势汉语和弱势朝鲜语长期接触，会导致朝鲜语语言结构的变化，包括语音、词汇、语法层面。民族间的频繁接触使汉字词大量涌入朝鲜语，不仅降低了朝鲜语固有词的使用频率，汉语发音还渗透到语音结构，逐渐瓦解了朝鲜语固有的语音系统，导致元音和谐律逐渐走向松化。

　　中世朝鲜语之前，朝鲜语语音系统"严防死守"，不但固有词体系内整齐划一地遵循元音和谐律，外部渗透进来的外来词也要接受语音改造，以适应元音和谐律的严格要求。例如：

恶水[è shuǐ] → 악수(恶水)[aksu] → 억수(恶水)[əksu] 暴雨：倾盆大雨
网席[wǎng xí] → 망석网席[maŋ sək] → 멍석(网席)[məŋ sək] 草席

　　"恶"在朝鲜语中的汉字音是[악]，例如죄악(罪恶)，但最早接受"恶水"这个汉字词时，为了适应朝鲜语的元音和谐律，将"恶"由阳性元音[악]改读为阴性元音[억][6]；"网"在朝鲜语中的汉字音是[망]，但最早接受"网席"这个汉字词时，为了适应朝鲜语的元音和谐律，将"网"由阳性元音[망]改读为阴性元音[멍][7]。汉语语音系统没有元音和谐法则，大量的汉字词进入朝鲜语之后，朝鲜语的改造能力达到极限，语义辨

5　　金完镇. 国语音韵体系的研究 [M]. 韩国:一潮阁, 1971.
6　　黄晓琴. 朝鲜语元音和谐的松化 [J]. 民族语文, 2006(6).
7　　黄晓琴. 朝鲜语元音和谐的松化 [J]. 民族语文, 2006(6).

识受到极大挑战，不得不通过元音的分化来增加语义辨识度。大约从15世纪开始，朝鲜语元音和谐律逐渐松化。阳性元音[·]的消失使阴性元音[一]的对立音缺失，元音和谐律的松化现象进一步加剧。

2) 满语元音和谐模式及松化

"朝鲜语和满语元音和谐律从松化到解体的变化路径极为相似，而且引起两种语言元音和谐律变化的原因也基本相同。主要是韩满两种语言发展史上都出现过音节短化现象，直接影响了交际的效果，造成表义不足。"[6]在后来的语言发展变化中，朝鲜语、满语两种语言也都分别出现了元音增多的现象，以此来弥补音节简化后给沟通交际带来的困惑。满语作为典型的粘着语，其元音和谐律的模式与朝鲜语非常相似，满语单词内部元音和谐统一、词干与语尾的元音和谐法则也是严整规律的。本文以清代书面满语(简称书面满语)和现代大五家子满语(简称现代满语)为比较对象，梳理满语元音和谐律松化解体的发展变化(见表3、表4、表5)。

通过表3、表4、表5 可以看出，元音交替现象在清代书面满语中是一种常态化存在，在词汇内部，元音和谐律也还是比较严整的。书面满语元音和谐律的基本适应模式：(1)完全和谐，即在同一词内都是阳性元音或者阴性元音，不能在同一词内同时出现阴性元音和阳性元音；(2)部分和谐，即中性元音既可以和阴性元音也可以和阳性元音在同一词内出现。这与中世朝鲜语的元音和谐律模式毫无二致。随着语言的变迁，清代书面满语元音体系也在不断变化之中，主要变化路径就是前元音a/a/和后元音u/u/逐渐向央元音e/e/过渡，例如：japura变化为 japure。

通过朝鲜语、满语的元音体系比较分析，可以看出：朝鲜语和满语音系中都曾出现过元音音素增加现象，新增单元音的属性都是中性元音；复元音增加更加明显；词汇内部阴性元音和阳性元音混合使用的单词亦不在少数。这些都是导致朝鲜语、满语语言结构中元音和谐律松化的内部直接原因。

表 3: 满语单元音体系

| | | 前元音 | | 央元音 | 后元音 | | | |
| | | 扁唇音 | | | 扁唇音 | | 圆唇音 | |
		非舌根后缩	舌根后缩		非舌根后缩	舌根后缩	非舌根后缩	舌根后缩
书面满语	高元音	i / i /					u/u/	ū /Ω /
	低元音		a/a/		e / e/			o / c/
大五家子满语	高元音	i / i /					u/u/	ū /Ω /
	低元音		a/a/	e / e/				o / c/

表 4: 书面满语元音音位对立关系

阳性元音	a / a /	o / c/	ū /Ω /
阴性元音	e / e/		
中性元音	i / i /	u/u/	

表 5: 满语元音和谐律示例

清代满语		现代满语	汉语
han ama	完全和谐	han ama	父皇
oforo	完全和谐	cvuro	鼻子
moro	完全和谐	mcro	碗
ifimbi	完全和谐	ivime	缝
obo-	完全和谐	cvu-	洗
omolo	完全和谐	cmulo	孙子
japura	部分和谐	japure	行走
akusa	部分和谐	akuse	先生
isambi	部分和谐	isame	编(辫子)
bolori	部分和谐	pclori	秋天

　　导致朝鲜语、满语元音和谐律松化的外部原因就是语言接触。朝鲜族、满族历史上都与汉族有着长期、错综复杂的民族交往，直接带来了漫长的语言接触。其间朝鲜语和满语都借入了大量汉语借词，汉语以双音节词见长，音节之间不适用元音和谐律，内有大量[a]、[e]结合的阴阳混性词以及复元音，汉语的发音极大地影响了朝鲜语、满语固有音系，进一步加剧了朝鲜语、满语两种语言元音和谐律的松化瓦解。赵杰认为，从萨丕尔的沿流说出发，两种曾经同源的语言分化后，不管是规则的保留还是例外的变化，都可能有相同的沿流走向。通过比较饱经语言接触的朝鲜语和满语，发现其元音和谐律固有法则松化的共同性，可以找到两种语言同源的蛛丝马迹[8]。

3. 结语

　　尽管朝鲜语语系归属在学术界尚不明确，但是从满语、朝鲜语的比较研究切入，阐明两种语言发生学关系，关注两种语言的语音对应、挖掘同源基本词汇是现实可行的，而且具有重要的学术意义，将有助于"阿尔泰语系假说"这一问题的早日解决。

　　基于历史比较研究，朝鲜语的音系分化要早于满语，语言结构的变化幅度也大于满语，元音和谐律的松化和解体就是其具体表现之一[9]。朝鲜语、满语两种语言的元音和谐律有极为相似的变化路径，均为从松化到解体，引起两种语言元音和谐律变化的原因也基本相同，现代

8　赵杰. 从日本语到维吾尔语——北方民族语言关系水平性研究 [M] . 北京　:民族出版社, 2007.

9　林毅. 韩满比较语言学研究述评——兼评赵杰先生的《从日本语到维吾尔语》[J] . 北方民族大学学报(哲学社会科学版), 2009(1).

朝鲜语和现代满语的元音和谐律严整程度不一，朝鲜语较满语解体更加彻底。通过对朝鲜语、满语两种语言元音和谐律的描写与比较，可以肯定中世朝鲜语中残存了很多阿尔泰语系的语言结构特征，说明朝鲜语与阿尔泰语系诸语言之间存在历史渊源，深入挖掘这些语言结构，找出共性结构，可以为朝鲜语语系归属研究提供直接的参考依据。

천극川劇 《백사전白蛇傳》의 청사靑蛇와 파촉문화巴蜀文化

하정혜

1. 들어가면서

본 논문에서 논의하려는 천극(川劇)[1]은 사천(四川) 등 서남지구(西南地區)에 위치한 몇 개의 성(省)에서 사랑받고 있는 대표적인 지방극이다.

천극의 중심지인 사천성은 옛날부터 파촉(巴蜀)으로 불리어왔다. 이 지역은 이백(李白)의 「촉도난(蜀道難)」 시로도 널리 알려져 있듯이, 산세가 험준하며 잔도(棧道)라는 선반 같은 벼랑길로 통행을 해야 했다. 대신 외세의 침략이 적었고, 비옥한 곡창지대와 풍부한 자원을 보유하고 있어, 중원(中原)지역과 분리되어 독자적인 파촉문화[2]를 꽃피울 수 있었다.

천극으로 공연되는 수많은 작품 중 「백사전(白蛇傳)」의 위상은 상당히 높다[3]. 「백사전」은 중국의 대표적인 민간전설로[4], 중국인에게는 새

---

1. 300여년의 긴 역사를 지닌 천극은 본토의 등희(燈戲)와 외부에서 들어온 여러 음악(고강(高腔)·곤강(崑腔)·호금(胡琴)·탄희(彈戲) 등)이 점차 융합되고 발전한 것이다. 사천의 지역특색을 띠게 되면서, 이러한 극을 천희(川戲)로 부르다가 이후에 천극으로 부르게 되었다.

2. 현재 행정구역상 대략 사천성에 해당되는 지역문화를 파촉문화(巴蜀文化)라 한다. 여기에서 파촉은 춘추(春秋)시대 이전의 파나라와 촉나라를 의미하며, 이 두 나라가 공동의 문화를 형성하였기에, 이를 파촉문화라 칭한 것이다.

3. 천극 예인들 사이에 일컬어지는 대표적인 전통극목으로는 고강(高腔)의 "사대본두

로울 것이 전혀 없는 대중성을 가지고 있는 이야기이다. 하지만 "그 지방의 풍토는 그 지방의 사람을 기른다[一方水土養一方人]"라는 속담이 있듯이, 「백사전」도 사천지역에 들어와 공연되면서[5] 자연스럽게 파촉 문화를 받아들이고 흡수했다. 이로 인해 천극 「백사전」은 사천지역의 색채를 지니게 되었고, 다른 희곡 극종[6]과는 확연히 다른 '지역 특화' 된 양상을 드러내게 되었다. 이러한 독특한 매력은 천극의 본고장뿐만 아니라 경극 「백사전」의 중심지인 북경에서도, 더 나아가 중국 전역과 해외의 관중들까지도 사로잡을 수 있었다.

그렇다면 천극 「백사전」에는 어떤 특화된 지역적 매력이 있는 것일까? 그 매력은 무엇을 통해 드러나는 것일까? 한층 더 나아가서 천극

(四大本頭)", "오포(五袍)", "사주(四柱)", "강호십팔본(江湖十八本)" 등이 있으며, 백사전은 "강호십팔본" 중 하나이다. 또한 사천지역 청대 묘지 건축물들에서는 백사고사 조각이 여럿 발견되었는데 이를 통해 당시 백사고사가 사천인들에게 큰 사랑을 받았으며 일상생활 속으로 깊숙하게 침투하여 있음을 알 수 있다. 오수경, 「川劇 현대화 양상과 사례연구:《金子》」, 『중어중문학』 제54집, 2008, 203 ; 何雅聞·羅曉歡, 「四川地區淸代墓葬建築裝飾中《白蛇傳》雕刻圖像硏究」, 『四川戲劇』, 2019 참고.

4　「백사전」은 중국 4대 민간전설(「우랑직녀(牛郞織女)」·「맹강녀(孟姜女)」·「양산백여 축영대(梁山伯與祝英台)」·「백사전(白蛇傳)」)중 하나로, 오랜 시간 동안 구두(口頭)로 전해져오면서 다양한 문예형식으로 창작되고 발전되어 왔다. 현대에 들어서는 드라마와 영화로도 계속해서 재구성되고 있어, 실로 강인한 생명력을 지녔다고 할 수 있다.

5　청(淸) 건륭연간(乾隆年間:1736~1796) 은 경제적으로 안정된 시기라, 생활이 여유로워진 시민들의 오락적 수요로 강남·동남연해 지구에서 성행하였던 희곡이 서남·장강 이북 지구로 널리 전파될 수 있었다. 방성배(方成培)의 『뇌봉탑전기(雷峰塔傳奇)』(건륭 36년(1771) 판각·간행)도 이때 사천지역에 전해져 상당히 유행한 것으로 보인다. 이는 사천지역 묘지 건축의 「백사전」 조각에서 확인할 수 있는 바이다. 何雅聞·羅曉歡, 「四川地區淸代墓葬建築裝飾中《白蛇傳》雕刻圖像硏究」, 『四川戲劇』, 2019, 91~93.

6　백사고사는 청대에 다양한 희곡극종으로 무대에 올려졌다. 본 논문에서 주제로 삼을 천극 이외에도 경극(京劇)·방자희(梆子戲)·무극(婺劇)·월극(越劇)·회극(淮劇)·평극(評劇)·려극(呂劇)·이협현(二夾弦)·양고극(陽高劇)·하남곡극(河南曲劇)·한극(漢劇)·초극(楚劇)·여극(廬劇)·양극(揚劇)·전극(滇劇)·계극(桂劇)·옹극(邕劇)·월극(粵劇)·민극(閩劇)·가자희(歌仔戲)·보선희(莆仙戲) 등에서 백사 이야기를 풀어냈다. 張雪瑋, 『白蛇題材戲曲初探』, 中國藝術硏究院 碩士學位論文, 2016, 92~97.

「백사전」에서는 왜 백사와 허선·법해보다도 청사를 부각한 것일까? 이것이 파촉문화와 어떤 관련이 있는 것일까? 본 논문에서는 이런 의문들을 중심으로 천극 「백사전」에 등장하는 청사에 대해 분석해 보고, 이를 통해 파촉문화가 천극 「백사전」에서 어떠한 작용을 했는지 구체적으로 살펴보고자 한다.

본 논문에서는 2016년 천극 극작가 오택지(吳澤地)선생이 정리·개편하고 사천성천극원(四川省川劇院)에서 연출한 극본[7]과 CCTV 11(China Central Television, 中國中央電視台)에서 방영되었던 천극 「백사전」녹화본(사천성천극원 연출작)을 대상으로 삼아 연구를 진행하겠다.

2. 천극 「백사전」의 스토리와 청사

백사고사(白蛇故事)는 사천지역에 들어와 공연되면서, 파촉문화를 품고 자신만의 특색을 지니게 되었다. 이러한 천극 「백사전」은 특화된 지역적 매력으로 관중들의 눈길을 사로잡아 오고 있다. 이에 본 장에서는 누구나 다 아는 내용인 백사고사를 천극으로는 어떻게 풀어냈는지 간단히 살펴보고, 천극만의 특색을 지니고 있는 청사에 대해 조명해보고자 한다.

---

[7] 국내와 중국서적·百度검색엔진에서 천극 「백사전」극본을 구하지 못하던 중, 성도시 천극연구원(成都市川劇研究院)의 오택지(吳澤地) 선생님과 연락이 닿았고, 오백기(吳伯祺)·오효비(吳曉飛)·오택지 선생의 극본 세 편을 전송받을 수 있었다. 오백기 선생의 극본은 중국 건국 10주년을 기념하여 헌정한 극본이며, 아들인 오효비 선생의 극본은 1990년에 부친의 극본을 개편하여 홍콩 등지에서 연출한 극본이다. 본 논문에서 저본으로 삼은 오택지 선생의 극본은 가장 최근 극본이라 할 수 있으며, 조부와 부친의 두 연출본을 바탕으로 2016년에 정리·개편한 극본이다.

1) 천극 「백사전」의 스토리

우리가 익히 알고 있는 백사고사의 내용은 어떻게 되는가? 흰 뱀 요괴가 인간 남성과 결혼을 하고, 이들의 사랑을 용납하지 못하는 이들의 제재(制裁)를 받는 내용이다. 천극 「백사전」도 동일한 구조로, 그 장별 내용은 다음과 같다.

제1장 '불당에서 쇠사슬을 끊다[佛殿抨鎖]': 신선이 된 백사는 부처님을 모시는 계지나한(桂枝羅漢)과 서로 연모하는 사이이다. 하지만 그 벌로 계지나한은 인간인 허선(許仙)이 되고, 백사는 백련지(白蓮池)에 갇힌다. 백사가 허선을 찾아가기 위해 쇠사슬을 끊고 달아나자, 여래(如來)는 두꺼비와 법해(法海)에게 백사의 행방을 찾아 항복을 받아내라 명한다.

제2장 '청사를 거두어 인간세상에 내려오다[收靑下凡]': 청사는 백사에게 반해 청혼하고, 백사는 이를 거절한다. 그러자 청사는 결투에서 이기면 자신과 혼인할 것을, 지면 자신이 노비가 될 것을 조건으로 걸고 백사에게 결투를 청한다. 싸움에서 진 청사는 백사의 사연을 듣고, 작은 힘이라도 보태겠다며 여종인 소청(小靑)의 모습으로 변신한다.

제3장 '배에서 우산을 빌리다[船舟借傘]': 서호(西湖)에서 허선을 본 백사는 비를 내리게 하고, 허선이 탄 배를 불러 탄다. 소청은 뱃사공과의 대화를 통하여 백사에 대한 허선의 마음을 떠본다.

제4장 '마침내 부부로 맺어지다[終成眷屬]': 백사와 허선은 마침내 부부로 맺어지고, 두꺼비는 백사를 잡기 위해 도사 왕도릉(王道陵)으로 변신한다.

제5장 '부적을 뜯고 매달아 때린다[扯符吊打]': 허선이 왕도릉에게 부적을 받아오자, 백사는 청사를 시켜 왕도릉을 잡아 오게 하고, 채찍질

한다.

제6장 '단오날 변신에 놀라다[蒲陽驚變]': 풀려난 왕도릉은 또다시 허선을 꼬드겨 백사에게 웅황주를 먹이라 한다. 허선의 강권에 웅황주를 마시고 취한 백사는 허선 앞에서 원형을 드러내고, 이를 본 허선은 놀라 죽고 만다.

제7장 '선산에서 약초를 훔치다[仙山盜草]': 허선을 되살리기 위해 백사는 삼선도(三仙島)로 영지보초(靈芝寶草)를 구하러 간다. 선초를 지키던 백학동자에게 패하지만, 백사를 갸륵하게 여긴 선옹(仙翁)이 나타나 선초를 준다.

제8장 '강가에서 허선을 꾀다[江岸誘許]': 되살아난 허선은 부인의 정체에 대해 혼란스러워한다. 그때 법해가 나타나 미혼산(迷魂傘)을 건네고, 이를 받아 든 허선은 회오리바람에 휘말려 간다.

제9장 '금산이 물에 잠기다[水漫金山]': 백사와 청사는 허선을 되찾기 위해 수족(水族)들을 거느리고 금산사로 향한다. 법해는 여러 신장(神將)들과 청룡선장(靑龍禪杖)를 차례로 출격시키지만 백사와 청사에게 모두 패한다. 미혼산에 홀려있던 허선은 스스로 우산을 던지고 백사에게 돌아가려 하나 제지당한다. 백사와 청사는 금산사를 수몰(水沒)시키려 하고, 수족들과 신장들은 격투를 벌인다. 법해는 자금요발(紫金鐃鈸)에 백사를 가두고 풍·화이신(風·火二神)에게 불태우라 하지만, 백사는 빠져나온다. 하지만 법해에게서 벗어나지 못한 허선과는 이별을 맞이한다.

이처럼 기존의 백사고사와 이야기의 큰 줄기는 동일하나, 천극에서는 몇 가지 설정을 통해 백사고사를 천극만의 느낌으로 재해석하였다[8]. 또한 이 스토리에서는 여타 「백사전」보다도 조연인 청사가 상당히 두드러진다. 청사는 주인공이 하고자 하는 바를 돕는 조력자 형상으로 등장하여, 극중에서 백사의 뜻을 따르며 힘을 보태는 역할을 한다. 그런데 이러한 조력자 형상의 청사는 여타 극종에서도 등장하기에, 아래에서는 천극 「백사전」에서 청사를 어떻게 그려냈으며, 이를 통해 어떠한 천극만의 특색을 드러내는지를 살펴보겠다.

2) 천극 「백사전」의 청사

백사고사를 모티브로 한 작품들에서는 백사의 든든한 조력자인 청사가 등장한다. 조력자 청사의 형상은 백사고사가 개편되고 재창작되는 과정에서 변화를 겪었으며[9], 이 형상은 천극에서 다시 한번 새로워

---

8   청사에 관한 설정은 뒤에서 자세히 다루도록 하고, 청사를 제외한 배역에 관한 천극만의 설정을 살펴보겠다.
　　* 백사와 허선이 본래 연모하던 사이였다는 초기 설정은 백사의 헌신적인 사랑에 타당성을 부여해준다.
　　* 두꺼비는 타 극종에서는 등장하지 않으며, 극중에서 도사 왕도릉과 사미승으로 변신하여 백사와 허선의 사랑을 방해한다. 두꺼비의 등장으로 극정이 치밀해지며, 천극의 특징 중 하나인 유머와 해학이 잘 드러난다.
　　* 기존작품에서는 허선이 법해를 따라 출가를 하나, 천극에서는 허선이 법해의 미혼산에 홀려 금산사로 끌려간 것으로 설정하였다. 이는 법해와 두꺼비가 악역임을 분명히 하고, 앞으로 벌어질 전투에 타당성을 부여한다.
　　* 백사와 청사가 허선을 되찾기 위해 금산사로 향하는데, 이때 수족을 이끌고 가는 설정은 신장과 벌이는 격투장면을 더욱 아름답게 보이게 함은 물론, 고난도 기예를 대량 사용하여 천극만의 다양한 볼거리를 등장시킨다.
　　* 허선은 스스로 미혼산을 던지고 백사에게 돌아가려고 하지만, 결국 이별을 맞이하는 비극으로 끝나게 된다. 극 전체의 희극적 요소들이 결말의 비극을 더욱 부각시킨다.
9   청사의 형상변화: 백사고사의 원형이 갖추어지기 시작하였던 당(唐)·송(宋)대 필기소설(송·『태평광기(太平廣記)』卷458「박물지(博物志)」)에서는 단순한 조연에 불과한 뭄종이 등장한다. 명(明)·풍몽룡(馮夢龍)의 『경세통언·백낭자영진뇌봉탑(警世通言·白娘子永鎭雷峰塔)』에 청청이라는 푸른 물고기가 등장하고, 이것을 저본으로 한 청(淸)·황도필(黃圖珌)의 『간산각악부뇌봉탑전기(看山閣樂府雷峰塔傳奇)』에서도 청아라는 푸른 물고기가 등장한다. 두 작품 속 푸른 물고기는 백사의 명령만 수행하는 여종의 형상이다.
　　백사의 조력자 형상으로 청사가 등장한 것은 청·방성배의 『뇌봉탑전기』에서부터이다. 청사는 백사와 허선의 애정을 이을 수 있도록 도와주는 역할을 하여, 동반적 관계로 발전했다. 또한 방성배 이전의 작품들에서 백사의 뭄종 역할을 할 때는 물고기

졌다. 보통 신화와 민담의 조력자 캐릭터는 손쉬운 스토리 전개를 위하여 한가지 성격으로 고정하는 경우가 많았다. 즉 역할과 임무를 기준으로 주인공을 돕는 역할만 하면 되는 것이었다[10]. 그런데 천극에서는 기존의 단순한 청사라는 조력자 캐릭터를 파촉문화를 내재(內在)한 입체적인 인물로 새롭게 재탄생 시켰다.

기타 극종에서 청사는 소청이라는 이름의 여성 뱀으로, 악한 것을 싫어하는 용감무쌍한 협녀(俠女) 형상으로 등장한다. 그런데 천극의 청사는 도력을 지니고 있어 여성의 모습으로도 변신할 수 있는[11] 남성

였다가, 조력자 역할을 하게 되면서부터 백사와 동류(同類)인 푸른 뱀으로 승격된 것이 아닌가 싶다. 아울러 『뇌봉탑전기』에서는 청사의 시원시원한 성격과 호불호가 분명한 모습이 잘 묘사되어 있어 인물이 훨씬 생동감 있어졌다. 이후 중국 건국 초 전한(田漢)의 경극 「백사전」의 소청 역시 청사로 등장하며, 봉건세력을 대표하는 법해와 맞서고 마침내 백사가 갇혀있는 탑을 무너뜨리는 투쟁의식이 강렬한 인물로 묘사되었다.
백사의 곁에서 한결같이 고난을 함께하는 지기(知己)와 같은 청사의 이미지는 동성애 코드로 확장되기도 한다. 1986년 이벽화(李碧華)의 소설 『청사』는 동명의 영화로도 개편되었으며, 백사-허선-청사를 삼각관계로 배치하여, 백사와 청사의 동류애(同類愛)를 동성애(同性愛) 정서와 연관시켰다.
이처럼 청사의 형상은 단순한 조연에서 점점 본인의 목소리를 낼 수 있는 서브 여주(sub女主)의 모습으로, 때로는 주인공의 모습으로 변화하고 완성되어왔다. 손환이, 『白蛇故事 硏究 : 性 의식을 중심으로』, 전남대학교 중어중문학과 박사학위논문, 2004 ; 손치오, 「시대변천에 따른 중국 여성캐릭터의 연기변화연구 - 〈백사전〉의 '백사와 청사'를 중심으로 -」, 『연기예술연구』 15권, 2019 ; 古佩沖, 『從青蛇形象流變探析文學史中"配角主角化"現象』, 天津師範大學 碩士學位論文, 2017 ; 白楊·杜未未, 「原型的嬗變與新生: "故事新編"中的"青蛇"形象」, 『文藝爭鳴』, 2016年12期 ; 朱秀鋒, 「青蛇形象塑造的演變及其意義」, 『新餘高專學報』, 2006年 03期 참고하여 서술.

10 배주영, 『디지털 애니메이션 스토리텔링』, 살림, 2014, 194, 216.

11 청사가 남성에서 여성으로 변신할 수 있다는 설정은 천극에서 시작된 것은 아니다. 청 방성배의 『뇌봉탑전기』는 사천지역에 전해진 뒤 유행하였는데, 이 판본에는 청사가 축(丑)배역으로 등장하였다가, 법력이 더 높은 백사에게 항복한 뒤 여종의 모습으로 함께 다니게 된다는 장면이 있다. 여타 극종에서는 이러한 장면을 더 이상 찾아볼 수 없으나, 천극에서는 이를 계승하였고, 천극만의 참신함을 더해 독특한 청사 이미지를 완성하였다. 周逢琴, 「川劇《白蛇傳》中青蛇的審美意義」, 『四川戲劇』, 2010年 05期, 43.

뱀으로 설정되었다. 청사는 남성과 여성의 모습으로 자유자재 변신하면서[12], 풍성한 조력자 형상으로 등장할 수 있었다. 아래에서 이 조력자 형상을 순정파, 홍랑(紅娘)[13], 호위무사로 나누어 살펴보겠다.

(1) 순정파 청사

청사가 백사에게 반하여 청혼하는 설정은, 극이 끝날 때까지 청사가 백사의 든든한 조력자로 헌신하며 함께 하는 것의 이유가 되어준다. 청사의 순정파 형상이 있었기에 그 위에서 홍랑의 형상과 호위무사의 형상도 만들어질 수 있었던 것이다. 그런데 중국에는 '(혼인대상과의) 가문이 대등해야한다[門當戶對]'는 혼인 관념이 있다. 기존의 청사는 백사의 몸종 혹은 손아랫사람으로, 청사가 백사에게 청혼하기 위해서는 그 지위를 올려주어야 했다. 그래서 천극의 청사는 등장할 때부터 수신(水神)의 이미지를 드러낸다.

---

12 청사의 장별 등장 여부와 등장 시의 성별.

장 성별	남성	여성
제1장 '불당에서 쇠사슬을 끊다'	×	
제2장 '청사를 거두어 인간세상에 내려오다'	○	○
제3장 '배에서 우산을 빌리다'		○
제4장 '마침내 부부로 맺어지다'		○
제5장 '부적을 뜯고 매달아 때린다'	○	○
제6장 '단오날 변신에 놀라다'		○
제7장 '선산에서 약초를 훔치다'	×	
제8장 '강가에서 허선을 꾀다'	×	
제9장 '금산이 물에 잠기다'	○	

13 홍랑은 중국 고전 희곡 『서상기(西廂記)』의 시녀로, 주인공인 최앵앵(崔鶯鶯)과 장생(張生) 사이에서 연애편지를 전달해주어 두 사람이 이어지는 데 도움을 주었다. 이에 중국에서는 홍랑이 남녀 간의 사랑을 맺어주는 여자라는 뜻으로 사용된다.

【구름에 둘러싸인 청사가 무대에 오른다.】

　　무대 안에서: (남자목소리로 합창) 수부를 떠나오니 마음이 진작되는구나, 망망한 구름바다에 몸을 맡겨 높이 떠오르자[14]

　　제2장에서는 청사가 등장할 때 구름에 둘러싸여 등장하는데, 이는 구름을 타고 다니는 신선의 이미지에 부합하며, 자신의 거처를 수신의 궁전인 수부(水府)라 한다. 또한 백사 역시 청사를 보고 동료[道友]라 칭한다[15]. 즉 청사 역시 신선인 백사와 동등한 지위라는 것을 보여주는 부분이다. 다음은 청사가 백사에게 청혼하는 장면이다.

　　청사: (노래) 백사는 용모가 아름답군, (방강) 길을 막고 혼인하자
　　　　해야지. ……
　　청사: 잠깐! 영산의 수부에서 적막함을 함께 견딥시다, 나와 절 한
　　　　번 하고 혼인하는 것이 어떻겠소?
　　백사: 허튼소리 그만하시오, 만약 길을 비키지 않는다면, 나도 봐주
　　　　지 않을 테니 원망하지나 마시오! (검을 뽑는다)
　　청사: 흥! 만일 나와 겨루어 이기지 못한다면, 나에게 시집와 부인
　　　　이 되어야 할 것이오.
　　백사: 그럼 당신이 나에게 진다면?
　　청사: 기꺼이 당신의 노비가 되겠소.[16]

14　川劇 「白蛇傳」 第二場: '收青下凡'
　　【雲牌擁青蛇上。】
　　幕内: (男聲合唱)離卻水府心振奮, 茫茫雲海任飛騰。
15　川劇 「白蛇傳」 第二場 '收青下凡':
　　白蛇: 我當何人, 卻原是青蛇道友。……
16　川劇 「白蛇傳」 第二場 '收青下凡':
　　青蛇: (唱)白蛇生得好貌品, (幫)擋定路頭求姻親。……
　　青蛇: 且慢！靈山水府, 同受寂寞, 何不與某生一拜成親？
　　白蛇: 休得胡言, 若不閃開去路, 休怪我劍下無情！(拔劍)
　　青蛇: 哼！你若戰我不過, 便要嫁我爲妻。

백사에게 반해 청혼하고, 백사와의 결투에서 지게 되면 노비가 되겠다고 말하는 남성 청사의 모습은 꾸밈없고 저돌적이다. 결국 청사는 패하고 말지만, 그 마음은 여전하여 노비가 되어서라도 백사와 함께 하겠다고 한다. 그러나 백사는 남성인 청사와 동행하는 것이 불편하다며 완곡한 거절을 한다. 이에 청사는 황급히 다음과 같이 말한다.

> 청사: 내가 변할 테니 기다리시오.[17]

이 부분은 기존 「백사전」의 여성 청사를 자연스럽게 등장시키는 부분이다. 또한 전통적으로 「백사전」은 백사와 허선의 사랑 이야기이기에, 백사가 남성과 동행하는 것은 부적합할 것이다. 그래서 천극에서는 청사를 남성에서 여성으로 변하게 하여 백사와 동행하게 하였다.

도력을 사용하여 소청으로 변한 청사는 남성에서 여성으로 모습만 바꾼 것이기에, 행동이 자연스럽지 못하고 성격이 남자처럼 괄괄하다. 본래 남성이었다는 설정으로 인하여 천극만의 캐릭터를 지닌 소청이 빚어진 것이다. 소청으로 변신한 청사는 백사에게 다음과 같은 말을 한다.

> 소청: (노래) 어려움을 만나더라도 제가 감당할게요![18]

白蛇: 那你若我戰不過呢 ?
青蛇: 甘願與你爲奴做婢。

17   川劇 「白蛇傳」第二場 '收青下凡' :
青蛇: 待某變來。

18   川劇 「白蛇傳」第二場 '收青下凡' :
小靑:(唱)遇災禍有我承擔！

순정파 청사가 자신이 남성이건 여성이건 간에, 혹은 백사의 연인이건 아니건 간에 백사를 돕겠다고 선언한 것이다. 어찌 보면 단순해 보이기까지 한 청사는 티 없이 순수한 감정을 가졌기에, 시종일관 백사의 곁을 떠나지 않고, 백사의 일을 자신의 일과 같이 여기며, 백사를 적극적으로 도울 수 있게 되었다.

(2) 홍랑 소청

순정파 청사는 백사와 계지나한이 부부의 인연을 맺을 수 있도록 돕겠다고 하였다. 백소정(백사)과 소청은 허선(계지나한)이 탄 배에 오르게 되고, 소청은 둘을 이어주기 위한 노력을 한다. 물론 기타 극종에서도 소청은 발랄한 성격의 시녀로 등장하여 허선에게 백소정의 말을 전해주는 홍랑 역할을 한다. 이 홍랑 역할을 맡은 천극의 소청은 제3장에서 주인공을 넘어설 정도로 크게 활약하여 둘의 인연을 맺어주며, 극에 희극(喜劇)적인 분위기를 더해준다.

둘의 사랑을 이어주겠다 호언장담하긴 했으나, 소청은 노련한 매파가 아니었다. 게다가 소청은 여성으로 변신한 지 얼마 되지 않아서, 괄괄하고 자유로운 성격도 여전했다. 소청은 허선에게 들리도록 큰 목소리로 사공에게 먼저 화제를 던지고, 자연스레 허선에게도 묻는 방법을 택하였다.

소청: 사공……
사공: 왜 불러요?
소청: 성이 어떻게 되세요?
사공: 내 성을 묻는 거요? 내 성은 가로 셋에 세로 하나요.
소청: 어, 성이 가로 셋에 세로 하나요. 아! 왕씨군요!

사공: 맞소이다!

소청: 왕아저씨! (뱃사공이 대답한다) 저는 소청이고요, 우리 아가
씨는 성은 백이고, 이름은 소정이예요. 솔직히 궁금한 게, 상
공께서는 성이 어떻게 되나요?[19]

소청: 왕아저씨, 왕아주머니는 잘 지내시죠?

사공: 이미 눈을 감았지.

소청: 잠드셨어요?

사공: 잠들어? 이미 죽었다고!

소청: 돌아가셨어요? 아저씨는 왜 다른 부인을 들이지 않으셔요?

사공: 보시오 내가 이렇게 나이가 많은데. "흰 것이 다 수염인 것을"
—— 수염이 다 희어진 것을. 이건 당신네와 허상공…… 젊은
이들의 일이지.

소청: 맞는 말이네요. 허상공님, 부인을 얻으셔야죠?[20]

---

19 川劇 「白蛇傳」 第三場 '船舟借傘':
小青: 艄翁……
老艄翁: 喊啥喲？
小青: 你貴姓呀？
老艄翁: 你問老漢呀？老漢我姓三橫一直。
小青: 哦, 姓三橫一直。哎呀你姓王！
老艄翁: 對呀！
小青: 王伯伯！(老艄翁應)我叫小青, 我們小姐姓白, 叫白素貞。老實話哩, 相公, 你
貴姓呀？

20 川劇 「白蛇傳」 第三場 '船舟借傘':
小青: 王伯伯, 你們王大娘還好嘛？
老艄翁: 都閉了眼睛囉。
小青: 睡著了呀？
老艄翁: 睡著了？都死囉！
小青: 都死了？你咋個不另娶一個嗬？
老艄翁: 你看我這麼大歲數, "白子都胡了"——胡子都白了, 這個是你們和許相公
……他們年輕人的事。
小青: 當真話, 許相公, 你可娶妻？

이처럼 소청은 자기 나름의 방법으로 최선을 다해 허선의 의중을 떠보고 있다. 소청 자신은 모르겠지만, 그 속셈이 너무 훤히 들여다보여 마치 어린아이가 말하는 것 같은 천진함을 보여준다.

백소정의 대사는 거의 없을 정도로 소청이 활약하긴 했으나, 가장 중요한 혼담은 아직 넣지 못하였다. 이에 백소정이 소청을 재촉을 하는데, 배가 목적지에 도착해버린다. 소청은 애꿎은 사공에게 왜 벌써 배를 대냐며 화를 낸다.

소청: 제가 보기에 아저씨는 '늙은 멍청이'네요![21]

공연을 보면 소청은 '老顚東[lǎo diān dōng]'을 한 글자씩 꾹꾹 눌러 발음하는데, '顚東'은 사천 방언으로, 나이 든 사람이 눈과 귀가 어두워 어리석음을 형용하는 단어이다[22]. 이는 자신의 감정을 숨김없이 드러내는 소청의 성격이 잘 드러나는 장면이라 할 수 있다. 또한 천극은 일상생활의 정취와 지방특색이 아주 농후한 극으로, 소청이 사용하는 방언으로 인해 사천 관중들은 친근함을 느낄 수 있으며, 외지의 관중들이라면 사천지역의 특색을 느낄 수 있다[23].

---

21 川劇 「白蛇傳」 第三場 '船舟借傘' :
   小青: 我看你才是一个'老顚東'!

22 百度百科, 四川話百科
   (https://baike.baidu.com/item/%E9%A2%A0%E4%B8%9C/53704613?fr=aladdin)

23 이외에도 공연 영상을 보면, 사공과 소청이 말할 때 사천식 발음이 들린다. 예컨대 표준어에서 본래 [bai]라고 발음되는 단어를 [bei]처럼 발음하는 것이다. 사천지역에서 두 개 혹은 그 이상으로 조성된 복운모를 발음할 때, 혀의 위치나 입술 모양이 제 위치에 도달하지 못할 때가 있다. 이로 인해 하나의 원음이 미끄러지듯 다른 원음으로 들어가버려 부정확한 발음이 되는 것이다. 그래서 종종 [ai] 와 [ei]의 발음이 구분되지 않는다. 劉玉潔, 「從四川話與普通話的差異看四川人歌唱語言發音的難點」, 『四川戱劇』. 2008(04), 111 참고.

목적지에 도착해서도 비가 내리고 있자 허선이 백소정에게 우산을 빌려다 주는데, 소청도 재빨리 사공에게 자신에게도 비를 막을 만한 것을 빌려달라 한다. 사실 사공이 건네준 것은 비를 막는데 별 소용없는 구멍이 뻥 뚫린 밀짚모자였다. 소청이 이 쓸모없는 모자를 빌린 이유는 허선이 혼자서는 우산을 찾으러 오지 않을 수도 있으니, 사공이 허선을 데리고 함께 물건을 받으러 오게끔 하려던 것이다.

이처럼 천극의 소청은 매력적이며 개성 있는 홍랑의 형상으로 빚어졌다. 소청은 홍랑의 역할을 맡아 이리 뛰고 저리 뛰며 백사와 계지나한의 인연을 다시 이어주었으며, 이 역할 수행을 통해 여성 청사의 자유분방하고 천진스러운 성격을 드러낼 수 있었다. 이러한 소청의 모습은 사천지역의 성격이 시원시원한 아가씨를 나타내는 '辣妹子[là mèi zi]'라는 단어로도 표현할 수 있을 것이다.

(3) 호위무사 청사

백사는 청사의 활약 덕분에 허선과 혼인할 수 있었으나, 곧 여래가 보낸 두꺼비·법해의 방해를 받게 된다. "어려움을 만나더라도 제가 감당할게요!"라고 말하였던 소청은 다시 남성 청사로 돌아가 백사의 호위무사가 되어, 방해자에게 맞선다. 청사는 모든 것을 쓸어버리는 수신의 본모습을 드러내는데, 이러한 모습은 청사와 백사가 허선을 찾기 위해 금산사로 가는 내용인 제9장에서 볼 수 있다.

> 청사: (무대 안에서 말한다) 수족들아!(무대 안에서 대답한다) 아가씨를 엄호하여 금산으로 가자! ……
> 거북: 주인님(洞主)의 명이시다. 아가씨를 보호하여 금산으로 가자.[24]

청사: 닥쳐라! 순순히 우리 나리를 돌려보낸다면, 더는 말하지 않겠
　　　다. 그렇지 않으면, 우리가 머리와 꼬리를 한번 흔들어, 너의
　　　이 코딱지만한 금산을 망망대해로 만들어 버릴 것이야! ……
청사: (무대에 올라와) 아가씨, 손 댄 김에 끝장을 봅시다. 금산을
　　　물바다로 만들어버려요!
【모든 수족이 재주넘기나 춤을 추며 무대 위를 지나 퇴장한다. 】
사미승: 사부님께 아룁니다, 물이 벌써 산문까지 잠겨오고 있어요!25

　이처럼 호위무사 청사는 백사에게 위협을 가하는 이들을 본인의 적
으로 여기고 적극적으로 맞서기 위해, 수족을 부리고 금산을 통째로
물에 잠겨버리게 하는 수신의 능력을 펼친다.

　아울러 천극은 '변검(變臉)'과 같은 현란한 특수기예를 활용하여 역
동적인 무대연출을 선보이는 극으로 유명하다. 기존의 소청이 아닌
호위무사 청사를 등장시키는 것은 관중들의 눈길을 사로잡는 무대연
출을 하는 데 매우 적합하다. 청사가 왕도릉(두꺼비)을 잡아 와 때리거
나, 신장들과 격투를 벌이는 장면에서 뛰어난 무공과 특수기예 동작
을 선보이기 때문이다. 또한 금산사에서 청사가 백사를 호위하여 허
선을 찾아 헤매는 장면에서 선보이는 특수기예로 '탁거(托擧)'와 '참견
(站肩)'이라는 동작이 있다. '탁거'는 청사가 백사의 한발을 잡고, 백사
의 몸 전체를 들어 올려 걷거나 자세를 취하는 동작이고, '참견'은 청

24　川劇 「白蛇傳」第九場 '水漫金山' :
　　青蛇: (內聲)眾水族！(內應)保護娘娘去至金山！……
　　烏龜:　洞主有令, 保定娘娘, 去至金山。

25　川劇 「白蛇傳」第九場 '水漫金山' :
　　青蛇:　住口！好好退還我家姑爹, 這就不說。若其不然, 我主仆頭尾一擺, 將你這小
　　　　　小金山, 化爲汪洋大海！ ……
　　青蛇: (上)娘娘, 一不做二不休, 做一個水漫金山！……
　　【眾水族跟鬥、舞蹈過場下。】
　　小沙彌: 稟師傅, 水都淹攏山門上來囉！)

사가 어깨 위에 백사를 태운 채로 무대를 도는 동작이다[26]. 오직 남성 청사만이 선보일 수 있는 고난도의 기예는 청사가 얼마나 헌신적으로 백사를 돕고 있는지를 보여주는 한편, 관중들의 눈길을 사로잡아 큰 호응을 얻어낸다.

천극에서는 청사의 본래 성별을 남성으로 설정하고, 수신의 능력을 부여하였다. 이러한 설정을 기반으로 청사는 백사를 위해서 상황에 따라 변신하였고, 이로 인해 순정파·홍랑·호위무사라는 풍부한 형상을 가지게 되었다. 천극「백사전」은 청사의 수신 능력과 남녀변신을 활용하여 극에 신화적인 색채를 더하는 동시에, 청사의 다양하고도 긍정적인 형상을 만들어낼 수 있었던 것이다.

3. 청사와 파촉문화

앞서 살펴본 천극 청사의 성별 설정과 다양하고도 긍정적인 형상은 오랫동안 뱀을 숭배해 온 파촉문화와 깊은 관련이 있다고 할 수 있다. 본 장에서는 천극만의 특색을 지닌 청사가 빚어지는데 뱀을 숭배하는 파촉문화가 어떻게 작용했는지를 살펴보고자 한다.

26 　좌: 탁거(托擧),　　우: 참견(站肩)

1) 청사의 긍정적인 형상과 전통적인 뱀 숭배 문화

천극에서 그려낸 청사의 긍정적인 형상은 파촉지역의 전통적인 뱀 숭배와 직접적인 연관이 있는 듯하다. 온난다습한 파촉지역에는 도처에 뱀이 도사리고 있었으며, 이 지역 사람들은 뱀을 두려워하고 숭배해왔다. 우선 파촉의 '파(巴)'라는 글자부터 뱀과 깊은 관련이 있다. '파'자는 뱀의 상형자로[27], 부족의 이름에 뱀이라는 글자를 넣은 것은 뱀을 숭배하는 토템 신앙이 응집된 것이라 할 수 있는 것이다. 『산해경(山海經)·해외서경(海外西经)』에는 다음과 같은 기록이 있다.

> "무함국은 여축의 시체가 있는 곳 북쪽에 있다. (무함국 사람은) 오른손으로 푸른 뱀을, 왼손으로는 붉은 뱀을 잡고 있다. 그곳에 등보산이 있는데, 무함국 사람은 등보산으로부터 천상과 인간 사이를 왕래할 수 있다.[28]"

이는 파나라의 주술사가 양손에 뱀을 쥐고 하늘과 소통하고 있음을 기록한 것으로[29], 뱀을 토템으로 삼았으며, 뱀이 하늘과의 매개체 역할을 하고 있음을 살펴볼 수 있는 기록이다. 이외에도 뱀 문양으로 장식한 토기와 청동기를 통해서 파부족이 뱀을 토템으로 숭배하였음을 확인할 수 있다[30]. 다음으로 촉부족 사람들은 뱀을 토템으로 삼지는 않았으나[31], 이들 역시 뱀을 신령스러운 동물로 여겼다. 삼황오제

---

27 『說文解字』: "巴, 蟲也。或曰食象蛇。象形。"

28 『山海經·海外西經』: "巫咸国在女丑北. 右手操青蛇. 左手操赤蛇. 在登葆山. 羣巫所从上下也." 이중재 역, 『完譯 山海經·上』, 아세아문화사, 2000, 583.

29 餘雲華, 「重慶文化主源頭: 來自伏羲族的"蛇"巴」, 『重慶社會科學』, 2006年 第8期, 125.

30 陶蘭, 「從"巴"字看巴人的崇蛇文化」, 『長江師範學院學報』 第25卷 第3期, 2009, 85 ; 穀斌, 「巴人起源地新探」, 『長江師範學院學報』, 2016年 05期, 29~30 참고.

(三皇五帝) 중 한 명인 전욱(顓頊)이 죽은 뒤 뱀의 육신을 얻어 촉땅으로 돌아왔다는 기록과 전설이 있으며[32], 유적지의 제사구역[祭祀坑]에서 신과의 소통을 도왔던 것으로 보이는 뱀 모양 유물들이 발견되었다[33]. 이처럼 파촉사람들은 뱀과 오래전부터 밀접한 관계를 맺어왔다.

이러한 깊은 관계 속에서 뱀은 파부족 사람들에게 조상신으로 숭배되기도 하였다. 파부족은 경외의 대상인 뱀에 조상의 형상을 기탁하여, 인수사신(人首蛇身)의 형상인 복희씨를 자신들의 선조로 여기었으며[34], 뱀을 조상신으로 숭배하였다. 이는 후손들에게 전해지는 민간풍습에서 확인할 수 있다. 파나라의 도읍이었던 중경지역 사람들은 집에 뱀이 들어오면 돌아가신 조상이 자손들을 돌보기 위해 오셨다 기뻐하며, 뱀이 보이지 않으면 조상님이 돌보아주시지 않으니 앞으로 큰 화가 닥칠 것이라 걱정하였다. 오늘날에도 중경의 농촌에서는 집안에 뱀이 들어오면 뱀을 '조상님[先人]' 혹은 '어르신[老人]'이라 부르며 향

---

31 촉부족 사람들은 자신들의 시조(始祖)와 태양·새 등의 자연물을 숭배해 온 것으로 보인다. 이는 삼성퇴유지(三星堆遺址), 금사유지(金沙遺址)에서 출토된 유물들을 통해 이미 확인된 바이다.

32 『山海經·大荒西經』: "有魚偏枯. 名曰魚婦. 顓頊死即複蘇. 風道北來. 天及大水泉. 蛇乃化爲魚. 是爲魚婦. 顓頊死即複蘇." 이중재 역, 『完譯 山海經·下』, 아세아문화사, 2000, 480 ; "전욱이 죽은 후 비록 육신은 초목과 같이 말라 비틀어졌지만 여전히 사천 분지. 그 잃어버린 천당을 잊을 수 없었다. 그리하여 그의 영혼은 뱀의 육신을 얻어 어느 날 몰래 촉 땅으로 기어들어 왔다. 이후 전욱은 어부(漁鳧)로 이름을 바꾸고 다시 촉나라의 군왕 자리에 올랐다." 웨난 지음, 심규호·유소영 옮김, 『삼성퇴의 청동문명』 2권, 일빛, 2006, 24.

33 웨난 지음, 심규호·유소영 옮김, 『삼성퇴의 청동문명』 2권, 일빛, 2006, 107 ; 王方, 「古蜀文化中的蛇」, 『文明隨筆』, 2013年 第2期 ; 王方, 「對成都金沙遺址出土石雕作品的幾點認識」, 『考古與文物』, 2004年 第3期 ; 成都博物館, 「在古蜀,人與神之間,只差一條蛇」, 天府文化, 2019.07.09. (https://www.cdmuseum.com/wenhua/202011/1631.html) 등 참고.

34 『山海經·海內經』: "西南有巴國. 太皞生咸鳥. 咸鳥生乘釐. 乘釐生後照. 後照始爲巴人." 이중재 역, 『完譯 山海經·下』, 아세아문화사, 2000, 598.

을 피우고 머리를 숙여 절을 하고 정중히 나가달라 청한다.

또한 중경시 파남구(巴南區)의 목동진(木洞鎭)과 쌍하구(雙河口) 일대에서는 1980년대까지 장례 때 고인의 위패를 대신하여 큰 뱀의 그림을 올리는 풍습이 있었다. 장례 치르는 일을 돕는 도사가 틀에 먹을 발라 나무판자나 흰 종이에 검은 뱀 한 마리를 찍어내면, 이것을 위패로 사용한다. 이 지역에서는 뱀 그림을 위패로 올리게 된 이유를 알 수 있는 「뱀 조상[蛇祖]」 이야기도 함께 전해진다.

뇌(雷)씨 집안의 한 선조는 동굴에서만 몸을 씻었으며, 아무에게도 그 모습을 못 보게 하였다. 하지만 그의 부인이 몰래 남편을 따라가 훔쳐보았고, 물속에는 뱀 한 마리가 똬리를 틀고 있었다. 그 일 후로 남편은 병에 걸려 곧 죽고, 부인도 후회하다가 병에 걸렸다. 부인은 병 중에 자식들을 불러 모아 사정을 이야기하고, 뱀 그림을 공양하게 하였다. 뱀 그림을 공양한 것을 본 뒤 부인은 비로소 눈을 감았다. 그 이후로 뇌씨 집안 자손들은 선조의 그림을 대신하여 뱀 그림을 올렸다[35].

이는 뱀 신랑 이야기이자, 뱀을 조상으로 삼고 있음을 보여주는 이야기이다[36]. 이 밖에도 파부족의 후손이 사는 중경지역에서는 여전히 뱀을 조상신으로 여기고 우호적으로 생각하고 있음을 확인할 수 있는 미신과 속담이 있다[37]. 뱀에 대한 우호적인 관념은 천극 「백사전」에서

---

[35] 中國民間文學集成四川卷編輯委員會, 『中國民間文學集成:四川卷.上册』, 中國ISBN中心出版, 1992, 45.

[36] 뱀 조상과 관련된 내용들은 다음 논문과 단행본, 신문기사를 참고하여 정리하였다. 餘雲華, 「重慶文化主源頭: 來自伏羲族的"蛇"巴」, 『重慶社會科學』, 2006年 第8期 ; 董其祥, 『巴史新考續編』, 重慶出版社, 1993; 〈祖宗牌位供著一條蛇〉, 重慶晩報, 2007年 04月04日(http://news.sohu.com/20070404/n249180434.shtml)

[37] 중경의 촌에서는 뱀의 교미나 탈피 장면을 보게 되면, 조상님이 부끄러워할 것이라 여겨 재빨리 그 자리를 벗어난다. 또한 뱀이 사람을 무는 것에 대한 옹호가 드러나는

사천 방언을 사용하는 소청을 통해 친근함을 드러내기도 한다. 또한 청사의 여러 긍정적인 이미지를 만들어내고, 극에서의 위치를 끌어올리는데 분명 도움이 되었을 것이다.

신령스러운 뱀은 파부족의 조상신 이외에도 중국인에게 여러 신의 형태로 숭배되어 왔다[38]. 인간들이 뱀에게 바라는 여러 신적 기능 중에서 수신의 기능은 특히나 두드러진다[39]. 파촉 역시 수많은 물줄기가 흘러 다양한 수신을 숭배하는 지역이기에 청사가 수신의 성격을 띠고 등장할 수 있었을 것이다[40]. 아래에서는 뱀과 관련된 수신 숭배에 대해 살펴보겠다.

중국인들은 뱀 혹은 용이 비와 물을 관장한다 여기어, 일찍이 수신으로 삼아 숭배해 왔다. 이는 중국신화 속에 등장하는 물과 관련된 신 혹은 신하가 뱀이나 용의 몸을 하고 있는 것에서 확인할 수 있다[41].

속담도 있다. "뱀은 3대의 원수를 물고, 호랑이는 9대의 적을 문다(蛇咬三世冤, 虎咬九世仇)", "뱀은 33명의 원수를 물고, 호랑이는 18명의 적을 문다(蛇咬三十三冤, 虎咬一十八仇)" 이러한 속담은 인간들이 먼저 뱀과 호랑이를 막무가내로 해쳤기에, 옥황상제가 사람을 무는 것을 허해주었다는 민간고사에서 나온 것이다. 餘雲華, 「重慶文化主源頭: 來自伏羲族的"蛇"巴」, 『重慶社會科學』, 2006年 第8期.

38 창조신(創造神)·수신(水神)·우신(雨神)·약신(藥神)·길흉화복(吉凶禍福)을 주관하는 신 등. 정대웅, 『〈백사전〉연구』, 한국외국어대학교 중국문학 석사학위논문, 2003, 25~47 참고.

39 중국뿐만 아니라 세계의 무수한 신화와 전설에서는 뱀 혹은 용이 구름을 다스리며, 호수나 연못에 살며 물을 제공해주는 존재로 상징되어 왔다. M.엘리아데 지음, 이은봉 옮김, 『종교형태론』, 한길사, 1996, 244~245, 293 ; 제리미 나비 지음, 김지현 옮김, 『우주뱀=DNA 샤머니즘과 분자생물학의 만남』, 들녘, 2002, 166~167

40 사천지역을 포함한 중국 서남지역의 소수민족 사회에서는 고대 백월(百越)의 수신인 '투어(圖額)'를 숭배하는 문화가 전승된다. 투어는 구체적인 형상은 없으나 물과 관련된 악어·하마·물소·거대한 물고기·뱀·용 혹은 인간의 모습으로까지 변신할 수 있다고 한다. 투어가 뱀과 용으로도 변신할 수 있다는 것은 파촉지역의 뱀 숭배 문화와도 쉽게 융합될 수 있었으며, 조상신인 뱀을 수신으로도 숭배하게 되는데 영향을 미친 것으로 보인다. 장정해, 「좡족(壯族)의 수신(水神) '투어(圖額)'와 좡족 문화」, 『종교문화연구』 17, 2011, 161~167 참고.

41 전욱(顓項), 백곤(伯鯀), 대우(大禹), 공공(共工), 상류(相柳), 헌원(軒轅), 응룡(應龍)

또한 중국인들은 물이 있는 곳이라면 어느 곳에나 신이 존재한다고 믿었으며, 하류(河流)의 신을 가장 큰 수신으로 모셨다[42]. 물줄기를 숭배하는 것은 물에 대한 의존과 홍수에 대한 두려움에서 비롯된 것이었으나, 점차 인간들은 스스로 물줄기를 다스려 나가기 시작했다. 그래서 명(明)·청(淸)대에 이르러서는 생전에 치수(治水)에 공이 있거나, 치수를 하다 목숨을 잃은 사람들이 사후에 ○○대왕(大王)·○○장군(將軍)이라는 호칭을 부여받고 추앙되어 수신이 되었다. 그런데 일반 백성들은 대왕과 장군들이 실존했던 인물이라고는 하나 눈에 보이지 않으니, 비와 물을 관장한다고 여기었던 뱀을 대왕과 장군의 화신(化身)이라 여기고 숭배하기 시작하였다[43]. 관리와 민간인들은 대왕과 장군의 화신을 발견하면 경건하게 제사를 올리며, 연극을 바치기도 하였다[44].

파촉지역은 청대 지방지에 기록된 수신묘 만해도 300개가 넘을 정

등. 전영숙, 「한국과 중국의 창세 및 건국신화 속에 깃든 물 숭배 관념」, 『한중인문학연구』 24, 2008, 260~262 ; 정대웅, 『〈백사전〉연구』, 한국외국어대학교 중국문학 석사학위논문, 2003, 30~32 참고.

42　중국에서는 오래전부터 중국의 수많은 물줄기를 대표하는 장강(長江)·황하(黃河)·회하(淮河)·제수(濟水)를 사독(四瀆)이라 칭하며 국가와 민간에서 신으로 모시어 숭배하여왔다. 이 사독에 대해 주(周)나라의 천자(天子)가 제사를 지낸 것을 시작으로, 국가적으로 정식 제사를 지내고 봉호를 내려왔으며, 민간에서도 각각의 물줄기 부근에 거주하는 이들이 사당을 짓고 사독을 신으로 모시어 숭배해왔다. 孫玲, 『明代黃河災害與河神信仰』, 靑海師範大學碩士學位論文, 2013, 89.

43　수리시설 노동자나 뱃사람들은 물뱀이 나타나면 그 뱀의 특징을 관찰한 뒤 이 뱀은 어느 대왕, 어느 장군의 화신이라 하였다. 대왕은 네모난 머리이며, 장군은 둥근머리이다. 금룡사대왕(金龍四大王)은 금색(金色)의 작은 뱀으로 화신하여 나타나기에 금룡(金龍)이라 한다. 주색(朱色)의 뱀은 주대왕(朱大王)으로 하독(河督) 주지석(朱之錫)이다. 율색(栗色)의 뱀은 율대왕(栗大王)으로 하독 율육미(粟毓美)이다. 王娟娟, 『中國古代的黃河河神崇拜』, 山東師範大學碩士學位論文, 2012, 37 ; 胡夢飛, 「"河神大王":晚淸黃運沿岸地區祀蛇風俗考述」, 『淮陰師範學院學報 哲學社會科學版』 第39卷, 2017.4, 412.

44　王娟娟, 『中國古代的黃河河神崇拜』, 山東師範大學碩士學位論文, 2012, 37~39 ; 胡夢飛, 「"河神大王":晚淸黃運沿岸地區祀蛇風俗考述」, 『淮陰師範學院學報 哲學社會科學版』 第39卷, 2017.4, 412~414.

도로 수신 신앙이 깊게 자리 잡은 곳이다. 수많은 물길이 흐르는 파촉 지역에서는 오래전부터 다양한 수신[45]과 사독신(四瀆神) 중 하나인 장 강의 신[南瀆大江之神]을 모셔왔고[46], 민간에서는 뱀 혹은 물소를 신 의 화신으로 여기어 숭배하였다[47]. 또한 한 명의 강신이 긴 장강을 다 돌볼 수 없을 것이라 여기어, 장강의 상류·중류·하류마다 각각을 다 스리는 강신과 수부(水府)가 존재한다고 생각했다. 즉 장강의 상류인 파촉지역에 상류를 주관하는 장강의 신과 그분의 궁전이 있다고 믿은 것이다[48].

이러한 뱀을 숭배하던 파촉문화로 말미암아 청사는 파촉부족 사람들 이 숭배하던 뱀처럼 신격화되었고, 참신한 청사의 형상으로 창조되었 다. 특히 수신을 숭배하였던 지역적 특색으로 인해, 천극의 청사는 다 음과 같은 수신의 이미지를 가질 수 있었다. 극본 제2장에서 청사가 구름에 둘러싸여 등장하는 것, 자신의 집을 수신의 궁전인 수부라 하는 것, 그리고 제9장에서 수족을 부릴 수 있으며, 수족들이 청사를 주인님 [洞主]이라 칭하는 것, 수신의 능력을 사용하여 금산사를 물바다로 만 드는 것 등이 바로 위풍당당한 수신으로서의 청사의 모습인 것이다.

2) 청사의 성별 전환과 사유에 따른 뱀의 성별 변화

우리가 알고 있는 백사고사에 등장하는 청사의 성별은 무엇인가? 청사는 백사 곁을 따르는 여종 혹은 백사의 동성 친구이니 당연히 여

---

45 용왕, 용신, 진(秦) 촉수(蜀守) 이빙(李氷)부자, 하(夏) 우왕(禹王), 양사장군(楊泗將軍) 등.

46 孫玲, 『明代黃河災害與河神信仰』, 靑海師範大學碩士學位論文, 2013, 89.

47 林移剛, 『淸代四川民間信仰地理硏究』, 西南大學博士論文, 2013, 41.

48 청대 중경지역만 해도 수부궁(水府宮) 혹은 수부묘(水府廟)가 7개가 넘는다. 譚光月, 『淸代重慶民間信仰硏究』, 重慶大學碩士學位論文, 2010, 46~47 ; 林移剛, 『淸代四川 民間信仰地理硏究』, 西南大學博士論文, 2013, 41.

성으로 인식하고 있을 것이다. 이는 백사고사와 관련된 문학작품이나 콘텐츠에 늘 여성 뱀이 등장하기 때문일 것이다. 그런데 천극「백사전」의 청사는 이와는 달리 남성이라는 성별을 갖고 있다. 차별화되는 청사의 성별 설정에도 파촉의 뱀 숭배 문화가 작동한 것은 아닐까?

뱀의 성별은 중국인의 사회적·문화적 사유(思惟)에 따라 고정되고, 변화를 겪어왔다. 이는 중국의 창세신화 → 설화 → 초기 필기소설의 기록 속에서 살펴볼 수 있다.

원시 모계 씨족사회에서는 인간의 탄생이 특정한 토템과 관련이 있다고 믿었으며, 여신을 숭배하였다. 중국의 창세신화에 등장하는 여신 여와(女媧)는 사람의 머리에 넘치는 생명력을 상징하는 뱀의 몸을 하고 있어, 그 형상에 뱀에 대한 토템 숭배가 반영되어 있다. 초기신화의 여와는 배우자 없이 홀로 인류와 만물을 창조하는 어머니 신으로 등장하며, 망가진 우주의 질서를 회복시키는 창세여신으로 등장하기도 한다. 뱀을 토템으로 숭배하였던 사천지역 민간에서도 여신 여와와 관련된 창세신화가 전해지고 있다[49]. 그런데 또 다른 중국 창세신화를 살펴보면, 여신 여와가 아닌 다른 남신이 인류를 창조하거나 우주를 재건하기도 한다. 이는 모계사회에서 부계사회로 넘어간 것을 상징한다. 이에 여와처럼 뱀의 몸을 한 남신인 복희(伏羲)가 등장하여, 여와와 꼬리를 휘감은 부부신이 되었고, 인류를 창조하였다는 여와의 공적을 나누게 되었다.

---

49 '여와가 진흙을 빚어 사람을 만들었으며, 남녀의 구분을 만들어 이들이 결혼하고 아이를 낳게 하였다(德昌縣「女媧造人」)'·'전욱(顓頊)과의 싸움에서 패한 공공(共工)이 화가 나 하늘을 받치고 있던 기둥 하나를 무너트려 세상이 혼란에 빠지게 되자, 여와가 거대한 자라의 다리를 잘라 기둥 삼고, 오색의 돌을 달구어 하늘에 난 구멍을 메웠다(巴縣「女媧補天」)' 中國民間文學集成四川卷編輯委員會, 『中國民間文學集成:四川卷.上冊』, 中國ISBN中心出版, 1992, 25~27.

부계사회로 진입한 이후, 고대 중국인들은 남성의 생식기와 비슷하게 생긴 뱀은 모두 수컷일 것이라 여기었다[50]. 이러한 관념은 모계사회부터 이어져 왔던 토템 숭배의 한 갈래로 들어가, 남성 뱀을 숭배하는 형태로 남게 된다[51]. 이에 설화에 남성인 뱀신이 등장하였다. 바로 뱀 신랑 이야기[蛇郎故事]다. 일반적으로 이 이야기의 앞부분은 다음과 같은 구조를 갖는다. '나무꾼(혹은 농부)인 아버지가 일을 하다가 뱀을 만나게 되고, 뱀의 위협과 협박 때문에 딸을 시집보내게 된다. 이후 이 딸이 시집가 생활하게 되는 공간은 왕후장상의 집처럼 으리으리하거나 선계(仙界)와 같은 곳이다.' 이 이야기에서 살펴볼 수 있는 것은 첫째, 뱀을 두려워하고 숭배하였던 사람들이 뱀과의 타협에서 평안을 구하는 것이다. 즉 여성을 제물로 바쳐 뱀에게 제사하는 종교적 초기형태가 뱀과 사람의 결혼이라는 이야기 형식으로 나타나게 된 것이다. 둘째, 뱀 신랑의 생활공간이 평범한 인간의 집 같지 않다는 것은 뱀 신랑이 인간이 아닌 신이라는 것을 상징한다. 이는 조상 숭배와 토템 숭배의 양상으로 해석할 수 있다[52]. 이러한 뱀 신랑 이야기의 주된 전파지역은 뱀의 주요 서식지인 남방 장강 하류 일대이다[53]. 뱀

---

50 『설문해자』에서 귀(龜)자를 풀이한 것을 보면, 거북이의 머리는 뱀의 머리와 같으며, 뱀을 수컷으로 삼는다고 되어있다. (與它頭同。天地之性, 廣肩無雄 ; 龜鼈之類, 以它爲雄。) 이는 당시 사람들이 거북이는 모두 암컷이며, 뱀은 모두 수컷이라는 관념을 갖고 있었음을 보여주는 바이다.

51 이에 대한 흔적으로 동남연해 일대의 사왕묘(蛇王廟)에서 성별이 남성인 뱀신을 모시는 것, 광서성(廣西省) 소수민족이 뱀신에게 제사를 지낼 때 여자아이로 하여금 공양을 하게 하는 것 등이 있다. 손환이, 「『백사전』의 성의식 고찰」, 『중어중문학』 제32집, 2002.12, 376~378 ; 이어령 책임편집, 『문화로 읽는 십이지신 이야기 뱀』, 도서출판 열림원, 2011, 227 참고

52 『한·중·일 설화 비교연구』(亞細亞說話學會 최인학 編著, 민속원, 1999) 중 劉魁立, 「중국의 사랑고사(蛇郎故事) 유형」; 徐華龍, 「중국 사랑고사(蛇郎故事)의 인류학적 해석」; 鄭土有·張愛萍, 「중국 AT433과 AT411 고사의 비교」를 참고하여 서술.

53 亞細亞說話學會 최인학 編著, 『한·중·일 설화 비교연구』(鄭土有·張愛萍, 「중국

이 살기에 적합한 환경이자 뱀을 신령스럽게 여기는 문화가 있는 파촉 지역 역시 뱀 신랑 이야기가 성행한 곳이며[54], 앞서 살펴보았던 중경 지역의 「뱀 조상[蛇祖]」 이야기도 뱀 신랑 이야기의 유형 중 하나이다.

그런데 후한(後漢) 말에서 위진남북조(魏晉南北朝)시대에 불교가 유입 되고 도교가 성행하면서, 두려움과 숭배의 대상이었던 여러 토템 신 들이 정령(精靈)으로 강등되었다[55]. 뱀도 마찬가지로, 설화나 필기 소 설에서 사람을 홀리거나 도인에게 혼쭐이 나는 뱀 정령이 등장하였 고[56], 이 뱀들에게서는 신으로 숭배받던 위엄있는 모습이 더는 보이지 않는다. 당대(唐代) 이후로도 뱀 신랑 이야기와 뱀 정령 이야기는 계속 하여 전해지며, 여기에 뱀이 아름다운 여성으로 변신하는 이야기가 새롭게 출현하였다[57]. 여와와 같은 성별의 여성 뱀이 다시 등장하기는

AT433과 AT411 고사의 비교」), 민속원, 1999, 207.

54 사천성에서 출판된 뱀 신랑 이야기만 해도 50여 권이나 된다. 亞細亞說話學會 최인학 編著, 『한·중·일 설화 비교연구』(劉魁立, 「중국의 사랑고사(蛇郎故事) 유형」), 민속 원, 1999, 122.

55 통일제국을 건설한 한나라 지배층들은 이전 시대의 신화전설을 수집하여 통합된 체계로 정리하여 '국가신화'를 만들고자 하였다. 이후 위진남북조 시대의 지식인들은 경전적 글쓰기의 장외(場外)에 있던 초현실적 존재와 관련한 담론과 서사를 만드는데 관심을 기울였다. 이 시기 동안 장강 유역의 소수민족 신화와 전설이 중원으로 대거 전래 되면서 문헌에 기록되게 되었으나, 소수민족의 종교적인 면을 이해하지 못하여, 이를 정괴고사(精怪故事)로 간주하였다. 아울러 당시 불교와 도교는 인간에게 해를 끼치는 사악한 존재를 승려나 도인이 제거하는 각종 정괴고사를 유포하며 포교활동 을 하였다. 그러나 소수민족들에게는 여전히 괴이한 것이 아닌 숭배 대상이었으므로, 신격을 가진 뱀 신랑 이야기는 계속하여 전해진다. 정진선, 「고대중국(古代中國) 기물 정괴서사(器物精怪敍事)의 발생과 그 의미 -『太平廣記』精怪部를 중심으로-」, 『민족 문화연구』 56권, 2012, 71, 79~80 ; 정진선, 「中國 少數民族神話 硏究를 위한 試論」, 『규장각』no.28, 2005, 71~73 참고.

56 뱀 정령 이야기: 위(魏) 조비(曹丕)의 『열이전(列異傳)』 「노소천(魯少千)」·「수광후(壽 光候)」, 송 『태평광기』 제456권 「장관(張寬)」(동진(東晉) 간보(干寶) 『수신기(搜神記)』 에서 유래) 등.

57 당대 이전의 문건에서는 인간과 사랑을 나눈 뱀의 성별이 남성이었다. 그러나 『태평 광기』에 기록된 뱀과 관련된 이야기는 뱀의 성별이 남성인 경우도 있고 여성인 경우

하였으나, 이들은 모계사회에서처럼 숭배받지는 못하였다. 이는 뱀의 이미지가 이미 정령으로 강등된 후이기도 하며, 봉건사회에서 당시 여성들의 지위가 극히 낮았기 때문이다. 여성 뱀이 등장하는 이야기는 인간 남성과 결혼한 뱀 신부 이야기[58]와 미색으로 인간 남성을 홀리고 해를 끼치는 뱀 요괴 이야기[59]로 나뉜다. 문인들의 보수적인 관념 아래에서 뱀 신부는 봉건 윤리의 잣대에서 예외 될 수 없었으며, 아리따운 여성의 모습으로 남성을 홀리고 화를 미치게 하는 뱀 요괴는 더더욱 용서받을 수 없었다. 그러기에 문인들은 작품에서 여성 뱀의 모습을 사악하고 무시무시하게 그려냈고, 이러한 뱀에게는 봉건윤리와 불교·도교의 제재가 가해질 수밖에 없다. 당대에 출현한 여성 뱀의 이미지는 문학작품 속에서 고착되고, 주류가 되었다. 이후 백사고사가 민간에서 전폭적인 사랑을 받으면서 백사의 이미지에 변화가 생기기는 하였지만[60], 오늘날까지도 뱀과 인간의 사랑 이야기에 등장하는 뱀의 성별은 여전히 여성인 것이다[61].

도 있다. 당대에 이르러 형성된 뱀의 성별 변화가 송대를 거쳐 명청에 이르러 주류가 된 것이다. 손환이, 「『백사전』의 성의식 고찰」, 『중어중문학』 제32집, 2002.12, 380~383 ; 亞細亞說話學會 최인학 編著, 『한·중·일 설화 비교연구』(鄭土有·張愛萍, 「중국 AT433과 AT411 고사의 비교」), 민속원, 1999, 197 참고.

58 여성 뱀 신부 이야기: 송 홍매(洪邁)『이견지(夷堅志)』무권2(戊卷二)「손지현처(孫知縣妻)」· 보권22(補卷二十二)「전염서생(錢炎書生)」· 계권9(癸卷九)「형주사호처(衡州司戶妻)」· 정지권9(丁志卷二)「제남왕생(濟南王生)」 등.

59 여성 뱀 요괴 이야기: 송『태평광기』제458권「이황(李黃)」·「이관(李琯)」(당 곡신자(谷神子)『박물지(博物志)』에서 유래) 등.

60 백사와 관련된 민간전설이 문학작품으로 완정(完整)해져 가는 과정 속의 작품들을 살펴보면, 백사의 이미지가 변화함을 살펴볼 수 있다. 고사의 변천과정에서 백사는 사악한 요괴(송·『태평광기』, 명·풍몽룡『경세통언·백낭자영진뇌봉탑』) → 수신(청· 황도필『간산각악부뇌봉탑전기』) → 선격(청·방성배『뇌봉탑전기』)으로 점차 지위가 높아지는데, 이는 백사와 인간과의 사랑에 타당성을 주기 위함이다.

61 최근 백사고사를 모티브로 한 드라마 〈신백낭자전기(新白娘子傳奇)〉(2019년)와 애니메이션 〈백사: 인연의 시작[白蛇: 缘起]〉(2019), 〈백사2: 청사겁기(白蛇2: 青蛇劫

　이처럼 뱀은 암수가 유별함에도 인간들의 사유에 따른 성별로 고정되어왔다. 이로 인해 백사고사 작품에 등장하는 백사와 청사는 여전히 여성이지만, 천극에 등장하는 청사는 홀로 남성의 성별을 갖고 있다. 이는 사천지역에 전해진 청대 방성배의 『뇌봉탑전기』의 영향을 받은 것이라 할 수도 있다. 하지만 천극에서는 청사가 남성에서 여성으로 변신했다는 모티브를 차용했을지라도, 그 위에 뱀에 대한 우호적인 관념을 쌓아 올려 천극만의 차별화된 청사 이미지를 완성했다[62]. 청사의 본래 성별을 남성으로 설정한 것은 파촉에 뱀 신랑 이야기가 상당수 남아있는 것과 깊은 관련이 있다. 송대 이후로 문학작품에 등장하는 뱀의 성별이 여성인 것이 주류가 되었다고는 하나, 파촉지역에서는 남성 뱀신을 주인공으로 하는 뱀 신랑 이야기가 계속되고 있었다. 뱀 신랑 이야기가 유전되고 계승될 수 있었던 원인은 첫째, 원시의 뱀 토템 신앙이 파촉지역에 뿌리 깊게 자리 잡고 있기 때문이며, 둘째, 장기간 농촌에서 구두로 전해지면서 봉건문인들의 개작을 거치지 않았기 때문이다[63]. 이처럼 파촉지역에서는 뱀을 토템으로, 조상으로 숭배하였던 양상을 반영한 뱀 신랑 이야기가 생명력을 잃지 않을 수 있었다. 그래서 사천지역에서는 '백사고사에 등장하는 뱀은 모두 여성 뱀이다'라는 고정관념의 영향을 덜 받을 수 있었을 것이다. 천극

　　起)〉(2021)에서도 뱀의 성별은 여성이다.

62　방성배의 극본에서 청사가 처음 축(丑)배역으로 등장하지만, 백사에게 패한 뒤에 백사의 권유로 시녀인 첩[貼]배역으로 변신하게 된다. (第五出 '收青':【旦】只是少一隨伴，你可變一侍兒，相隨前往，不知你意下如何？【丑】願隨侍左右。【旦】既如此，你且變來我看。【丑】待俺更變便了。【下】【貼上】) 하지만 천극에서 청사는 본인의 의지로 소청으로 변신하며, 필요에 따라 자유자재로 본모습인 남성으로 돌아오기도 하고 다시 소청의 모습인 여성으로 변신을 한다.

63　亞細亞說話學會 최인학 編著, 『한·중·일 설화 비교연구』(鄭土有·張愛萍, 「중국 AT433과 AT411 고사의 비교」), 민속원, 1999, 189~213 참고.

「백사전」에서는 청사를 뱀 신랑 이야기의 뱀 신랑처럼 변신 능력을 지닌 남성 뱀으로 등장시켰고, 차별화된 천극만의 청사로 빚어냈다.

본 장에서는 뱀을 숭배하는 파촉문화가 천극 「백사전」에 작용하여, 청사를 신격화하고 수신의 능력을 부여하였으며, 주류의 흐름에서 벗어나 성별 전환을 이끌었음을 확인해 보았다.

4. 나가면서

본 논문에서는 민간전설「백사전」이 사천지역에 들어와 공연되면서 파촉문화를 받아들이고 흡수하였기에, 천극 「백사전」이 특화된 지역적 매력을 드러내고 있음을 조연인 청사를 통해 살펴보고자 하였다.

누구나 다 알고 있는 백사고사 이야기는 몇 가지 설정을 통해 천극만의 느낌으로 재해석되었으며, 이 스토리 속에서 청사의 형상은 극대화되었다. 천극 「백사전」의 청사는 조연임에도 불구하고 두드러지는데, 그 이유는 청사의 성별이 우리가 익히 알고 있던 여성이 아닌, 남성이기 때문이다. 청사는 수신의 능력을 지닌 뱀으로, 백사에게 청혼한다. 하지만 백사가 거절하자 여종인 소청의 모습으로라도 함께하고자 하며, 필요시 다시 본모습으로 돌아와 백사의 든든한 지원군 역할을 한다. 청사에 대한 이러한 설정은 순정파·홍랑·호위무사라는 다양하고 긍정적인 형상을 창조해냈다.

이러한 청사의 독특한 형상 창조와 성별 전환에는 파촉의 뱀 숭배문화가 작용한 것이었다. 따듯하고 물이 많은 파촉지역은 뱀의 훌륭한 서식지로, 파촉사람들의 주변에는 늘 뱀이 존재해 왔다. 남아있는 기록과 유물들을 통해 파촉인들이 뱀을 두려워하며 신성시하였음을 살펴볼 수 있으며, 이로 인해 뱀은 그들에게 조상신 혹은 수신으로 숭배받았음을 확인할 수 있었다.

또한 중국인들의 사유에 따라 신화·설화·문학작품 속에 그려진 뱀의 성별은 여성 → 남성 → 여성으로 변화되고 고정되어왔다. 이 변화 과정에서 신의 모습을 하고 있던 뱀은 점차 그 위상이 낮아졌으며, 여성으로 고정된 뱀의 성별은 오늘날 백사고사와 관련된 문학작품이나 콘텐츠에서도 여전히 이어지고 있다. 그런데 천극에 등장하는 청사는 홀로 남성의 성별을 되찾았다. 이는 파촉지역에 뱀을 숭배하던 문화가 자리 잡고 있으며, 이를 기반으로 하여 유전되는 원시적 형태의 뱀 신랑 이야기가 상당수 남아있기 때문에 가능한 것이었다. 이를 바탕으로 천극에서는 백사고사에서 여성으로만 묘사되던 청사의 틀을 깨주었다. 그래서 청사는 남성으로 성별전환을 이룰 수 있으며, 파촉문화 속 뱀을 닮은 위풍당당한 수신(水神)의 이미지를 가질 수 있었던 것이다.

이상 본 논문에서는 뱀과 밀접한 관계가 있던 파촉문화가 천극 「백사전」의 등장인물 형상 창조에 영향을 주었으며, 선명한 지역 특색을 지닌 청사를 빚어냈음을 살펴보았다.

참고문헌

동아시아 신문명체제 구상에서 본 한국한학의 지식구조와 의미
: 중화세계체제, 조선성리학, 그리고 진경문화를 중심으로

《春秋左氏传·昭公三十年》；《孟子·梁惠王下》；《史记·赵世家》；《书经·尧典》；《书经·舜典》；《宋子大全·上安隐峰》；《宋子大全·己丑封事〈修政事以攘夷狄者〉》；《宋子大全·三学士传》；《湛轩书·毉山问答》；《正字通》；《中文大辞典》；《周易·乾卦·文言》；《周易·大有卦·象传》。

(美)埃里克·布莱恩约弗森(Erik Brynjolfsson)、(美)安德鲁·麦卡菲(Andrew McAfee)：《第二次机器革命：数字化技术将如何改变我们的经济与社会》，蒋永军译，北京：中信出版社，2014年。

(英)安东尼·吉登斯(Anthony Giddens)：《民族-国家与暴力》，胡宗泽、赵力涛译，北京：生活·读书·新知三联书店，1998年。

陈来：《宋明性理学·韩文版序言》，(韩)安载晧译，首尔：艺文书院，2006年。

(韩)崔元植：《帝国以后的东亚》，坡州：创批，2009年。

(日)姜尚中：《超越东方主义》，(韩)李庆德、(韩)林成模译，首尔：移山，2000年。

李文：《东亚合作的文化成因》，北京：世界知识出版社，2005年，第206页。

(美)麦克尔·哈特(Michael Hardt)、(意)安东尼奥·奈格里(Antonio Negri)：《帝国：全球化的政治秩序》，杨建国、范一亭译，南京：江苏人民出版社，2008年。

(美)杰里米·里夫金(Jeremy Rifkin)：《欧洲梦：21世纪人类发展的新梦想》，杨治宜译，重庆：重庆出版社，2006年。

(韩)金翰奎：《天下国家：传统时代东亚世界秩序》，首尔：松树，2005年。

(韩)金基凤：《通过历史打造东亚共同体》，首尔：青史，2007年。

(日)李成市：《被制造的古代：现代国民国家的东亚故事》，(韩)朴庆嬉译，首尔：三仁，2001年。

(韩)李春植：《中华思想的理解》，首尔：新书苑，2003年。

(韩)林荧泽：《文明意识与实学：阅读韩国知性史》，坡州：石枕头，2009年。

(韩)刘奉学：《实学与真景文化》，城南：新旧文化社，2013年。

(韩)裵祐晟：《中华，消失的文明标准》，首尔：青史，2024年。

(韩)朴忠锡：《韩国政治思想史》，首尔：三英社，1982年。

(韩)全洪奭：《海上丝路东西方文明交流互鉴(1500—1800)：来华欧洲知识分子的东亚形象与知识体系》，新北：花木兰文化事业有限公司，2025年。

(韩)全洪奭：《东亚与文明、以及区域体系：构想21世纪型新文明体系》，首尔：昭明出版，2020年。

(日)田中明彦：《新的中世纪：21世纪的世界体系》，(韩)李雄贤译，首尔：知情，2000年。

(韩)吴锡源：《韩国道学派的义理思想》，首尔：成均馆大学出版部，2006年。

(韩)辛正根：《董仲舒：中华主义的开幕》，首尔：太学社，2004年。

许纪霖：《启蒙如何起死回生：现代中国知识分子的思想困境》，北京：北京大学出版社，2011年。

(韩)尹丝淳：《韩国的性理学与实学》，首尔：三仁，1998年。

(韩)赵东一：《东亚文明论》，李丽秋译，北京：社会科学文献出版社，2013年。

(韩)郑玉子：《朝鲜后期朝鲜中华思想研究》，首尔：一志社，2010年。

(韩)白永瑞：《中国有"亚洲"吗？：韩国人的视角》，见《从发现看东亚》，(韩)崔元植等编，首尔：文学与知性社，2000年。

(韩)池斗焕：《经筵课目的变迁与真景时代的性理学》，见《我国文化的黄金期真景时代1》，首尔：石枕头，1998年。

(韩)崔完秀：《朝鲜王朝的文化鼎盛时期，真景时代》，见《我国文化的黄金期真景时代1》，首尔：石枕头，1998年。

(韩)崔英辰：《我们文化的黄金期真景时代及其根基朝鲜性理学》，载《东亚文化与思想》，1998年第一号。

(美)杜赞奇(Prasenjit Duara)：《构建全球性、区域性的民族：从东亚出发的观点》，见《和而不同的东亚学：民族史与古代中国研究资料的省察》，(韩)沈载勋编，首尔：青史，2012年。

(韩)高成彬：《韩国与中国的东亚话语：相互关联性和争议焦点的比较及评价》，载《国际区域研究》，2007年第16卷第3号。

(日)沟口雄三：《探索东亚研究视角：以中国研究为中心》，见《东亚学的探索与志向》，(韩)金时业、(韩)马仁爕编，首尔：成均馆大学出版部，2005年。

(韩)黄泰渊：《朝鲜时代国家公共性的结构变动及近代化：朝鲜国到朝鲜民国，再到大韩帝国》，见《朝鲜时代公共性的结构变动：国家、公论、民的公共性，其拮抗和接合的历史》，韩国学中央研究院(朝鲜时代公共性的结构变动研究团)国际学术论坛，2012年11月。

(韩)金炅一：《东亚与世界体系理论》，见《区域研究的历史与理论》，金炅一编著，首尔：文化科学社，1998年。

(韩)金炅一：《区域研究的定义和争议焦点》，见《区域研究的历史与理论》，金炅一编著，首尔：文化科学社，1998年。

(韩)李成珪：《中华思想与民族主义》，见《东亚，问题与视角》，首尔：文学与知性社，

1995年。

(韩)李坰丘：《中华和"文明"概念的内在化及自我同一视》，见《概念的翻译与创造：通过概念史看东亚的近代》，坡州：石枕头，2012年。

(韩)李奎洙：《近代日本的东亚认识体系："文明"和"野蛮"的逆转》，见《西方学问的流入与东亚知性的变化》，成均馆大学东亚历史研究所编，首尔：善人，2012年。

(韩)李佑成：《东亚和韩国》，见《东亚学的探索与志向》，(韩)金时业、(韩)马仁爕编，首尔：成均馆大学出版部，2005年。

(韩)刘奉学：《京华士族的思想及真景文化》，见《我国文化的黄金期真景时代1》，首尔：石枕头，1998年。

(韩)朴银顺：《对真景山水画研究的批判性探讨：以真景文化、真景时代论为中心》，载《韩国思想史学》，2007年第28集。

(韩)朴胜优：《东亚话语的现况和问题》，见《东亚共同体与韩国的未来：跨越东北亚走向东亚》，东亚共同体研究会编，首尔：想象，2008年。

(韩)全亨俊：《同异：作为方法的东亚》，见《东亚人的'东方'认识》，(韩)崔元植、(韩)白永瑞编，坡州：创批，2010年。

(日)矢野畅：《什么是区域研究？》，见《区域研究的历史与理论》，金炅一编著，首尔：文化科学社，1998年。

(美)斯特凡·田中(Stefan Tanaka)：《近代日本和"东方"的创造》，见《东亚，问题与视角》，(韩)郑文吉、(韩)崔元植、(韩)白永瑞、(韩)全亨俊编，首尔：文学与知性史，1995年。

(韩)辛正根：《人文(人权)儒学视角下21世纪东亚学建立的探索：以儒术，圣学、道学、中华学、国学的轨迹为中心》，载《大同文化研究》，2013年第81号。

(韩)赵诚乙：《洪大容的历史认识：以华夷论为中心》，见《湛轩书》，首尔：一潮阁，2001年。

(韩)赵东一：《东亚文明的再认识》，李丽秋译，载《国际汉学》，2012年第1期，第163页。

(韩)赵南浩：《金昌协学派与真景山水画》，载《哲学研究》，2005年第71集。

(日)子安宣邦：《日本昭和时期"东亚"的理念》，见《东亚学的探索与志向》，(韩)金时业、(韩)马仁爕编，首尔：成均馆大学出版部，2005年。

Bull, Hedley. *The Anarchical Society: A Study of Order in World Politics*, 3rd edition, New York: Columbia University Press, 2002.

Le Goff, Jacques. *La Civilisation de l'Occident médiéval*, Paris: Arthaud, 1984.

Mignolo, Walter D.. *The Idea of Latin America*, Malden, MA; Oxford, UK: Blackwell Publishing, 2005.

Schwab, Klaus. *The fourth industrial revolution*, New York: Crown Business, 2016.

인문실크로드의 생명가치에 관한 논고

[古希腊]亚里士多德, 政治学[M], 吴寿彭, 译, 北京:商务印书馆, 2009.

[德]韦伯, 经济与社会(第1卷)[M], 阎克文, 译, 上海:上海人民出版社, 2009.

[德]恩格斯, 自然辩证法[M], 于光远, 等, 译, 北京:人民出版社, 1984.

[美]亨利·基辛格, 世界秩序[M], 胡利平, 林华, 曹爱菊, 译, 北京:中信出版社, 2015.

陆九渊, 陆九渊集[M], 北京:中华书局, 1980.

马克思, 恩格斯, 马克思恩格斯文集:第1卷[M], 北京:人民出版社, 2009.

马克思恩格斯文集：第2卷[M], 北京：人民出版社, 2009.

习近平, 建设一个共同发展的公正世界——在二十国集团领导人第十九次峰会第一阶段会议关于"抗击饥饿与贫困"议题的讲话[N], 人民日报, 2024-11-20(02).

习近平, 论坚持推动构建人类命运共同体[M], 北京:中央文献出版社, 2018.

习近平, 论党的宣传思想工作[M], 北京:中央文献出版社, 2020.

习近平, 一个国家、一个民族不能没有灵魂[J], 求是, 2019.

习近平, 携手建设守望相助、共同发展、普遍安全、世代友好的中国—中亚命运共同体——在中国—中亚峰会上的主旨讲话[N], 人民日报, 2023-05-20(02).

习近平谈治国理政:第2卷[M], 北京:外文出版社, 2017.

习近平谈治国理政:第3卷[M], 北京:外文出版社, 2020.

习近平谈治国理政:第4卷[M], 北京:外文出版社, 2022.

习近平同希腊总统帕夫洛普洛斯会谈[N], 人民日报, 2019-05-15(01).

项久雨, 建构思想政治教育学科自主知识体系的理论阐释[J], 教学与研究, 2024(10).

项久雨, 论数智美好生活的获得感幸福感安全感[J], 宁夏社会科学, 2025(03).

项久雨, 思想政治教育价值论[M], 北京:中国社会科学出版社, 2010.

项久雨, 思想政治教育主客体关系论[M], 北京:中国社会科学出版社, 2025.

项久雨, 世界变局中的文明形态变革及其未来图景[J], 中国社会科学, 2023(04).

项久雨, 习近平文化思想的哲意发微[J], 当代世界社会主义问题, 2025(01).

项久雨, 中国新贡献[M], 北京:人民出版社, 2018.

项久雨, 现代性悖论与中国式现代化的历史性超越[J], 马克思主义与现实, 2023(06).

项久雨等, 守正创新的精神文明[M], 北京:社会科学文献出版社, 2022.

손오공의 예술 형상과 문화 혈맥

[南宋]谢枋得《叠山集》卷四《上程雪楼御史书》。四部丛刊本。

[唐]李肇:《唐国史补》(卷上), 上海: 上海古籍出版社, 1979.

[宋]李昉等编《太平广记》卷四六七，北京：中华书局，1986.

[宋]李昉等编《太平广记》卷四六七"李汤条"下引，北京：中华书局，1986.

季羡林：《罗摩衍那初探》，北京：外国文学出版社，1979.

高春明主编《西夏艺术研究》，上海：上海古籍出版社，2009.

今本《山海经》失载该条内容，见袁珂《山海经校注》，上海：上海古籍出版社，1980.

东阳市博物馆编《天心光明：东阳市中兴寺塔出土文物》，北京：文物出版社，2019.

鲁迅：《唐之传奇文》，《鲁迅全集》第9卷，北京：人民文学出版社，1981.

李时人、蔡镜浩校注《大唐三藏取经诗话校注》，北京：中华书局，1997.

马冀：《论杨景贤》，《杨景贤作品校注》，呼和浩特：内蒙古大学出版社，2001.

马冀编集校注《杨景贤作品校注·杂剧〈西游记〉》，呼和浩特：内蒙古大学出版社，2001.

萧兵：《无支祁哈奴曼孙悟空通考》，《文学评论》，1982年第5期.

杨富学：《由观音散施钱财图看莫高窟第3窟的时代——兼论武威出土银锭的铸造地》，《青海民族研究》，2022年第4期.

杨富学：《由孙悟空形象演变看敦煌石窟〈唐僧取经图〉的时代》，《世界宗教文化》，2023年第6期.

余榴梁等编：《中国花钱》，上海：上海古籍出版社，1993.

吴禹力：《中国古代佛教舍利函内容分析》，大足石刻研究院、四川美术学院大足学研究中心编《大足学刊》第5辑，重庆：重庆出版社，2021.

汪正一：《敦煌西夏水月观音变"僧人与猴行者"身份新释》，沙武田主编《丝绸之路研究集刊》第4辑，北京：商务印书馆，2019.

郑轶伟主编：《中国花钱图典》，上海：上海文化出版社，2004.

赵耀辉：《大话西游——新见金代〈玄奘取经图〉刻石拓片》，《光明日报》第16版，2015年4月13日.

陈育宁、汤晓芳：《西夏艺术史》，上海：上海三联书店，2010.

陈寅恪：《西游记玄奘弟子故事之演变》，见《金明馆丛稿二编》，北京：生活·读书·新知三联书店，2001.

蔡国良：《孙悟空的血统》，见《学林漫录》第2辑，北京：中华书局，1981年.

蔡胜吉、刘源：《驮经图花钱》，《第三届中国民俗花钱论文集》，中国民俗钱币学会编印，2009.

蔡铁鹰、吴明忠：《新见石刻画像〈唐僧师徒取经归程图〉辨识》，《淮海工学院学报(人文社会科学报)》，2016年第5期.

蔡铁鹰：《南宋浙闽"猴行者"来源再探——以顺昌、泉州的田野考察为中心》，《淮海工学院学报(人文社会科学版)》，2015年第10期.

실크로드의 시각에서 본 전기법: 《사집史集》의 편찬을 중심으로

[南宋]郑樵著, 王树民点校《通志二十略·图谱略·索象》, 中华书局, 1995.

[明]徐师曾《文体明辨序》,《四库全书存目丛书》集部第310册, 影印明万历建阳游榕铜活字印本, 齐鲁书社, 1997.

[民国]柯劭忞撰, 张京华、黄曙辉点校《新元史》卷一〇八《太祖诸子·旭烈兀传》, 上海古籍出版社, 2018.

[元]刘郁著, 顾宏义、李文标校《西使记》, 上海书店出版社, 2013.

[汉]班固《汉书》卷六二《司马迁传》, 中华书局, 1962.

《史集》序言, 第1册.

《史集》第1册.

《史集》第一卷, 第1册.

《史集》第三卷, 第3册.

《世界征服者史》第一部"你沙不儿的遭遇".

《世界征服者史》第一部第二章"成吉思汗制定的律令和他兴起后颁布的札撒".

《新元史》卷一〇八《太祖诸子·旭烈兀传》, 第6册.

《通志二十略·图谱略·原学》.

[美]杰克·威泽弗德著, 温海清、姚建根译《成吉思汗与今日世界之形成》"导言", 重庆出版社, 2017.

[伊朗]拉施特著, 余大钧、周建奇译《史集》第三卷, 商务印书馆, 1986.

[伊朗]志费尼著, 何高济译, 翁独健校订《世界征服者史》第一部"拖雷征服呼罗珊简述", 内蒙古人民出版社, 1980.

[日]杉山正明著, 孙越译、邵建国校《蒙古帝国的兴亡》"序言", 社会科学文献出版社, 2015.

F. R. Martin, *The Miniature Painting and Painters of Persia, India and Turkey from the Eighth to the Eighteenth Century*, vol.1, 1912.

李彦峰《论元代新刊全相平话五种之文图特征》,《中国美术研究》, 2017.

穆宏燕《"蒙古大〈列王纪〉"波斯细密画走向成熟之作》,《北方工业大学学报》, 2018.

潘桑柔《拉施特〈〈史集·中国史〉帝王插图来源考〉》(上), 李军主编《跨文化美术史年鉴 3: 古史的形象》, 山东美术出版社, 2022.

潘桑柔《拉施特〈〈史集·中国史〉帝王插图来源考〉》(下), 李军主编《跨文化美术史年鉴 3: 古史的形象》, 山东美术出版社, 2022.

周心慧《谈中国古籍版刻插图艺术》,《善本古籍》, 2025.

哈全安《伊朗通史》, 上海社会科学出版社, 2020.

실크로드 언어 접촉에서 어휘의 雙방향 전이流動에 관한 연구
: 몇몇 서역 언어의 사례 분석을 중심으로

史有为,《汉语外来词》, 商务印书馆, 2003.

罗赔偿,《语言与文化》, 北京出版社, 2006.

刑福义,《文化语言学》, 湖北教育出版社, 2000.

阿里·玛扎海里(法),《丝绸之路-中国-波斯文化交流》, 新疆人民出版社, 2006.

李葆嘉,《中国语言文化史》, 江苏教育出版社, 2003.

郑燕萍,《汉语外来词的传播方式及词汇形态》, 莆田学院学报, 第11卷第4期, 2004.

양지良知의 자각, 소비문명에서 생태문명으로

『朱子大全』

『朱文公文集』

『朱子語類』

『孟子集註』

『大學集註』

『王陽明全集』, 上海古籍出版社, 1992.

『傳習錄』

Roy Morrison 지음, 노상우·오성근 옮김,『생태민주주의』, 교육과학사, 2005.

WMO Provisional Report on the State of the Global Climate 2020.
　　https://library.wmo.int/doc_num.php?explnum_id=10444

고철환,「환경, 생태계, 기후변화와 인간 삶」,『지식의 지평』 15호, 대우재단, 2013.

권용선,『이성은 신화다, 계몽의 변증법』, 그린비, 2003.

김세정,『돌봄과 공생의 유가생태철학』, 소나무, 2017

김세정,『왕양명의 생명철학』(개정판), 충남대학교출판문화원, 2019

박정심,『박은식: ‘양지’로 근대를 꿰뚫다』, 學古房, 2021.

앤드류 슈왈츠,「(2) 생태문명이란 무엇인가」, http://thetomorrow.kr/archives/10829

오영록,「陽明學의 成立과 展開」,『講座 中國史 Ⅳ』, 지식산업사, 1994.

이재희,「기후변화에 대한 사법적 대응의 가능성: 기후변화 헌법소송을 중심으로」,『저스
　　티스』 182-2호, 한국법학원, 2021.

陳來 지음, 안재호 옮김,『송명성리학』, 예문서원, 1997.

프란츠 알트 지음, 박진희 옮김,『생태적 경제기적』, (주)양문, 2007.

한국불교환경교육원 엮음,「주역에서의 자연관」,『동양사상과 환경문제』, 모색, 1996.

한정길, 「양명학에서 윤리주체의 건립과 그 실현의 문제」, 『陽明學』 5호, 한국양명학회, 2001.

홍승표, 『깨달음의 사회학』, 예문서원, 2002.

명明과 15개 부정제이국不征諸夷國의 관계: 섬라暹羅를 중심으로

국사편찬위원회 편, 『조선왕조실록』, 국사편찬위원회, 1958.

羅日褧 著·余思黎 點校, 『咸賓錄』卷6 「南夷志·暹羅」, 中華書局, 1983.

嚴從簡 著·余思黎 點校, 『殊域周咨錄』卷8 「暹羅」, 中華書局, 2000.

張廷玉 等 撰, 『明史』, 北京: 中華書局, 2003.

朱元璋 撰, 『明朝開國文獻』, 學生書局, 1966.

中央研究院 歷史語言研究所 校勘, 『明實錄』, 台灣: 中央研究院 歷史語言研究所, 1968.

曲明東, 「試論明朝與暹羅的關係」, 『泰山學院學報』5, 2004.

김한규, 『한중관계사Ⅱ』, 마르케, 1999)

唐開建·田渝, 「明清時期華人向暹羅的移民」, 『世界民族』6, 2006.

羅山, 「朱元璋的十五不征之國―名朝朝貢體系外交的基礎」, 『國家人文歷史』17, 2020.

林常薰, 「明代 國際 關係의 기틀 – 洪武帝의 15個 不征諸夷國 構想과 그 形成 過程 –」, 『韓中關係研究』6-3, 2020.

萬明, 「明代外交觀念的嚴謹―明太祖找零文書縮減之天下國家觀」, 『古代文明』2, 2010.

萬明, 「明太祖"共享太平之福"的外交理念與實踐」, 『人民論壇』10, 2017.

施榮華, 『中泰文化交流』, 雲南美術出版社 , 1997.

安藝舟, 「十五"不征之國"新論―兼談明太祖的地緣政治理念」, 『東南亞研究』05, 2015.

余定邦, 陳樹森, 『中泰關系史』, 中華書局, 2009.

張文德, 「從暹羅館的設立看明朝後期與暹羅的文化交流」, 『東南亞縱橫』11, 2009.

鄭寧, 「"不征之國"與明初國際秩序的構建」, 『延邊大學學報(社會科學版)』05, 2016.

何愛國, 「明代中泰關係鉤沉」, 『東方研究』1, 2002.

何愛國, 『明代中泰外交關係研究』, 雲南師範大學碩士學位論文, 2002.

송대 해로를 통한 일본과의 교류
: 송전의 외류가 일본화폐경제에 끼친 영향을 중심으로

脫脫等, 『宋史』, 中華書局點校本, 1977.

李燾, 『續資治通鑒長編』, 中華書局點校本, 2004.

馬端臨, 『文獻通考』, 中華書局影印萬有文庫十通本, 1986.

江草宣友, 「古代日本における錢貨の成立-富本錢の檢討-」, 『国学院雑誌』, 2001.

橋本雄, 「中世日本の銅錢 -永楽錢から」, 『宋銭の世界』, 2009.

亀井明德, 「日宋貿易関係の展開」, 『講座日本通史 6』, 岩波書店, 1995.

宮沢知之, 『中国铜钱の世界』, 思文閣出版, 2007.

김영제, 「10~13世紀 宋錢과 東아시아의 貨幣經濟」, 『中國史研究』, 2004.

東野治之, 『貨幣の日本史』, 朝日新聞社, 1997.

鈴木公雄, 「出土錢貨力からみた中世後期の錢貨流通」, 『帝京大學山梨文化財研究所シソ
　　ポヅウム報告集』, 1996.

鈴木公雄, 「出土錢貨研究の展望」, 『季刊考古學78』, 2002.

森克己, 『續續日宋貿易の研究』, 國書刊行會, 1975.

小葉田淳, 『改訂增補日本貨幣流通史』, 刀江書院, 1943.

小葉田淳, 『日本貨幣流通史』, 刀江書院, 1969.

汪聖鐸, 『兩宋貨幣史料彙編』, 中華書局, 2004.

汪聖鐸, 『兩宋貨幣史』, 社會科學文獻出版社, 2003.

日比野丈夫, 「宋代銅錢問題に關する新見解--わが國における發掘錢より出發して」, 『東
　　方學報』, 1955.

曾我部靜雄, 「南宋行使の銅錢について」, 『社會經濟史學』, 1943.

曾我部靜雄, 「宋金貿易史上に於ける銅錢の問題」, 『文化』, 1937.

車迎新, 『宋代貨幣研究』, 中國金融出版社, 1995.

彭信威, 『中國貨幣史』, 上海人民出版社, 1965.

馮攸譯, 『中國阿剌伯海上交通史』, 商務印書館, 1971.

한대 악무 화상석 도상의 종교미학 연구

班固, 东汉, 《汉书》, 司马相如传, 中华书局.

陈寿, 西晋, 《三国志·魏志》, 魏书卷二十五, 中华书局.

陈婧雅, 陕北绥德地区西王母主题乐舞汉画像研究(下)[J], 寻根, 2019.

范晔, 后汉书[M], 北京: 中华书局, 1965.

范晔(南朝·宋), 《后汉书》, 中华书局, 1965.

韩非, 战国, 《韩非子·王蠹》, 上海古籍出版社.

冯宇光, 《从汉画像看汉代舞蹈艺术的审美内涵》, 南都学坛, 2007.

龚克昌译注, 全汉赋评注·沔京赋[M], 石家庄: 花 山文艺出版社, 2003.

贺西林,《古墓丹青——汉代墓室壁画的发现与研究》, 陕西人民美术出版社, 2001.

洪兴祖(宋),《楚辞补注》, 中华书局, 1983.

解希恭, 阎金铸, 陶富海 山西吉县柿子滩中石器文化遗址[J], 考古学报, 1985.

吕不韦, 战国,《吕氏春秋·有始》, 卷十三, 有始, 上海古籍出版社.

李宏, 楚辞与南阳汉画像石刻[J], 江汉考古, 1987.

李泽厚, 美的历程[M], 天津: 天津社会科学院出版社, 2002.

李荣有, 南阳汉墓砖(石)画中的音乐艺术形象, 黄钟, 武汉音乐学院学报, 2001.

刘建, 田丽萍, 沈阳, 汉画像舞蹈图像的表达[M], 北京: 民族出版社, 2011.

刘峻., 东方人体文化[M], 上海:上海文艺出版社, 1996.

陆贾, 西汉,《新语》, 上卷, 道基第一, 辽宁教育出版社.

刘向、刘歆, 西汉,《山海经·海内经》, 卷十, 海内南经, 现代出版社.

刘安, (汉)《淮南子》,《诸子集成》(第七册), 中华书局, 1954.

马林诺夫斯基(李安宅译), [英]《巫术、科学、宗教与神话》, 中国民间文艺出版社, 1986.

沈约, 南朝梁,《宋书·乐志》, 卷十九, 中华书局.

司马相如, 西汉,《子虚赋》, 西泠印社出版社.

屈原, 战国《楚辞》, 九歌篇, 中华书局.

沈宁,《滕固艺术文集》[M], 上海:上海人民美术出版社, 2003.

司马迁,《史记·卷二十八·封禅书》, 北京:中华书局, 1962.

萧亢达,《汉代乐舞百戏艺术研究》, 文物出版社, 2010.

王明,《抱朴子内篇校释》(增订本), 中华书局, 1985.

王充, 论衡[M], 北京: 中国文史出版社, 1999.

王先谦, (清)《庄子集解》,《诸子集成》(第三册), 中华书局, 1954.

王克芬, 中国乐舞发展史[M], 上海:上海人民出版社, 2016.

汪小洋,《汉代墓葬绘画"宴饮图"考释》《艺术百家》, 2008.

王孟秋, 南阳画像石中乐舞研究[J], 时代教育(教育教学), 2011.

吴梅, 傅兴, 徐州铜山区汉代乐舞百戏画像石的特征分析, 天工, 2025.

巫鸿, [美]《时空中的美术——巫鸿古代美术史文编第二集》, 梅玫等译, 生活·读书·新知
　　三联书店, 1954.

魏征, 唐代,《隋书·乐志》, 卷八, 中华书局.

徐华, 两汉艺术精神嬗变论[M], 上海: 学林出版社, 2003.

郑亚萌, 汉代乐舞研究现状与反思, 北京舞蹈学院学报, 2020.

张宇晓, 汉画像中的长袖舞研究, 文化艺术研究, 2008.

张鷟, 唐代,《朝野佥载》, 卷二, 中华书局.

智匠, 南朝,《古今乐录》, 国家图书馆出版社.

庄周, 战国, 《庄子·刻意》, 第121页, 万卷出版社.
知识贝壳, 建鼓舞-中国宫廷文化-专业词典, 2025.
　　https://www.zsbeike.com/cd/43022142.html.(检索日: 2025.10.17)
Ronald L., Grimes, *The Craft of Ritual Studies*, Oxford University Press, 2013.
Jean M., James, An Iconographic Study of Xiwangmu During the Han Dynasty, *Atibus Asiae* vol. LV.1/2(1995).

한국어의 모음조화 약화와 어족 계통적 귀속에 관한 연구

赵杰, 朝鲜语语系归属新探(下)[J], 当代韩国, 1998(冬季号).
李得春, 朝鲜语的满语借词与同源成分[J], 民族语文, 1984(3).
赵杰, 现代满语研究[J], 民族语文, 1989.
金完镇, 国语音韵体系的研究[M], 韩国:一潮阁, 1971.
黄晓琴, 朝鲜语元音和谐的松化[J], 民族语文, 2006(6).
赵杰, 从日本语到维吾尔语—北方民族语言关系水平性研究[M], 北京 :民族出版社, 2007.
林毅, 韩满比较语言学研究述评—兼评赵杰先生的《从日本语到维吾尔语》[J], 北方民族大学学报(哲学社会科学版), 2009(1).

천극川劇 《백사전白蛇傳》의 청사靑蛇와 파족문화巴蜀文化

배주영, 『디지털 애니메이션 스토리텔링』, 살림, 2014.
손치오, 「시대변천에 따른 중국 여성캐릭터의 연기변화연구 – 〈백사전〉의 '백사와 청사'를 중심으로 -」, 『연기예술연구』 제15권, 2019.
손환이, 『白蛇故事 研究 : 性 의식을 중심으로』, 전남대학교 중어중문학과 박사학위논문, 2004.
손환이, 「『백사전』의 성의식 고찰」, 『중어중문학』 제32집, 2002.12.
아세아설화학회 최인학 편저, 『한·중·일 설화 비교연구』, 민속원, 1999.
오수경, 「川劇 현대화 양상과 사례연구:《金子》」, 『중어중문학』 제54집, 2008.
웨난 지음, 심규호·유소영 옮김, 『삼성퇴의 청동문명』 2권, 일빛, 2006.
이어령 책임편집, 『문화로 읽는 십이지신 이야기 뱀』, 도서출판 열림원, 2011.
이중재 역, 『完譯 山海經·上, 下』, 아세아문화사, 2000.
장정해, 「쫭족(壯族)의 수신(水神) '투어(圖額)'와 쫭족 문화」, 『종교문화연구』 17, 2011.
전영숙, 「한국과 중국의 창세 및 건국신화 속에 깃든 물 숭배 관념」, 『한중인문학연구』

24, 2008.

정대웅, 『〈백사전〉연구』, 한국외국어대학교 중국문학 석사학위논문, 2003.

정진선, 「고대중국(古代中國) 기물정괴서사(器物精怪敍事)의 발생과 그 의미 -『太平廣記』 精怪部를 중심으로-」, 『민족문화연구』 56권, 2012.

정진선, 「中國 少數民族神話 研究를 위한 試論」, 『규장각』no.28, 2005.

제리미 나비 지음, 김지현 옮김, 『우주뱀=DNA 샤머니즘과 분자생물학의 만남』, 들녘, 2002.

M.엘리아데 지음, 이은봉 옮김, 『종교형태론』, 한길사, 1996.

古佩沖, 『從青蛇形象流變探析文學史中"配角主角化"現象』, 天津師範大學 碩士學位論文, 2017.

穀斌, 「巴人起源地新探」, 『長江師範學院學報』, 2016年 05期.

董其祥, 『巴史新考續編』, 重慶出版社, 1993.

劉玉潔, 「從四川話與普通話的差異看四川人歌唱語言發音的難點」, 『四川戲劇』, 2008(04).

林移剛, 『清代四川民間信仰地理研究』, 西南大學博士論文, 2013.

白楊·杜未未, 「原型的嬗變與新生:"故事新編"中的"青蛇"形象」, 『文藝爭鳴』, 2016年 12期.

孫玲, 『明代黃河災害與河神信仰』, 青海師範大學碩士學位論文, 2013.

餘雲華, 「重慶文化主源頭: 來自伏羲族的"蛇"巴」, 『重慶社會科學』, 2006年 第8期.

王方, 「古蜀文化中的蛇」, 『文明隨筆』, 2013年 第2期.

王方, 「對成都金沙遺址出土石雕作品的幾點認識」, 『考古與文物』, 2004年 第3期.

王娟娟, 『中國古代的黃河河神崇拜』, 山東師範大學碩士學位論文, 2012.

張雪瑋, 『白蛇題材戲曲初探』, 中國藝術研究院 碩士學位論文, 2016.

周逢琴, 「川劇《白蛇傳》中青蛇的審美意義」, 『四川戲劇』, 2010年 05期.

朱秀鋒, 「青蛇形象塑造的演變及其意義」, 『新餘高專學報』, 2006年 03期.

中國民間文學集成四川卷編輯委員會, 『中國民間文學集成:四川卷.上冊』, 中國ISBN中心 出版, 1992.

成都博物館, 「在古蜀,人與神之間,只差一條蛇」, 天府文化, 2019.07.09.

陶蘭, 「從"巴"字看巴人的崇蛇文化」, 『長江師範學院學報』 第25卷 03期, 2009年.

譚光月, 『清代重慶民間信仰研究』, 重慶大學碩士學位論文, 2010.

何雅聞·羅曉歡, 「四川地區清代墓葬建築裝飾中《白蛇傳》雕刻圖像研究」, 『四川戲劇』, 2019.

胡夢飛, 「"河神大王":晚清黃運沿岸地區祀蛇風俗考述」, 『淮陰師範學院學報 哲學社會科學版』 第39卷, 2017.4.

吳澤地, 川劇 「白蛇傳」, 成都市川劇研究院, 2016.

四川省川劇院 연출, 川劇 「白蛇傳」녹화본, CCTV 11(China Central Television, 中國中央電視台) 방영, https://youtu.be/FcAmzdPWyK8.

百度百科, 〈四川方言'顚東'〉, 2020.
  https://baike.baidu.com/item/%E9%A2%A0%E4%B8%9C/53704613?fr=aladdin(검색일 : 2021. 07. 01)
〈祖宗牌位供著一條蛇〉, 重慶晚報, 2007年04月04日
  http://news.sohu.com/20070404/n249180434.shtml(검색일 : 2021. 07. 13)

집필진 소개 (게재 순)

전홍석 : 순천향대학교

홍승직 : 순천향대학교

샹쥬위項久雨 : 우한대학교

양푸쉐杨富学 : 돈황연구원

추장닝邱江宁 : 항저우사범대학교

아그신 알리예프Agshin Aliyev : 베이징외국어대학교

김세정 : 충남대학교

임상훈 : 순천향대학교

정일교 : 순천향대학교

멍원궈孟文果 : 저장사범대학교

량융펑梁永峰 : 저장사범대학교

자오화赵华 : 순천향대학교

자오제赵杰 : 베이징대학교

하정혜 : 순천향대학교

고산중국학총서 2

초연결시대 문명공동체 지역시스템 구상
: 트랜스동아시아 인문실크로드와 공감형 지식네트워크

2026년 2월 27일 초판1쇄 펴냄

편 자 순천향대학교 공자아카데미 중국학연구소
발행자 김홍국
발행처 보고사
등록 1990년 12월 13일 제6-0429호
주소 경기도 파주시 회동길 337-15 보고사
전화 031-955-9797
전송 02-922-6990
메일 bogosabooks@naver.com
http://www.bogosabooks.co.kr

ISBN 979-11-6587-987-7 93300
ⓒ 순천향대학교 공자아카데미 중국학연구소, 2026

정가 20,000원
사전 동의 없는 무단 전재 및 복제를 금합니다.
잘못 만들어진 책은 바꾸어 드립니다.